CUHK

Journal of Phenomenology and the Human Sciences

現象學與人文科學

Husserl:
from Logic
to History

胡塞爾：從邏輯到歷史

香港中文大學
邵承隆基金亞洲現象學中心

07

國家圖書館出版品預行編目(CIP)資料

《現象學與人文科學》第七期：《胡塞爾：從邏輯到歷史》 / 劉國英, 張燦輝主編. -- 初版. --
臺北市 : 漫遊者文化出版 : 大雁文化發行, 2018.9
344　面 ; 16×23　公分
ISBN 978-986-489-281-5(平裝)

1.胡塞爾(Husserl, Edmund, 1859~1938) 2.學術思想 3.現象學 4.文集

147.71　　　　　　　　　　　　　　　　　　　　　　　　　107010102

《現象學與人文科學》No. 7
Journal of Phenomenology and the Human Sciences No. 7
Husserl: From Logic to History
Copyright © 2018 by Edwin Cheng Foundation Asian Centre for Phenomenology, CUHK

《現象學與人文科學》第七期：
《胡塞爾：從邏輯到歷史》
Journal of Phenomenology and the Human Sciences No. 7

Husserl: From Logic to History

主　　編　劉國英、張燦輝

美術設計　Javick工作室

執行編輯　周宜靜

出　　版　漫遊者文化事業股份有限公司

地　　址　台北市松山區復興北路331號4樓

電　　話　（02）27152022

傳　　真　（02）27152021

讀者服務信箱　service@azothbooks.com

漫遊者臉書　https://www.facebook.com/azothbooks.read

發　　行　大雁文化事業股份有限公司

地　　址　台北市松山區復興北路333號11樓之4

初版一刷　2018月9月

定　　價　台幣380元

I S B N　978-986-489-281-5（平裝）

《現象學與人文科學》為香港中文大學鄭承隆基金亞洲現象學中心出版之學術期刊。學刊園地公開，凡有關現象學及其與人文科學之關係的中文學術論文，或相關之經典外文文獻的翻譯，均歡迎賜稿。

目　錄

Phenomenology and the Human Sciences, Issue No. 7
Husserl: From Logic to History

Contents

從邏輯到歷史：胡塞爾的現象學道路（編者序）

劉國英

　　現象學作為 20 世紀初誕生於歐洲德語文化區的其中一個哲學流派，到後來發展成為一個跨世紀和跨文化的哲學運動，展現了人類思想史中罕見的強大生命力和持久性。這個現象，與現象學之父胡塞爾（Edmund Husserl, 1859–1938）對哲學真理不懈追求的過人毅力，和他以實現現象學哲學理念為職志的堅強信念，息息相關：胡塞爾從來沒有在他遇到的哲學難題面前退卻，他總是鍥而不捨地把在腦海中出現過的問題反覆思量，向未曾思考過的方向推進，因此他很多計劃中的著作都處於未完成狀態。在胡塞爾長達五十年的專業學術生涯中，只出版了六又三分一本專著，[1] 在同代的德語人

---

[1] 胡塞爾在生時出版的成書著作依次是：

Philosophie der Arithmetik, Erster Band (Halle: Pfeffer, 1891) (後重編為 Husserliana 12, 1970); *Philosophy of Arithmetic*, Eng. trans. Dallas Willard, *Husserl Collected Works*, vol. 10 (Dordrecht: Kluwer Academic Publishers, 2003).

Logische Untersuchungen, 2 Bänden (Halle: Max Niemeyer, 1900–1901) (後重編為 Husserliana 18, 19, 1975–1984); *Logical Investigations*, 2 vols., Eng. trans. J. N. Findlay (New York: Humanities Press, 1970); 胡塞爾：《邏輯研究》，兩卷三冊，倪梁康譯（上海：上海譯文出版社，1994–1999）。

Ideen zu einer reinen Phänomenologie und phänomenologischen Philosophie, in *Jahrbuch für Philosophie und phänomenologische Forschung*, Bd. 1 (Halle: Max Niemeyer, 1913), pp. 1–323 (後重編為 *Ideen I*, Husserliana 3, 1950); *Ideas Pertaining to a Pure Phenomenology and to a Phenomenological Philosophy, First Book: General Introduction to a Pure Phenomenology*, Eng. trans. Fred Kersten, *Husserl Collected Works*, vol. 2 (Dordrecht: Kluwer Academic Publishers, 1982); *Ideas for a Pure Phenomenology and Phenomenological Philosophy. First Book: General Introduction to*

文學者中，並不算特別多產。但他留下的手稿，包括講課稿、演講稿、思想筆記，卻多達四萬五千頁。從 1950 年開始，落戶於比利時魯汶大學的胡塞爾檔案館，組織、編輯並出版《胡塞爾全集》（*Husserliana: Edmund Husserl—Gesammelte Werke*），至 2014 年已出版 42 卷，題材遍及數學哲學、邏輯哲學、語言哲學、現象學的理念和方法、知識論、倫理學、形上學、時間、空間、自然與心靈、

Pure Phenomenology, Eng. trans. Daniel O. Dahlstrom (Indianapolis/Cambridge: Hackett Publishing Co., 2014); 胡塞爾：《純粹現象學通論》, 李幼蒸譯（北京：商務印書館，1992）。

   Vorlesungen zur Phänomenologie des inneren Zeitbewusstseins, hrsg. Martin Heidegger, in *Jahrbuch für Philosophie und phänomenologische Forschung*, Bd. 9 (Halle: Max Niemeyer, 1928), pp. 367–498 (後重編為 Husserliana 10, 1966); *On the Phenomenology of the Consciousness of Internal Time (1893–1917)*, Eng. trans. John Barnett Brough, *Husserl Collected Works*, vol. 4 (Dordrecht: Kluwer Academic Publishers, 1991); 胡塞爾：《內時間意識現象學》, 倪梁康譯（北京：商務印書館，2009）。

   Formale und transzendentale Logik, in *Jahrbuch für Philosophie und phänomenologische Forschung*, Bd. 10 (Halle: Max Niemeyer, 1929), pp. v–xiii, 1–298 (後重編為 Husserliana 17, 1974); *Formal and Transcendental Logic*, Eng. trans. Dorion Cairns (The Hague: Martinus Nijhoff, 1969); 胡塞爾：《形式邏輯和先驗邏輯》, 李幼蒸譯（北京：中國人民大學出版社，2012）。

   Méditations cartésiennes, traduit de l'allemand par Gabrielle Peiffer et Emmanuel Levinas (Paris: A. Colin, 1931)（是書先以法譯本面世，德文本是遺著：*Cartesianische Meditationen und Pariser Vorträge*, Husserliana I, hrsg. S. Strasser (The Hague: Martinus Nijhoff, 1950); *Cartesian Meditations*, Eng. trans. Dorion Cairns (The Hague: Martinus Nijhoff, 1960); 胡塞爾：《笛卡爾沉思與巴黎講演》, 張憲譯（北京：人民出版社，2008）。

   "Die Krisis der europäischen Wissenschaften und die transzendentale Phänomenologie", *Philosophia*, Bd. 1 (Belgrade, 1936), pp. 77–176 （這是後來出版的《危機》一書的首三分一章節：*Die Krisis der europäischen Wissenschaften und die transzendentale Phänomenologie*, Husserliana 6, hrsg. Walter Biemel (The Hague: Martinus Nijhoff, 1954); *The Crisis of European Sciences and Transcendental Phenomenology*, Eng. trans. David Carr (Evanston: Northwestern University Press, 1970); 胡塞爾：《歐洲科學的危機與超越論的現象學》, 王炳文譯（北京：商務印書館，2001）。

自然世界與人文世界的建構、圖像意識與想像活動、現象學心理學、第一哲學、交互主體性、生活世界、歷史、生與死及無意識等極限現象，成為當代西方以至世界哲學界最重要的思想遺產之一。[2] 以「從邏輯到歷史」這一表述方式來概括胡塞爾一生極之豐富的哲學工作，一方面標記着胡塞爾從事現象學研究的起點和終點，另一方面就是要顯示胡塞爾的思考課題幅度之廣——在近現代世界的哲學家中，只有康德和黑格爾可與之相比。

　　對胡塞爾所持守的現象學哲學理念有基本認識的讀者都知道，他早於 1911 年發表的〈哲學作為嚴格的科學〉[3] 一文中表示，現象學繼承自希臘哲學奠基者柏拉圖和亞里士多德所揭櫫的科學理念，以追求具科學嚴格性的真確知識為目標，因此現象學既不是實證論式自然論，也不是當時曾一度流行的世界觀哲學（Weltanschauungsphilosophie），因為世界觀哲學基本上是一種歷史主義（historicism），而歷史主義在知識論立場上是一種相對主義，無法為遵守科學嚴格性的知識和真理的普遍有效性（universal validity）提供哲學基礎和説明。因此，當晚期胡塞爾把哲學和科學

---

[2] 胡塞爾甚至留下大量關於政治和國家哲學的思考，散見於不同時期的手稿。德語學者 Karl Schuhmann 把相關材料整理成冊，是為：*Husserls Staatsphilosophie* (Freiburg/Mûnchen: Alber Verlag, 1988).

[3] Edmund Husserl, "Philosophie als strenge Wissenschaft", *Logos* 1 (Tübingen, 1910–11), pp. 289–341; "Philosophy as Rigorous Science", Eng. trans. Quentin Lauer, in *Phenomenology and the Crisis of Philosophy* (New York: Harper Torch Books, 1965), pp. 69–147; "Philosophy as Rigorous Science", new Eng. trans. Marcus Brainard, in *The New Yearbook for Phenomenology and Phenomenological Research* II (2002), pp. 249–295; 胡塞爾：《哲學作為嚴格的科學》，倪梁康譯（北京：商務印書館，2007）。

理論活動植根於生活世界（Lebenswelt; life-world），並把現象學研究延伸至歷史和歷史性（Geschichtlichkeit / Historizität; historicity），就令人懷疑，胡塞爾是否放棄了早年以科學嚴格性作為現象學哲學追尋的指標，轉而靠近生命哲學（Lebensphilosophie; philosophy of life），[4] 亦即胡塞爾早期曾批評的世界觀哲學之一種。事實上，有一種流傳說法，表達了海德格對胡塞爾現象學道路的主要批評，就是胡塞爾忘記了歷史。[5] 證之以《邏輯研究》、《觀念 I》、《形式邏輯和超越論邏輯》和《笛卡兒式沉思錄》這數本胡塞爾生前已出版的著作中所採取的現象學方法和進路，海德格的批評也不無道理，因為上述著作中顯現的，起初是一種靜態分析，後來是一種超越論進路（transcendental approach）；而以康德超越論哲學為先例的超越論進路，就是一種非歷史性的（ahistorical）進路。胡塞爾不僅經常以康德超越論哲學而不是黑格爾辯證思維為現象學的參考，他的哲學起點也與康德頗為相近：二人都接受數學和邏輯學訓練出身。數學和邏輯學都是關於本質的形式學科，其命題或規則都有先驗（a priori）性格；而歷史學則關乎事實，其命題或規則（若有的話）都是源自經驗，二者的進路差異極大。故此，胡塞爾由數學和邏輯

---

[4] 例如 Anne Montavont 就把晚期胡塞爾對生命（Leben）之關注，與從 19 世紀開始在德國出現的生命哲學關聯起來，並認為這將是一個有趣的研究方向，參其 *De la passivité dans la phénoménologie de Husserl* (Paris: Presses Universitaires de France, 1999), p. 145, note 2。Julien Farges 則持相反看法，指出胡塞爾對生活世界之研究，仍以成就超越論現象學為主要目標，與生命哲學的旨趣有異，參氏著："Monde de la vie et philosophie de la vie. Husserl entre Eucken et Dilthey", *Études Germaniques*, 2006 / 2 (no. 242), pp. 191–217。亦參汪文聖：〈胡塞爾與生命哲學〉，刊本輯。

[5] 參張鼎國：〈從邏輯問題到歷史問題：海德格 1934 年《邏輯》講稿裏的一個轉捩點〉，刊本輯。

學的先驗式研究作為起點，後來走上了歷史或歷史性的研究，箇中轉捩點為何，確實不易明白。

一、從數學哲學到邏輯研究：理念性對象的發現

　　求學時期的胡塞爾主修數學，師從當時德國大數學家、現代數學分析之父魏爾斯特拉斯（Karl Weierstrass, 1815–1897）。在他的影響下，胡塞爾唸博士期間，繼承了魏爾斯特拉斯的研究旨趣——數學的理論基礎、特別是哲學基礎。[6] 近代數學，由笛卡兒到萊布尼茲及牛頓，在運算層面上有重大發展。1630 年前後，笛卡兒發明了解析幾何，把數與空間統一起來，以純量化的方式來理解或表象空間。不到半個世紀之後，萊布尼茲及牛頓則各自獨立地發明了微積分，為數學運算技術帶來了大躍進，並提出了所謂在量上「無窮小」（infinitesimal）的概念。但這些離開了直觀經驗的概念，其意涵是甚麼，成為了需要澄清的問題。魏爾斯特拉斯希望以數（number）作為一切數學分析的基礎，去為各種在運算層面極發達的數學課題提供理論說明。魏爾斯特拉斯的基本立論是數學是一門分析的學問，而數則是心靈從事運算的產物。但年青的胡塞爾已理解到，從操作程序上，數當然是相應於心靈運算的動作（act of mathematical operation）而產生；但從內容上，數是有客觀性的，故此不是一種經驗性的存在，更不是一種經驗實在（empirical reality）之存在。而且現代數學更提出了虛數

---

[6] 以下一段的概述參考了 Françoise Dastur, *Husserl. Des mathématiques à l'histoire* (Paris: Presses Universitaires de France, 1995), "Phénoménologie, mathématiques, logique" 一章，pp. 16–41。

（imaginary number）和無理數（irrational number）等概念，它們都並不意謂一種實在性的存在，但都有某種客觀的存在地位。在其獲取大學教師資格的論文《論數之概念》（*Über den Begriff der Zahl*, 1887）中，胡塞爾指出，數之概念必然包含對「某物」（etwas; something）的指涉，這一指涉抽空了任何具體事物及其性質，只從最基本的量方面考慮的連結或集合活動的結果。[7] 胡塞爾這種對數的理解方式，一方面是從數數目或從事數學運算的活動出發，另一方面則是從數作為存在對象的存在特性（ontological character）著眼。這是日後胡塞爾就意向對象（intentional object）與意向行為（intentional act）這兩個相關聯的面向，從事雙軌並進研究的最初方式。數雖然是從某種經驗活動（數數目或數學運算）產生，但不會在這些數數目或運算活動完成之後消失，因此不受經驗性規則支配，其存在論地位（ontological status）是非經驗性的。這種從數作為非經驗性存在的特殊存在論地位著眼的研究，預示了胡塞爾日後對幾何學、邏輯和語言意義作為理念性對象（object of ideality）的研究方向。[8]

胡塞爾從數學（純運算）研究轉向哲學（存在論地位）研究的

---

[7] Edmund Husserl, "Über den Begriff der Zahl. Psychologischen Analysen", in *Philosophie der Arithmetik*, Husserliana 12, hrsg. Lothar Eley (The Hague: M. Nijhoff, 1970), pp. 335–338; "On the Concept of Number: Psychological Analyses", in *Philosophy of Arithmetic*, pp. 353–356.

[8] 參 Walter Biemel, "The Decisive Phases in the Development of Husserl's Phenomenology", in Dermot Moran and Lester Embree, eds., *Phenomenology: Critical Concepts in Philosophy*, vol. 1 (London and New York: Routledge, 2004), pp. 38–60；特別是 p. 45。

道路，當中有另一個問題成為了這個轉向的催化劑，那就是他發現了數學的兩種不同表象方式：真正的表象（eigentliche Vorstellung; authentic representation）與象徵性的表象（symbolische Vorstellung; symbolic representation）。[9] 前者是我們在數數目之時，實際上在腦際中（即心靈上）能表象的數目。一般來說，要實質地表象一個數目，我們只能數至 3 或 4；再大的數目，便難以實質地表象之，而要改用象徵的表象方式。胡塞爾仔細觀察和進一步區分數學對象，帶出了一個重要發現：有些對象／事物，不是以實物自身的方式呈現，而是透過記號以象徵的方式呈現和存在。這強化了胡塞爾走向理念性對象的思考：以非實物的、透過記號以象徵的方式呈現和存在的東西，就是理念性存在。

　　胡塞爾在準備撰寫《數學哲學》第二卷的過程中，進一步從數學研究走上邏輯學研究。因為數學既要處理重複度（Mannifaltigkeit; multiplicity）、即數目上的多樣性（plurality），就涉及數學對象作為眾多的對象性存在，這就引伸出對象性一般（objectivity in general）的問題：對象性一般的存在論地位為何？帶着存在論地位的理論旨趣來理解邏輯學的胡塞爾，其心目中的邏輯學就不單是純技術層面的形式分析工作，還要處理對象性一般作為我們思考的最一般的對象之問題。邏輯學面對的是形式系統，但形式系統的對象是甚麼一回事？這是仍需釐清的問題。

9　E. Husserl, *Philosophie der Arithmetik*, Husserliana 12, pp. 193–194; *Philosophy of Arithmetic*, pp. 205–207。胡塞爾承認，真正的表象與象徵性的表象之區分來自布倫塔諾（Franz Brentano）在維也納大學課堂上的講解。見 *Philosophie der Arithmetik*, Husserliana 12, p. 193, n. 1; *Philosophy of Arithmetic*, p. 205, n. 1.

　　胡塞爾轉向邏輯學研究的主要動機，在於他理解到數學運算本質上是一種形式思維層面的分析工作，這無異於邏輯學。由於胡塞爾原先已帶着哲學旨趣研究數學，當他轉往研究邏輯學時，也秉持着哲學旨趣：他認為邏輯學的任務，不能停留於純然作為思維技巧的工具，而是探討「純粹邏輯學的理念」（"Die Idee der reinen Logik"; "The Idea of Pure Logic"）。[10] 這樣的工作，必須回到意識行為（act of consciousness）的意向性結構（intentional structure）進行考察，才能說明邏輯學的基本概念及其理念性規則的誕生。而這種描述意識的意向性結構的方式，就是現象學的考察方式，而不是作為經驗科學的心理學式關於經驗生成的研究，因為現象學描述的對象，是意識操作的理念性結構，而不是事實層面的意識經驗。

二、意識作為意向性歷驗：對意識的新理解

　　上文指出，胡塞爾透過對數學對象、邏輯對象，與邏輯規則的存在論地位之研究，發現它們都是理念性對象。在這些研究成果的基礎上，胡塞爾進一步從事方法論的反思，發現上述那種研究之可能，在於採取了一種非自然主義、甚至反自然主義的態度（anti-naturalistic attitude），即不以自然實在性（natural reality）的方式來看待數學和邏輯對象的存在，而是視它們為理念性存在。在《邏輯研究》第二卷的序言中，胡塞爾就明白指出，從事現象學研究，必須採取「反自然的直觀方向和思維方向」（die widernatürliche

---

[10] E. Husserl, *Logische Untersuchungen*, I (Tübingen: M. Niemyer Verlag, 1980), p. 227; *Logical Investigations*, vol. I, p. 225;《邏輯研究》，第一卷，頁 198。

Anschauungs- und Denkrichtung; the unnatural direction of intuition and thought），即採取「反思」（reflektieren; to reflect）的態度，把我們慣常地投向對象上的目光中止，轉而投向我們的意識行為，才能以意識的本質結構作為我們的反思性考察對象。[11] 這一種回到意識從事考察的舉措，已是在未有採用「懸擱」（épochè）及「還原」（Reduktion; reduction）這一對概念來命名它之前，在實質上行使了懸擱和還原的動作：把考察目光從原先投放於事實或自然實在性的序列，帶回到意識經驗的本質的結構性序列。不以自然實在性的目光看意識活動，就是離開了現代心理學把心靈看成自然存在的方式來理解意識活動。在這種非自然論的方式理解之下，意識不是像自然存在般的佔空間之物，也不是以包含佔空間之物的盒子或容器（container）的方式來理解意識，而是把意識之存在理解成意向性存在（intentional being），即意識是一種總是與其他對象產生關聯的存在，而意識活動就是意向性歷驗（Bewußtsein als intentionales Erlebnis; consciousness as intentional lived-through experience）本身。[12] 把意識作為意向性歷驗，並對之從事基本的結構性剖析，就是胡塞爾在《邏輯研究》中的一個重要任務，這使《邏輯研究》成為現象學研究的奠基性著作。

　　胡塞爾在維也納大學的哲學老師布倫塔諾（Franz Brentano, 1838–1917），是率先提出意識的意向性結構論說的哲學家。在《經驗論立場下的心理學》（*Psychologie vom empirischen Standpunkte*,

---

[11] E. Husserl, *Logische Untersuchungen*, II/1 (Tübingen: M. Niemyer Verlag, 1980), pp. 8–9; *Logical Investigations*, vol. I, pp. 253–255；《邏輯研究》，第二卷，頁8。

[12] E. Husserl, *Logische Untersuchungen*, II/1, pp. 363 及 其 下；*Logical Investigations*, vol. II, pp. 552 及其下；《邏輯研究》，第二卷，頁 406 及其下。

1874）一書中，布倫塔諾指出了心靈現象有別於物理現象之處。物理現象顯現的都是一些感性性質，心靈現象則是一種「意向性的內在性存在」（intentionales Inexistenz; intentional inexistence），即指向或關聯到一個「內在的對象性」（immanente Gegenständlichkeit; immanent objectivity）的現象，[13] 它只能透過意識的內在知覺（innere Wahrnehmung; inner perception）被把握。胡塞爾保留了布倫塔諾視心靈現象中呈現的是意向性對象之說，但卻改造了其整個意向性理論，因為布倫塔諾把意向性對象理解成一種「內在於心靈或意識中的對象」，顯示他仍然未能脫離傳統的「盒子說」。胡塞爾把意向性對象理解成意識所意謂或意指（meinen; to mean, to aim）的對象，則它只是意識的意向相關聯項（intentional correlate），卻不是存在於意識之中，因此避免了陷入「盒子說」中。反之，一切意識的意向性對象是作為超越（transcendent）對象存在，它並非內在於意識或心靈之中，卻需要心靈或意識來表象之。胡塞爾在《邏輯研究》第五研究的附錄中指出，例如我們有關於「上帝」或「天使」的觀念作為意向性對象，但我們心靈中並非真正地或實在地擁有這些觀念，它們只是我們意識所意謂的對象，它們都是超越的。[14] 因此，所謂「意向性」就是指意識以意謂的方式關聯到一個超越對象上去，後者僅

---

[13] Franz Brentano, *Psychologie vom empirischen Standpunkte* (Leipzig: Duncker & Humblot, 1874), p. 115; *Psychology from an Empirical Standpoint*, ed. Oskar Krans, Eng. ed. Linda L. McAlister, Eng. trans. Antos C. Rancurello, D. B. Terrell, and Linda L. McAlister (London: Routledge & Kegan Paul, 1973), p. 88.

[14] E. Husserl, *Logische Untersuchungen*, II/1, p. 425; *Logical Investigations*, vol. II, p. 596;《邏輯研究》，第二卷，頁 460。

僅是一個被意謂者，但這被意謂者不一定是一個實在的存在。「上帝」、「天使」、古希羅人相信的神明（如「丘比特」），或中國古代傳說中嫦娥，都不是實在性存在，卻是被我們賦予一定意義、以一定方式被表象的被意謂者。胡塞爾後來在《觀念 I》中，以 "Noema"（noema）或 "noematische Korrelat"（noematic correlate），即「意向相關聯項」一詞指稱意向性對象，並強調它是非實在的。[15] 而在我們的意識活動中，真實地存在的意向行為或意向行為的真實成份則被稱為 "Noese"（"noesis"）或 "Noetische Moment"（"noetic moment"），即經由感官知覺激發的意向活動本身。[16]

　　胡塞爾透過意向性結構來理解意識的存在方式及意識活動的特性，在知識論上有重大意義。傳統以「盒子論」理解意識，仍是以物理之物的方式理解意識，故仍然是一種實體化（substantialize）甚至物化（reify）的方式理解意識。此外，以「盒子論」來理解意識，就必須面對一個知識論難題：盒子把意識與外物相隔，則意識如何能越出作為內在性存在的盒子，以接觸和認識所謂外物？這就是所謂「超越之謎」（Rätsel der Transzendenz;

---

[15] Edmund Husserl, *Ideen zu einer reinen Phänomenologie und phänomenologischen Philosophie. Allgemeine Einführung in die reine Phänomenologie* (Tübingen: Max Niemeyer Verlag, 1980), p. 182; *Ideas Pertaining to a Pure Phenomenology and to a Phenomenological Philosophy, First Book: General Introduction to a Pure Phenomenology*, p. 214; 胡塞爾：《純粹現象學通論》，頁 224。

[16] E. Husserl, *Ideen zu einer reinen Phänomenologie und phänomenologischen Philosophie. Allgemeine Einführung in die reine Phänomenologie*, p. 174; *Ideas Pertaining to a Pure Phenomenology and to a Phenomenological Philosophy, First Book: General Introduction to a Pure Phenomenology*, p. 205; 胡塞爾：《純粹現象學通論》，頁 216。

the riddle of transcendence)。[17] 若我們的心靈是關在盒子中的意識，我們怎能確定我們的知識能與外物相符？我們對外在世界的知識遂成疑（笛卡兒的難題）。胡塞爾的意識意向性理論，視意向性對象為非實在性存在，也就是把意識非物化和非實體化（de-substantialize）。意識活動是心靈與其他對象建立關係的活動，它的關聯方式是「看」，即意謂或意指一個對象，這對象既可以是外在世界的對象，也可以是觀念、圖像，甚或透過觀念和圖像來意指外在世界的對象。這種理解下的意識，不是關在盒子中、與世界分隔的存在，而是可以直接關聯到世界中的對象，或者以觀念或圖像的方式與世界中的對象關聯。以意向性存在及其本質結構理解意識活動，既解決了「超越之謎」，也保留了世界中的實在對象與意識或思維對象（作為非實在性對象）的區分。若意識對象是被知覺的，它有與之相應的實在對象。若意識對象僅僅是想像的，它不一定有與之相應的實在對象，但仍然可以透過被想像的方式被意謂。胡塞爾的意識意向性理論，進一步把意識關聯到對象上的功能，區分如下：在第一種功能中，意識僅僅意謂其對象、即發出意義意向（Bedeutungsintention; meaning intention）。在第二種功能中，意識透過直觀提供對象，讓意義意向得以被充實（Bedeutungserfüllung; meaning fulfilment）。[18] 胡塞爾指出，在充實意義意向之際，意識既可以透過知覺，也可以透過想像這兩種

---

[17] Edmund Husserl, *Die Idee der Phänomenologie*, Husserliana II, hrsg. Walter Biemel (The Hague: M. Nijhoff, 1950), p. 43; *The Idea of Phenomenology*, Eng. trans. Lee Hardy (Dordrecht: Kluwer Academic Publisher, 1999), p. 33.

[18] E. Husserl, *Logische Untersuchungen*, II/1, p. 4; *Logical Investigations*, vol. I, p. 250;《邏輯研究》，第二卷，頁 3。請參梁家榮：〈含義與充實行為〉，刊本輯。

直觀意識提供對象。這樣一來，胡塞爾把想像在知識活動中擔當的角色，提升至與知覺同等重要，有時甚至更重要。例如探討數學和幾何學真理的認識活動，知覺便無法勝任，因為數學對象和幾何學對象都不是實在性對象，知覺作為提供實在性對象的意識活動，無法為數學對象和幾何學對象的意義意向擔當意義充實的工作。這一工作需要借助想像意識作為能提供非實在的、即理念性對象的意識活動來執行。而藝術創造的活動，就更需要由想像提供理念性對象去進行意義充實的工作。

三、內在時間意識與意識意向性的雙重結構

在透過意向性結構來理解意識活動的特質上，胡塞爾還有一項更重要的發現，就是意識的意向活動除了與意向對象的橫向關聯外，還有一種與意識自身關聯或連結的活動，它為意識自身提供統一性，使意識在不斷跟其自身以外的對象性存在聯繫的同時，也能夠隨時回到自身，使它在各個階段經歷過的經驗可以有一種統一的形態。這種統一的作用由內在時間意識（inneres Zeitbewußtsein; internal time-consciousness）擔任，它在意識的縱深底層發揮其統一功能。胡塞爾內在時間意識學說的新穎之處，在於不再以傳統的直線式來表象時間三態（現在、過去與未來），而是視時間三態是交織在一起的三個時態意識樣態，分別由本源知覺（Urimpression; primordial impression）、滯留（Retention; retention）和前攝（Protention; protention）提供。胡塞爾首先在 1904 至 1905 年的「內在時間意識的現象學」講課中鋪陳這一發現。

雖然布倫塔諾和伯格森（Henri Bergson, 1859–1941）先於胡塞

爾展開了關於內在時間意識的思考，但二人基本上把關於過去的意識理解為回憶。回憶是當我們的知覺經驗發生之後，我們的意識有意地把它重新喚起，把過去了的知覺經驗以及其對象重喚到當前，是把那逝去了的、不再在當下呈現的經驗及其對象重新召喚到意識面前。一直以來，這種把不在或不呈現的事物喚起，使之「宛然」在當前存在，都被視為是由想像帶來的，故布倫塔諾和伯格森都把回憶的可能性歸因於想像。可是，問題在於：倘若意識不是在經驗發生的當下已經將它保留下來，倘若任何一個經驗都是了無痕跡地消失了，我們又怎可能在經驗完成之後去喚起它、回憶它？倘若回憶僅僅是當下經驗完全過去之後，意識才把它重新召喚，則當下或現在與過去完全沒有連續性，只是兩個互不銜接的環節或時間點的並列。在這種方式理解之下，並沒有一道連續流動的時間意識，只有各自獨立並排的時間點，一如齊諾悖論（Zenon's paradox）所表象那樣。布倫塔諾察覺到這疑難，但沒有找到解答方案。這疑難要到胡塞爾提出滯留概念，才得到突破性的解答。

　　胡塞爾透過現象學描述指出，在我們進行前反思的知覺活動之際，內在時間意識的三態已在合同地發揮作用。知覺活動面對的是一個坐落於空間中的存在物。例如：當我們在街上看見前方的一個人的背影，覺得她／他的身影很熟悉，可能是一個親友。我們在看之際，不單有一個當下的本源知覺意識關聯到前方的人的背影，我們同時也在預期下一刻我們看到的可能景象，亦即前攝意識已同時介入其中。但當走近一點時，發覺那個人的背影少了熟悉感、多了陌生感，與我們前一刻的預期有落差。在這看的當下，剛才看的景象仍然被動地保留著，亦即滯留意識在發揮作

用，但我們仍然會預期再下一刻看到她／他的面容時，可判斷她／他是不是原先那個我以為認識的人，抑或其實是一個身影有點相熟但其實我不認識的人。胡塞爾有時稱滯留為「初等回憶」（primäre Erinnerung; primary memory）；它是意識自發地、即被動地進行的本源回憶，它使其後的主動回憶變得可能。滯留意識也是辨認一個對象是否同一個對象的同一性意識（consciousness of identity）之可能所在，這是知覺活動作為認知活動最基本的起點。在這知覺活動中，本源知覺、滯留和前攝這三個內在時間意識樣態一直合同運行，以發揮提供經驗之統一性的作用。現在、過去和未來的意識不是互相外在的，而是交織在一起。我們聽一首音樂的旋律，也是如此，否則我們只聽到一堆散亂的聲響，而不是一組依先後次序連結起來的音韻、成為有統一性的旋律。

　　上述的內在時間有別於自然的物理時間。內在時間的發現，令胡塞爾能為早前在《數學哲學》與《邏輯研究》中發現的理念性存在提供進一步的哲學說明：理念性存在不需經由物理空間和物理時間而呈現；它們最重要的存在條件，是置於內在時間中，使它們得到統一性及無窮地重複的可能性。這是理念性存在有別於物理性的自然存在的存在論條件；這也是文化存在（cultural being）與自然存在的差異：文化存在就是主要由理念性存在構成（下詳）。這也為胡塞爾走往超越論現象學鋪路：經現象學還原之後的意識活動，從自然存在蛻變為超越論存在，是為超越論意識（transcendental consciousness）。它顯現某些先驗的特性，遵守着一些先驗的規則，一如內在時間意識顯現的特性和遵守的規則都是先驗的。

　　胡塞爾對內在時間意識之理解的重大突破在於：他不單透過空間性對象如何根據時間條件來呈現去理解時間意識，還透過時間性對象（Zeitobjekt; temporal object）、即時間自身的呈現方式作為對象來理解最深層的內在時間意識之特質。胡塞爾發現，我們的意識之意向性結構，有橫向的意向性（Querintentionalität; transverse intentionality）與縱向的意向性（Längintentionalität; longitudinal intentionality）的雙重意向性性格。[19] 橫向的意向性是意識關聯到被感知的對象，產生當下或現在的意識，並且跟隨感知活動的開展而過渡到下一個現在。這是意識與自身以外的對象相關聯，它作用於意向對象之上。縱向的意向性是意識感知到對象之後，這首先產生的現在意識會同時在自身之內保留，以過去的意識之樣態沉澱在下一個當下意識之下；而在下一個當下意識出現之際，前一個當下意識往下沉澱成為過去的意識；當第三個當下意識出現，第一個當下意識就成為過去的過去，餘此類推。這是意識作用於自身之上，產生了轉化，成為另一個樣態的意識。因此，內在時間意識的特性就在於橫向的意向性之外，還有縱向的意向性，這是意識自身作用於自身而產生了意向性的變更或轉化（intentional modification）的結果。意識之雙重意向性的發現，需要雙重現象學懸擱。首先是對外在世界的懸擱：反思意識只關注意向對象的結構。然後對意向對象也從事懸擱：意識只關注自身的內在時間結構。

---

[19] Edmund Husserl, *Zur Phänomenologie des inneren Zeitbewusstseins (1893–1917)*, Husserliana 10, hrsg. Rudolf Boehm (The Hague: M. Nijhoff, 1966), §39, pp. 80–83; *On the Phenomenology of the Consciousness of Internal Time (1893–1917)*, pp. 84–88.

四、縱向意向性：創生意識與歷史意識的可能性

胡塞爾對內在時間意識的雙重意向性結構的發現，具有重大的現象學和形上學意涵，是理解他往後的哲學研究方向發展的鑰匙。首先，意識之縱向的意向性，是創生或生成（genesis）意識的由來。創生或生成是變化，但其成因不是外來的，而是來自自身的，是同一者自身作用於自身而產生的變化。內在時間意識的縱向意向性，就是這樣的一種自身變化的意識。與此同時，這一變化是由一個同一者（the same）變成他者（the other），而且是在自身中變成他者，但在這變化中維持了與原先的同一者的聯繫，卻保留了變化的痕跡。歷史意識就是在這種創生的變化意識的基礎上成為可能。[20] 而胡塞爾的超越論現象學，亦由早期的靜態描述，逐漸走上創生性建構（genetische Konstitution; genetic constitution）之路。[21]

前文指出，對內在時間意識、特別是其雙重意向性結構的發現，需要進行雙重現象學懸擱，而懸擱需要現象學考察主體從自然態度走上反思態度，以克服考察主體的樸素性。懸擱與現象學還原的可能性與限度，是成熟期胡塞爾不斷思考的課題；他對現象學還原所引致的哲學後果之自身理解，令他走上超越論現象學之路。當胡塞爾嘗試不同的現象學還原道路，便帶出了不同形態

---

[20] 請參倪梁康：〈縱意向性：時間、發生、歷史——胡塞爾對它們之間內在關聯的理解〉，刊本輯。

[21] 參 Edmund Husserl, *Cartesianische Meditationen und Pariser Vorträge*, Husserliana I, §§37–39, pp. 109–114; *Cartesian Meditations*, pp. 75–81; 胡塞爾：《笛卡爾沉思與巴黎講演》，頁 112–118。

的超越論現象學。但有一個一直挑戰着胡塞爾超越論現象學的自身理解的課題，是由內在時間意識、特別是縱向意向性帶來的，那就是：內在時間意識顯現了一種自身建構的統一性，因為當下或現在意識轉化成滯留意識，是意識自身作用於自身而產生的變化；同樣，前攝意識也是當下意識自發地向未來預期。故此，內在時間意識是前反思層面的一個前人稱的意識（a pre-personal consciousness），它在意識的最底層自身建構，是無人稱的意識（anonymous consciousness）。因為這一無人稱底層的內在時間意識的自身建構先提供了一種統一性，故此有人稱的意識經驗的統一性才可能。這無人稱的意識底層之自身建構，為前反思層面的意識提供了統一性，而在此基礎上，我們作為意識主體在反思層面的意識對意向對象的建構活動才可能。這裏，反思層面的自身意識（主體或「我」的意識）與無人稱的底層意識並不互相重合（non-coincidence），因為反思層面的主體或自我意識的誕生，預設了在前反思層面已完成自身建構的無人稱的底層意識，來提供最基本的內在時間意識，前者（反思意識）相對於後者（前反思意識）永遠有時間滯後（time lag），而且兩者有層次上的差異。反思層面的主體意識（有人稱的建構性意識）與前反思層面的無人稱意識（也就是處於意識最底層的內在時間意識）之間不能重合，這恰恰就是歷史意識的來源：在當下發生之事，我們的意識未能在當下對之全然把握，我們需要事後透過回想（recollection）才意識到它，並把握它成為我們具統一性的意向對象；但它被無人稱的底層的內在時間意識保留和沉澱，使有人稱層面的回想或回憶成為可能。

五、歷史與實現理性的任務

　　胡塞爾晚期對歷史和歷史性的探討，不僅僅是現象學的創生性建構的展示，還有一個更宏大的目的，就是把現象學工作視為實現人類作為理性存在的任務，換句話說，就是賦予現象學哲學家一個偉大的道德任務：作為實現理性的公僕。如何實現理性？在認知判斷活動、價值判斷活動和美感判斷活動中如理地行事，務求達到以一種自身負責的態度來實現真、善、義、美的境地。而這境地需要在無窮的時間歷程來達到，因此需要穿越歷史；也就是說，理性需要透過歷史過程來實現。[22] 但為甚麼這種對歷史的重視，要在胡塞爾晚期、特別是《歐洲科學的危機與超越論現象學》時期的著作中才凸顯？也就是說，為甚麼歷史意識是與危機意識相伴而來？

　　對胡塞爾而言，人類文明的危機，顯現於人類失落了實現理性任務的意識，這是人類歷史性的最佳佐證。一如其他哲學理性論者，胡塞爾認為理性的意識誕生自希臘哲學的奠基者。在現代的黎明階段，例如在笛卡兒手中，理性意識得到進一步發展。康德更帶來了超越論哲學革命，把實現理性的目的內在化，這是人類步向自覺和成熟的表現。但以歐洲文明為首的人類文明，並沒有沿着自身負責的方向發展。西方文明之危機的表徵之一，是現代科學遺忘了其起源和基礎。科學本來植根於前科學的生活世界，並於生活世界的土壤之上，以服務人類實現理性的目的，來獲取

---

22 請參游淙祺：〈歐洲的理性理念：胡塞爾的觀點〉，刊本輯。

及彰顯其意義。但西方現代科學在其發展過程中，既忘記了其本源土壤，也忘記了其本源意義和功能。[23]

事實上，胡塞爾對西方文明的危機意識，並非在 1935–1936 年間、圍繞《危機》一書的著作中才顯現。在較早的《笛卡兒式沉思錄》(1929–1931) 的〈導言〉中，胡塞爾已指出了西方文明陷入三大危機。（一）科學危機：自然科學經過三個世紀的巨大發展後，偏向實證主義的危機；（二）哲學危機：哲學作為統一學問的衰落的危機；（三）文化危機：自啟蒙運動以還，人類文化整體自主意識萎縮的危機。[24] 我們甚至可以說，胡塞爾早於 1920 年代初期，已於日本《改造》雜誌發表一系列關於文化更新的文章，這些文章在在顯露其文化危機的意識。[25] 不過，從方法上看，《改造》雜誌文章上的文化更生論，採取的仍是靜態的本質方法（eidetic method），歷史性並未成為反思的主軸，歷史考察也未成為現象學的方法論環節。

---

[23] 請參羅麗君：〈針對胡塞爾重建歐洲人性和科學之方法論的反省──觀念化（Ideierung）或理念化（Idealisierung）？〉及戴遠雄：〈歐洲的危機與重生──胡塞爾與柏托什卡〉，均刊載本輯。

[24] 參 Edmund Husserl, *Cartesianische Meditationen und Pariser Vorträge*, Husserliana I, §2, pp. 45–48; *Cartesian Meditations*, pp. 4–6; 胡塞爾：《笛卡爾沉思與巴黎講演》，頁 41–43。

[25] 這一系列五篇文章分別是："Erneuerung. Ihr Problem und ihre Methode" (1923), "Die Methode der Wesensforschung" (1924), "Erneuerung als individualethisches Problem" (1924), "Erneuerung und Wissenschaft" (1922/23), "Die Idee einer philosophischen Kultur. Ihr erstes Aufkeimen in der griechischen Philosophie" (1922/23), 現收 *Aufsätze und Vorträge* (1922–1937), Husserliana 27, hrsg. Thomas Nenon and Hans Rainer Sepp (Dordrecht: Kluwer Academic Publishers, 1989), pp. 3–94. 第一篇文章的英譯本為："Renewal. Its Problem and Its Method", Eng. trans. Jeffner Allen, in Peter McCormick and Frederick A. Elliston, eds., *Husserl: Shorter Works* (Notre Dame: University of Notre Dame Press, 1981), pp. 326–331.

　　在《危機》中，胡塞爾在現象學方法上引入了歷史考察和歷史還原，從而診斷歐洲科學與文化的危機。[26] 由伽利略開始的歐洲現代科學，把自然數學化（die Mathematiserung der Natur; the mathematization of Nature），發展出數學化的自然科學，結果是自然科學的技術成就很高，但只着眼事實層面的課題，失去了發問意義的能力，完全脫離了「生命」、「人之存在」這些具絕對普遍意義的課題之相關性。[27] 胡塞爾以歷史還原重現歐洲科學和哲學對理性的原初信仰，重新發揚以實現理性作為歐洲歷史的內在目的之道德任務。[28] 在這一對西方文明危機的診斷中，歷史考察與歷史反思被賦予正面意義。與此同時，歷史性不再像早期那樣，被視為歷史主義和相對主義的代名詞，而是文化產物的規定性：文化產物被賦予歷史性，它不單在歷史中誕生，而且透過歷史代代相傳，其明見性（evidence）被重新喚起（reactivate），使其有效性得以超越歷史時代繼續被肯定。幾何學命題和幾何學真理便是如此。因此，歷史性不是與本質性（eidetic）或理念性（ideal）對立而互相抵消的；反之，歷史性是一種全時間性或遍在時間性（omni-temporality），其本質或理念性結構在穿越不同時代之後，

---

[26] 請參劉國英：〈歷史與現象學還原——胡塞爾《危機》中的歷史還原道路〉，刊本輯。

[27] E. Husserl, *Die Krisis der europäischen Wissenschaften und die transzendentale Phänomenologie*, Husserliana 6, §2, pp. 3–4; *The Crisis of European Sciences and Transcendental Phenomenology, pp. 5–6*; 胡塞爾：《歐洲科學的危機與超越論的現象學》，頁 15–16。

[28] E. Husserl, *Die Krisis der europäischen Wissenschaften und die transzendentale Phänomenologie*, Husserliana 6, §5, pp. 9–12; *The Crisis of European Sciences and Transcendental Phenomenology, pp. 11–14*; 胡塞爾：《歐洲科學的危機與超越論的現象學》，頁 21–25。

仍然有效。文化產物固是如此，真理（作為有效的認知判斷）、善（作為有效的價值判斷）、義（作為有效的正當判斷）、美（作為有效的情意判斷）的實現，就是人作為理性存在、以理性方式從事上述各種判斷活動帶來的文化成果。

因此，胡塞爾的歷史目的論，持守的是一種理性的歷史觀，但不是黑格爾式的歷史目的論。黑格爾認為理性已然在歷史的現實航程中完全自身實現，胡塞爾雖然也把理性之實現視為歷史的任務，而這任務不單現實上還未完成，而且必須在歷史的無限歷程中才能完成，也就是說，在任何當前現實中都不可能完成，因此實現理性的任務是一個無窮的任務（an infinite task）。現象學哲學家，就是要為人類歷史實現這個道德任務。胡塞爾說哲學家是「人類的公僕」（Funktionäre der Menscheit: functionary of humankind），[29] 就是這個意思。在這意義下的人，不是一個自然人，也不是一個自然的種屬存在（natural species），而是一個理性的人，一個擔負着道德任務的、在歷史中實現理性的人。從這方面看，胡塞爾的歷史理性觀更接近康德而非黑格爾，可以說是人文主義式理性歷史觀的最後呼籲。胡塞爾之後，不單海德格不走這路，後來的結構主義者、後結構主義者和後現代主義者也不持守這種歷史理性觀。

胡塞爾這種對歷史理性的信仰是否仍然過分樂觀？面對他這

---

[29] E. Husserl, *Die Krisis der europäischen Wissenschaften und die transzendentale Phänomenologie*, Husserliana 6, §7, p. 15; *The Crisis of European Sciences and Transcendental Phenomenology*, p. 17; 胡塞爾：《歐洲科學的危機與超越論的現象學》，頁 28。

種理性主義式的最後呼籲，我們會否覺得不合時宜？問題是，我們能否完全放棄對人類作出理性之要求？我們是否只從技術層面求精進，只追求工具理性的發展，一切判斷最後訴諸利潤或權力，不問真假、不問對錯、不問義與不義，不問美與醜？在 21 世紀的今天閱讀胡塞爾，我們是否滿足於一種純技術層面的註解？抑或我們跟隨他發問：從過問邏輯判斷的有效性根據，到視人作為歷史存在的任務，就是在歷史中實現理性？這其實等於問：人類是否需要自身過問，她是一個怎樣的存在？要求人類過一種理性的生活，是否一種過分的要求？即使我們難以全面展開一個理性的生活，是否也應盡量在生活中加入理性的元素，以達至理性的認知判斷、理性的善惡判斷、理性的合義判斷、理性的情意判斷？任由工具理性支配的人類社會，能面對她陷入的重重危機嗎？

縱意向性：時間、發生、歷史——
胡塞爾對它們之間內在關聯的理解[*]

倪梁康

中山大學現象學研究所

　　摘要：胡塞爾在《邏輯研究》沒有將「時間」與「發生」置於某種聯繫、哪怕是對立的聯繫之中，而只是從個別的零散論述中可以看出胡塞爾對「時間分析」的關注和對「發生分析」的排斥。但《內時間意識現象學講座》對「時間分析」與「發生分析」的態度則有改變。胡塞爾在這裏將這兩者放在一起討論，並試圖把握它們之間的內在聯繫。此後，他在《笛卡兒式的沉思》期間對「時間」與「發生」問題的思考，表現為一種對靜態現象學（對「橫意向性」的分析）與發生現象學（對「縱意向性」的分析）關係的討論。這個思考很可能是導致胡塞爾可以在《笛卡兒式的沉思》把「時間」看作「所有本我論發生的普全形式」的原因。從這裏出發，歷史問題也開始，尤其是在《歐洲科學的危機與超越論的現象學》中，以一種與時間與發生內在相關的方式進入胡塞爾的視野，包括歷史研究的方式與歷史研究的範圍、歷史與「時間」、「發生」的內在關聯，以及「形式的」和「內容的」歷史現象學的可能聯繫與區別。

---

[*] 基金項目：教育部 2006 年長江學者特聘教授獎勵計劃。

　　編者按：本文初刊於《哲學分析》第一卷第二期（2010），今蒙作者慨允本刊發表繁體版，謹此致謝。

關鍵詞：時間現象學、發生現象學、歷史現象學、內在關聯

> 只有着眼於時間才可能把捉存在。
>
> ——馬丁・海德格（Martin Heidegger）

> 真正的時間，實質上是一個連續同一體，
> 它又是不斷變化的。歷史研究的重大問題
> 就源於這兩種屬性的對立。
>
> ——馬克・布洛赫（Marc Bloch）

時間、發生與歷史是三種不同的現象，但在它們之間顯然存在着內在的聯繫。對這個聯繫的認識，在胡塞爾的現象學研究中經歷了一個發展過程。簡單扼要地說，在《邏輯研究》（*Logische Untersuchungen*）以及早期的內時間意識分析中，胡塞爾基本上撇開發生問題和歷史問題不論；但在後期的時間研究以及《笛卡兒式的沉思》（*Cartesianische Meditationen*）中，他卻常常傾向於將三者結合在一起做統一的、貫穿的分析，並最終在《歐洲科學的危機與超越論的現象學》（*Die Krisis der europäischen Wissenschaften und die transzendentale Phänomenologie*）中將自己的歷史現象學研究付諸實施。筆者在此意圖追蹤胡塞爾的這一趨向及其形成的原因，並提出他後期的這種嘗試是否可能成功的問題。此外，這裏所做的努力，總體上也可以被看作是從時間現象學出發，對胡塞爾的發生現象學和歷史現象學之構想的一個導引。

筆者將在第一節中討論胡塞爾在《邏輯研究》（1900 年前後）

中所理解的「時間」與「發生」，以及在「時間分析」與「發生分析」之間的可能關係，雖然胡塞爾本人在那裏並沒有將這兩者置於某種聯繫、哪怕是對立的聯繫之中，而只是從個別的零散論述中可以看出胡塞爾對「時間分析」的關注和對「發生分析」的排斥。在第二節中，筆者將再現胡塞爾在《內時間意識現象學講座》（*Vorlesungen zur Phänomenologie des inneren Zeitbewusstseins*）（1917 年前後）中對「時間分析」與「發生分析」的態度。與《邏輯研究》時期不同，胡塞爾本人在這個講座中已經將這兩者放在一起討論，並試圖把握它們之間的內在聯繫。在第三節中，筆者將討論胡塞爾在《笛卡兒式的沉思》期間（1928 年前後）對「時間」與「發生」問題的思考。這個思考在 1921 年的文稿中表現為一種對靜態現象學（以「橫意向性」分析為課題）與發生現象學（以「縱意向性」分析為課題）關係的討論。這個思考很可能是導致胡塞爾在《笛卡兒式的沉思》中能够把「時間」看作「所有本我論發生的普全形式」（Universalform）的原因。從這裏出發——它構成第四節的討論內容——歷史問題也開始進入胡塞爾的視野。這個問題首先涉及到歷史研究的方式（即對歷史的普遍形式的研究）與歷史研究的範圍（對本我〔ego〕自身的自為構造的研究）。第五節是對胡塞爾歷史現象學思想的進一步展開，尤其梳理了「時間」、「發生」、「歷史」三種現象在胡塞爾後期思想中的內在關聯。第六節則是對歷史現象學之理論與實踐的一個回顧性的總結。主要討論「形式的」歷史現象學和「內容的」歷史現象學的可能聯繫與區別。

一、《邏輯研究》時期的「時間」與「發生」

　　胡塞爾在《邏輯研究》（1900/01）中既未深入討論「時間問題」，也未詳細涉及「發生問題」。[1]

　　就時間問題這一方面來說，胡塞爾只是在《邏輯研究》的第三、四研究中從整體和部份關係、獨立之物與不獨立之物關係的角度出發而對時間有所討論。除此之外，胡塞爾時而還會再確定，實在之物的特徵可以運用「時間性」（Zeitlichkeit）概念來規定。[2] 關於這個問題，後面還會做更為詳細的論述。總的說來，時間在《邏輯研究》中沒有構成一個獨立的課題，遑論核心課題。因此，在幾年後的「現象學與認識論的主要部份」的講座中，胡塞爾曾對《邏輯研究》回顧說：「我當時已經討論過的一些本質難題，在我的這部著作中幾乎沒有被觸及並且沒有得到進一步的研討。甚至整個回憶領域，因此還有本原的時間直觀現象學的全部問題，在這部著作中都

---

[1] 在此後公開發表的另一部著作《純粹現象學與現象學哲學的觀念》第一卷中，情況也是如此。雖然胡塞爾在這裏用一節（第 81 節）的篇幅來討論「現象學的時間與時間意識」，但他同時慶幸自己可以在這個預備分析中將「時間意識之謎」「這個極其困難的問題域」置而不論；參見 Edmund Husserl, *Ideen zu einer reinen Phänomenologie und phänomenologischen Philosophie, Erstes Buch: Allgemeine Einführung in die reine Phänomenologie*, 1. Halbband: Text der 1.–3. Auflage, Husserliana III/1, ed. Karl Schuhmann (The Hague: Martinus Nijhoff, 1977)（下文簡稱 Hua III/1），p. 163。至於「發生」和「歷史」的問題，胡塞爾認為，「既無須和不應考慮心理學－因果的發生，也無須和不應考慮進化史的發生」（Hua III/1: 7, Anm. 1）。

[2] Edmund Husserl, *Logische Untersuchungen, Zweiter Band, Untersuchungen zur Phänomenologie und Theorie der Erkenntnis*, Husserliana XIX/1, XIX/2, ed. Ursula Panzer (Halle: 1901, rev. ed. 1922; The Hague: Martinus Nijhoff, 1984)（下文分別簡稱 *LU* II/1, *LU* II/2），*LU* II/1: [A 123].

可以説是處於一種死寂的狀態。我當時無法戰勝這裏所存在的異常的困難，它們也許是整個現象學中的最大困難，而由於我不想事先就束縛自己，因此我便寧可完全保持沉默。」[3] 只是在 1904/05 冬季學期的「現象學與認識論的主要部份」講座中，胡塞爾才決定將自己的時間研究拿出來與學生一起做集中的討論。

就發生問題的另一方面而言，胡塞爾在《邏輯研究》中基本上將它歸給了心理學。每當他談及「發生解釋」、「發生分析」、「發生考察」等等時，他總是將它們與心理學聯繫在一起（LU II/1: [A 4], [A 8], [A 18]）。他這個時期使用的「發生」概念，基本上意味着「經驗的」、「在時間上發生過的（zeitlich verlaufene）」。這樣也就可以部份地理解，他以後在《邏輯研究》第二版中為甚麼將「發生的」幾乎無例外地改為「經驗的」或「經驗－心理學的」。這一點也適用於對他所使用的「發生心理學」概念的理解。因此，胡塞爾可以直截了當地聲言「發生問題不屬於我們的任務範圍」，並在很大程度上將他所追求的「純粹邏輯學」看作是「發生心理學」或「經驗心理學」的對立面（LU II/1: [A 208], [A 337]; LU II/2: 779 等）。

儘管沒有構成獨立的論題，但在《邏輯研究》對時間與發生問題的附帶討論中，仍然有幾點應當引起注意：

一、雖然胡塞爾沒有將「時間」與「發生」放在一起對比討論，但從他的論述中可以看出，他基本上把「時間」與「發生」

---

[3] Edmund Husserl, *Wahrnehmung und Aufmerksamkeit. Texte aus dem Nachlass (1893–1912)*, Husserliana XXXVIII, ed. Thomas Vongehr and Regula Giuliani (New York: Springer, 2005) (下文簡稱 Hua XXXVIII), p. 3.

看作是兩個不同的、甚至相互對立的課題，分別屬於兩種根本不同的學科的探討領域。前者是純粹描述的，確切地說，前者以描述的方式純粹地表達本質和本質規律；後者是發生解釋的，換言之，後者從心理事實、經驗發生、因果關係的角度來探討經驗規律的聯繫（*LU* II/1: [A 4–5], [A 21] 等）。

這一方面是因為，胡塞爾在《邏輯研究》中從總體上把時間理解為一種客觀的、無所不包的統一形式，這個思想在他後期也沒有放棄。而這個形式又是通過「主觀時間意識」展示出來的（*LU* II/1: [A 336]）。因此，在他那裏，「時間不是事物世界的時間」，不是物理學意義上的經驗發生的時間，而是在主觀意識河流中貫穿的「所有內容的形式，這個形式是始終是連續同一的，而它的內容則不斷變化」（*LU* II/1: [B$_1$ 358]）。在這個意義上，純粹的時間形式與經驗發生的內容是對立的。

這裏已經涉及胡塞爾對「發生」的理解。它是胡塞爾能夠做出上述對置的另一方面原因。在這個時期的胡塞爾看來，「發生」具有經驗的特徵。因而對它的研究不可能成為本質研究的前提，相反，本質研究必然構成發生研究的前提。用胡塞爾的話來說，「現在的意指是一個直接被給予的和特有的體驗，它如何會連同它們的明見內容一起<u>產生</u>出來？它在發生方面必然地包含着哪些東西？它在未被意識到和未被注意到的東西中以什麼作為它的生理學和心理學基礎？——研究這些問題可能是極為有趣的。但通過這種途徑來尋找關於我們所意指的東西的答案，這卻是背謬的」（*LU* II/1: [A 208]）。胡塞爾最終是將發生研究歸屬於心理學的領域。

二、但即使在心理學中，「發生」研究也不構成第一性的課題。它

必須將首要的位置讓給心理學的描述研究，「心理學必須根據自我體驗（或意識內容）的本質種類和複合形式來——<u>描述地</u>——研究這些自我體驗（或意識內容），然後才能——<u>發生地</u>——探尋它們的產生與消亡、它們的構造和改造的因果形式與規律。意識內容是它們的關於自我的內容，因此，心理學的任務也在於研究自我的實在本質（不是神秘的，而只是一個可以從經驗上論證的自在）、心理因素向自我的合成，還有它們的發展與衰亡」（*LU* II/1: [A 337]；重點號為筆者所加）。

　　這意味着，發生研究甚至不是本質心理學、純粹描述心理學的任務範圍，因為在胡塞爾看來，「純粹描述心理學分析的……的目的完全就在於，對內部經驗到的自在自為的體驗進行剖析，一如它們在經驗中所實項地被給予的那樣，而且同時不去顧及那些發生的（genetisch）聯繫，也不去顧及它在自身之外可能意味着什麼，以及它可能對什麼有效」（*LU* II/1: [A 373/ B$_1$ 398]）。只是在經驗心理學的層面上，發生研究才成為一項工作。[4]

　　三、還要留意的一點在於：「時間」與「發生」的這個對立，在胡塞爾的概念術語中基本上是與「時間」－「時間性」的對立相平行的。「時間性」在胡塞爾那裏始終是時間的一種模式。在《邏輯研究》中，他把「時間性」看作是實在的、個體的東西的特徵：「對我們來說，時間性就足以是實在性的特徵標誌。雖然實在的存在和時間性的存在不是同一概念，但卻是範圍相同的概念。……如果所有形而上學

---

[4] 參見 *LU* II/1: [B$_1$ 217]：「在經驗－心理學方面，探討這個問題的目的則在於研究在人類意識聯繫中的相應的心理學事實，它涉及到人類一般表像在素樸直向生活（Dahinleben）的自然過程中或在任意的和邏輯的概念構造的人為過程中的發生起源。」

的東西都應當始終被完全排斥在外的話，那麼人們便只能用時間性來定義實在性了。因為這裏所涉及到的唯一一個問題恰恰在於：觀念之物的非時間性『存在』的對立面。」（*LU* II/1: [A 123]）也就是說，個體的東西具有實在存在和時間性存在，因此而與非實在的和非時間的觀念之物對立起來。前者是關於經驗實在的科學的課題，後者是純粹現象學的課題，是純粹時間意識現象學的課題。

胡塞爾在後期也始終堅持這個劃分，只是在表達上略有改變：個體對象的時間樣式是「時間性」（Zeitlichkeit），而觀念對象的時間樣式是「全時性」（Allzeitlichkeit）或「超時性」（Überzeitlichkeit）（*EU*: 313）。

四、儘管胡塞爾在《邏輯研究》1913 年的第二版中繼續保留了有關純粹現象學排斥發生研究的說法，但從許多迹象看，他已經開始有意無意地不把「發生的」當作與「純粹的」相對立的概念來使用。他在第二版中把許多「發生的」語詞置換為「經驗的」、「經驗心理學的」，這個做法在一定程度上證明了這一點。

我們還可以用他在此前後的一個做法來支持這個觀察。如果我們不應把它看作是胡塞爾的一個隨意舉動，就可以將它解釋為胡塞爾在此時期有將「時間分析」與「發生分析」統一起來、甚至等同起來的趨向：按照波姆（Rudolf Boehm）的敘述，在胡塞爾關於時間意識的文稿中「有幾頁是更早時期的關於時間問題的札記」。對這些文稿的卷宗，胡塞爾在封面上做了如下的描述：「發生學方面的（在這些月刊論文之前所做的舊文章）約 1893 年。」[5] 看起來至今還無

---

[5] 胡塞爾文稿編號為 K I 55，作為「增補文字」第 1 號發表在《胡塞爾全集》第十卷中。參見 Edmund Husserl, *Zur Phänomenologie des inneren Zeitbewusstseins (1893–*

法確定他究竟何時在這個封面上做了這個描述，但按照上面的推測來看，將「時間問題」與「發生問題」不做區分和對置，基本上是胡塞爾在《邏輯研究》第一版之後才隱約表露出來的一個趨向。

二、《內時間意識現象學》時期的「時間」與「發生」

如前所述，在 1904/1905 年冬季學期的「現象學與認識論的主要部份」（Hauptstücke aus der Phänomenologie und Theorie der Erkenntnis）講座中，胡塞爾開始將自己的時間研究拿出來與學生一起集中討論。他感到時間問題無法迴避，因此即使仍有困難、仍不成熟，但「在我作為作者保持了沉默的地方，作為教師我卻可以做出陳述。最好是由我自己來說那些尚未解決、更多是在流動中被領悟到的事物」（Hua XXXVIII: 3）。

也正因為這個時期的時間研究具有這種「尚未解決、更多是在流動中被領悟到的」的特點，胡塞爾一直沒有將它們以及這一時期的其他時間思考發表。即使到 1917 年，埃迪·施泰因（Edith Stein）在與胡塞爾討論後而將時間問題的文稿加工整理，使之達到了可以付印的狀態，胡塞爾仍然將它們扣而不發。直至海德格在 1926 年準備發表《存在與時間》（*Sein und Zeit*），胡塞爾才突發奇念，請海德格將施泰因 1917 年加工整理的時間文稿編輯發表。

由於 1928 年由海德格編輯出版的《內時間意識現象學講座》

1917), Husserliana X, ed. Rudolf Boehm (The Hague: Martinus Nijhoff, 1969) (下文簡稱 Hua X), pp. 137–151。

所展示的是胡塞爾 1917 年左右的思考層次，因而在該書中，胡塞爾從 1897 年至 1917 年在時間意識方面的思想發展之具體步驟就很難得到顯露。但我們現在已經可以從考證版的《胡塞爾全集》第十卷中重新找到這個發展的歷史脈絡。

　　從總體上可以說，就「時間」與「發生」問題而言，胡塞爾從 1897 年至 1917 年期間所做的大量時間意識分析，基本上維持了《邏輯研究》的思路。他依然認為，時間研究與發生研究是不同層面的研究課題，而認識前者是認識後者的前提條件。因此，在寫於 1904 年的第 19 號增補文字中可以看到，胡塞爾仍然主張：「發生的起源問題根本與現象學無關」（Hua X: 188），無論是「源初的空間之物」，還是客觀「時間直觀」產生於其中的「起源之物」，都不是現象學的問題。在 1917 年修改過的「內時間意識現象學講座」稿中，也可以讀到胡塞爾的一段明確無疑的表述：「關於經驗發生的問題對我們來說是無關緊要的，我們的興趣在於體驗的對象意義和實項內涵。」（Hua X: [373]）

　　但值得注意的是，與在《邏輯研究》時期的做法有所不同，胡塞爾在這裏開始把「時間」與「發生」放在一起討論。尤其是在《內時間意識現象學講座》A 部份的第 2 節中，胡塞爾專門論及「關於『時間起源』的問題」。標題中的「時間起源」這兩個詞上被加了引號，目的在於從一開始就突出「現象學的（或者說，認識論的）起源問題與心理學的起源問題之間的差異」。儘管現象學與心理學都在強調起源問題，強調向起源的回溯，但現象學的起源是指「所有那些對經驗來說構造性的概念的起源，也包括時間概念的起源」，在這個意義上，現象學對起源的回溯意味着「回到現象學的素材上」，回到由它們所

組成的「真正的」（eigentlich）被經驗之物上；而心理學對起源的回溯則是回到「原初的感覺材料上」，「人類個體、甚至人類種族的客觀空間直觀和時間直觀便起源於這些感覺材料」（Hua X: [373]）。

在這裏，對先天本質的要求成為劃分現象學起源問題與心理學起源問題的一個關節點。所謂「起源」（Ursprung, Genese），在胡塞爾這裏，當然也在許多使用這個概念的哲學家那裏，不僅僅意味着開端或一個現象的產生或展開，還表示「普遍」、「原因」、「原則」等。它的詞義本身可以回溯到古希臘羅馬的哲學家使用的 ἀρχή 和 principium 上。胡塞爾本人在《純粹現象學與現象學哲學的觀念》（*Ideen zu einer reinen Phänomenologie und phänomenologischen Philosophie*）第一卷正文的一開始談及「原初性」或「起源性」（Ursprünglichkeit）時就說：「這裏不叙述歷史。在談及原初性時，既無須和不應考慮心理學－因果的發生，也無須和不應考慮進化史的發生。後面將會表明，其他的意義是指什麼。」（Hua III/1: 7, Anm. 1）德里達在論及「文字學」（Grammatology）時的說法可以看作是對這個問題的回答：「關於起源的問題是與關於本質的問題重合在一起的。我們也可以說，它以嚴格意義上的存在－現象學問題為前提。」[6]

事實上，胡塞爾本人對這個問題的回答，是在他的時間分析中給出的：「關於時間本質的問題又回溯到時間『起源』的問題上。但這個起源問題是針對時間意識所具有的那種原始形態而發的，正是在這種原始形態中，時間之物的原始差異直觀地、本真地作為所有與時間有

---

[6] 德里達：《論文字學》，汪堂家譯（上海：上海譯文出版社，1999），頁 107。

關的明見性的本原來源構造起自身。這個起源問題不能與心理學的起源問題、與經驗論和天賦論所爭論的那個問題相混淆。」(Hua X: [373])

由於胡塞爾認為心理學把「體驗理解為經驗個人的、心理物理主體的心理狀況」，並且心理學是「從自然規律上去探討心理體驗的生成、構形和變形」(Hua X: [373])，因而從他 1917 年的立場來看，在心理學的起源研究與現象學的起源研究之間的差異，既是一個在經驗研究和本質研究之間的差異，也是在一個自然觀點與超越論觀點之間的差異。

從種種迹象來看，胡塞爾用「起源」(Ursprung) 研究的概念來表達現象學的真正原初經驗研究，而把「發生」(Genese) 研究的概念留作標識心理學的起源研究。這樣，上面所引的「發生的起源問題根本與現象學無關」(Hua X: 188) 和「關於經驗發生的問題對我們來說是無關緊要的」等說法，便可以得到理解。

這個解釋在《內時間意識現象學》中會遭遇一個例外：胡塞爾在第 25 節涉及回憶問題時仍然使用「先天－現象學的發生 (Genese)」的概念 (Hua X: [412])。這很可能時因為胡塞爾在此期間 (1917–1921 年) 開始考慮「一門真正的發生現象學的觀念」，這個意義上的發生現象學，不再是此前所説的那種進行經驗的因果解釋的心理學，而是從事「對超越論意識的動機聯繫的先天把握」。[7] 這也成為胡塞爾後期「發生」概念的最重要含義。[8]

---

[7] 參見 R. Bernet, I. Kern, E. Marbach, *Edmund Husserl, Darstellung seines Denkens* (Hamburg: Felix Meiner Verlag GmbH, 1989), p. 179。

[8] 胡塞爾賦予「發生」概念的其他含義也可以參見：同前註，"7. Kapitel: Statische und

　　這裏還需要談及《關於時間意識的貝爾瑙文稿（1917–1918）》（Die Bernauer Manuskripte Über das Zeitbewusstsein [1917/18]）。我們在這裏可以將它看作《內時間意識現象學》（Hua X）的後續卷，因為它是胡塞爾於 1917–1918 年期間在對《內時間意識現象學講座》進行修改的過程中產生的文稿。[9]

三、《笛卡兒式的沉思》時期的「時間」與「發生」

　　概括地説，在胡塞爾那裏，一方面，如果「時間」與「發生」在《邏輯研究》第一版期間（1900–1901）以及在《純粹現象學與現象學哲學的觀念》第一卷（1913）中雖然已被考慮到，但還基本上沒有進入話題，因而彼此也沒有發生實質性的聯繫；另一方面，如果它們在《內時間意識現象學講座》與《貝爾瑙文稿》撰寫期間（1904–1917, 1918）即使已經被涉及，也主要表現為一種對立的聯繫，那麼在《笛卡兒式的沉思》前後（1921–1929）以及《關於時間構造的 C 文稿》（Späte Texte über Zeitkonstitution: Die C-Manuskripte）撰寫期間（1929–1934），「時間」與「發生」之間的內在聯繫已經得到了確定。

　　最為明顯的是在《笛卡兒式的沉思》（1929）中。胡塞爾在這裏將「時間」看作是「所有本我論發生（egologische Genesis）

---

genetische Konstitution".

　　[9] 參見 R. Bernet and D. Lohmar, "Einleitung der Herausgeber", *Die Bernauer Manuskripte Über das Zeitbewusstsein (1917/18)*, Husserliana XXXIII, ed. R. Bernet and D. Lohmar (Dordrecht: Kluwer, 2001), p. XX。

的普遍形式」。[10] 他強調一種「普全發生的形式合規律性」，或者也可以說，意識流動所具有的普全統一形式。這種普全發生形式意味着「各個具體體驗的所有特殊形式的最普遍形式，以及在它們的流動中本身流動地被構造出來的構成物的最普遍形式」，它是「聯結一切的、在每一個別性中起支配作用的動機的形式」。[11]

初看起來，胡塞爾似乎把這個意義上的「發生」等同於「構造」，或者說，把發生的形式等同於構造的形式，發生的規律等同於構造的規律。如果不去思考這裏所說的「構造」和「發生」的基本含義，我們就有可能將此看作是一個與他在 1921 年的一個說法相衝突的論點。他在當時的一篇文稿中說：「對構造的追溯不是對發生的追溯，這個發生恰恰就是構造的發生，就是在一個單子中作為發生而活動着的發生。」[12] 他在寫於 1921 年的另一篇文稿中也把現象學明確劃分為：「(1) 一般意識結構的普全現象學，(2) 構造的現象學，(3) 發生的現象學」。[13] 即是說，1921 年的胡塞爾，曾在構造的現象學與發生的現象學之間設定了一種並列的關係。

---

[10] 這是《笛卡兒式的沉思》第 37 節的標題。

[11] Edmund Husserl, *Cartesianische Meditationen und Pariser Vorträge*, Husserliana I, ed. S. Strasser (The Hague: Martinus Nijhoff, 1973) (下文簡稱 Hua I), p. 109.

[12] Edmund Husserl, *Zur Phänomenologie der Intersubjektivität. Texte aus dem Nachlass. Zweiter Teil. 1921–28*, Husserliana XIV, ed. Iso Kern (The Hague: Martinus Nijhoff, 1973) (下文簡稱 Hua XIV), p. 41.

[13] Edmund Husserl, *Analysen zur passiven Synthesis. Aus Vorlesungs- und Forschungsmanuskripten, 1918–1926*, Husserliana XI, ed. Margot Fleischer (The Hague: Martinus Nijhoff, 1966) (下文簡稱 Hua XI), p. 340, Anm. 1.

　　但只要仔細思考一下胡塞爾使用的「構造」和「發生」的具體含義，我們便可以發現，當胡塞爾說發生研究不等於構造研究時，他所指的「構造」，是對「對象」這一類事物的構造；而當胡塞爾說發生研究就是構造研究時，他所指的「構造」，是對「本我」（ego）這一類事物的構造。[14] 前者可以說是一種「直向的」的構造，後者則可以說是一種「反思的」構造；前者是靜態現象學研究的課題，後者是發生現象學研究的課題。

　　關於這兩門現象學的關係，看起來胡塞爾在 1921 年考慮得最多。在前面提到的那兩篇產生於這一年的文稿中，胡塞爾都曾做過較為詳細的相關論述。他認為靜態現象學的特徵在於，我們可以從外感知出發，以這種體驗類型為例，聯繫被意指的對象，探討它的感覺材料、它的映射變化，它的立義形式，分析這個感知認識的對象與感知認識的之間各種意向關係，思考對於這些有可能出現在一個單子中的體驗活動和體驗聯繫而言的本質可能性，如此等等。我們當然也可以繼續研究回憶類型的意識體驗，或想像、符號意識等等意識體驗類型。這些都屬意識構造的問題，確切地說，是對構造着的意識與被構造的對象之間的橫向相關性的探討，但它們不屬對在單子中的發生的探究。在這裏，「我可以完全排斥發生問題」（Hua XIV: 38）。

　　可是，一旦在橫向相關性中引入時間問題，發生問題或遲或

---

[14] 這裏的「本我」按胡塞爾的說法不同於「自我」：「我們將作為同一極和作為諸習性之基質的自我區別於在完整的具體化中被理解的本我。」即是說，「自我」在這裏被理解為意識體驗的「自我極」（Ichpol），亦即構成「各種恒久特性」、「各種習性的同一基質」；而「在完整的具體化中被理解的本我」則意味着萊布尼茨意義上的「單子」主體，即「自我」連同其全部的具體意向體驗（Hua I, §§ 31–33）。

早就難以避免。而要想對所有意識體驗類型進行研究，又不可能不納入時間的因素。

我們可以分兩步來論述這個狀況：其一，如胡塞爾所説，「每個體驗都有它的體驗的時間性（Erlebniszeitlichkeit）」（Hua I: 79）。因而在對意識體驗類型的研究不可能不涉及時間因素，這不僅是因為感知、回憶、期望的對象帶有時間特徵，而且也因為這些感知、回憶、期望的行為本身就處在時間流中，故而也帶有時間特徵。

其二，對這些時間特徵的考察會將我們引入一個新的構造研究，即<u>縱向相關性</u>的研究。這個研究與時間排序有關，但又超出時間排序的範圍。換言之，它關係到意識構造的發生先後以及被它們所構造的意識對象的先後問題，以及在這些先後發生的行為和對象之間的縱向相關性：先前的如何影響以後的，以後的如何回溯到以前的。因此，在這種對縱向相關性的研究中既包含對被動發生的研究，對一個意識如何被動地為另一個意識所引發的研究，也包含對主動發生的研究，或者說，對意識如何主動地構造出文化產物、觀念對象的研究。

因此，胡塞爾本人在此期間所理解的<u>發生現象學</u>的任務就在於：探討在時間流中的原初生成（Werden），研究那些發生地起作用的動機引發（Motivationen），説明意識如何從意識中產生出來，解釋構造的成就如何在生成中進行，如此等等（Hua XIV: 40–41）。

就此而論，胡塞爾在寫於 1921 年的一篇文稿中有理由認為，「發生的原法則（Urgesetz）就是原初時間構造的法則，聯想和再造的法則，即單子本身通過它們而自為地構造為一個統一的那些法則」（Hua XIV: 39）。這樣的表述也幾乎逐字逐句地出現在胡塞

爾寫於 1921 年的另一篇文稿中：「發生的原法則是原初時間意識的法則，是再造的原法則，而後是聯想的和聯想期待的原法則。對此我們具有在主動的動機引發基礎上的發生。」（Hua XI: 344）

　　事實上，在此之前，即在《內時間意識現象學講座》的加工期間，胡塞爾就已經看到這裏所說的「橫向相關性」和「縱向相關性」。可以說，它們在胡塞爾的意識分析中代表着意識的兩個最普遍結構。我們可以將它們看作是作為意識最普遍本質的意向性的兩個構成部份。海德格在「編者前說明」中之所以能够說，「這裏的關節點是對時間意識的意向特徵的析出和對意向性一般的不斷增強的根本澄清」，也正是因為他在胡塞爾的時間意識講座中找到了將時間意識納入意向性範疇的理由：胡塞爾本人在其研究文稿第 54 號文字（後來作為《內時間意識現象學講座》的第 39 節）中把時間意識的意向性稱作「縱意向性」（Längsintentionalität），將它對立於一般意義上的「橫意向性」（Querintentionalität）。這意味着，意識的最普遍結構是意向性，而意向性本身還有縱／橫之分。因此可以說，「發生」問題在胡塞爾早期的現象學中已經得到探討，只是沒有冠以「發生研究」的名號。由於作為發生之載者的本我或單子的缺席，發生研究始終湮沒在內時間意識的分析中。

　　據此，我們或許也可以對胡塞爾在前面所引的現象學劃分（Hua XI: 340, Anm. 1）做一個修正：與意識的一般結構相對應，一般意識結構的普全現象學應當劃分為（1）構造的現象學，或橫向構造的現象學，即橫意向性分析學；以及（2）發生的現象學，或縱向構造的現象學，即縱意向性分析學。

　　胡塞爾在 1921 年的這兩份文稿中尚未對靜態的與發生的（或描

述的與說明的）現象學各自的地位做出明確的認定。他只是認為這兩門現象學都有其普全的（universal）的要求：普遍的結構和普遍的發生。[15] 但是，從研究的順序上看，應當是靜態現象學研究為發生現象學研究奠基，而不是相反。而從研究的結果來看，由於發生現象學所涉及的不僅僅是作為構造的意識活動與作為被構造者的意識相關項的本質結構，而且進一步涉及本我的普遍發生的統一性（Hua I, §37），即是說，涉及作為普遍構造活動的本我之意向活動以及作為普遍被構造者的世界的本我之意向相關項。就此而論，發生的法則是具有更為普遍意義的構造原則。

因此，胡塞爾的思考在《純粹現象學與現象學哲學的觀念》第一卷中和在《笛卡兒式的沉思》中是明顯不同的。他在《觀念》第一卷中要求「排除質料－本質學科」，並提出：「如果我們想把現象學建構成一門<u>對內在意識構成</u>、對在現象學排斥的範圍中可於體驗流中被把握的事件<u>進行純粹描述的本質學</u>，[16] 那麼在這個範圍中就不能含有任何超越的個體之物，因此也不能包含任何『<u>超越的本質</u>』。」（Hua III/1: [114]）

---

[15] 胡塞爾在這裏提到幾個相關法則之間的相互作用和相互規定：其一，每個在並存中的相容性法則也為可能的發生規定了一個法則；其二，時間並存的相容性法則要以時間的構造為基礎，並且除了本身之外還具有在演替中的相容性法則；其三，除了這些相容性法則之外，我們還具有接續的（Folge）必然性法則，如此等等。參見 Hua XIV: 40。

[16] 這裏所說的「純粹描述的本質學」或「純粹描述的現象學」，也就是胡塞爾所說的「靜態現象學」，例如：「『說明的』現象學以某種方式區別於『描述的』現象學，前者是合法則發生的現象學，後者是可能的、無論以何種方式在純粹意識中得以生成的本質形態現象學，以及這些本質形態在『對象』和『意義』的標題下於可能理性的王國中的目的論秩序的現象學。我在各個講座中沒有說『描述的』現象學，而是說『靜態的』現象學。」（Hua XI: 340）

　　而在《笛卡兒式的沉思》中，胡塞爾的下述表達已經表明他的想法有所改變：

> 　　最初形成的現象學僅僅是靜態的現象學，它的描述類似於自然史的描述，這些描述探討諸個別類型、在任何情況下都要對它們加以系統的排列。這裏仍然還遠遠沒有涉及到普遍的發生問題，以及本我在其普全性中超越出時間形成的發生結構的問題。它們的確也是更高階段上的問題。然而，即使這些問題被提出，這種提問也是受到束縛的。因為首先，即使是對本我一般的本質考察也將束縛在這個事實上：對本我來說已有一個被構造的世界。但這是一個必要的階段，由此出發，通過揭開從屬這個世界的發生規律形式，人們才可以直觀到對一門本質的、最普遍的現象學而言的各種可能性。（Hua I: 110）

這種問題重點和研究重點方面的改變，是由胡塞爾對純粹現象學範圍的理解的變化所導致，而這個理解是與現象學還原的範圍相一致的。後面還會再涉及這個問題。

四、1921 年之後的「歷史」觀念

　　除了將「時間」與「發生」置於內在的聯繫之中的做法以外，《笛卡兒式的沉思》還可以帶有另一個與這裏所討論的問題相關的重要特徵：胡塞爾開始將「歷史」的概念納入到對「時間」與「發生」的研究中。他不僅在 1929 年的「巴黎講演」的結尾，特

別說明對歷史的意義問題關注的必要，[17] 而且在第四沉思中涉及本我的普全發生時也強調：「本我自身可以說是在一種<u>歷史</u>的統一性中自為地構造自己。」（Hua I: 109）

這個意義上的「歷史」，可以在胡塞爾的《歐洲科學的危機與超越論的現象學》中得到一個基本的定義，它代表胡塞爾對「歷史」的總體理解：「歷史從一開始就無非是原初意義構成（Sinnbildung）和意義積澱（Sinnsedimentierung）之相互並存和相互交織的活的運動。」[18]

這裏所說的「<u>意義構成</u>」，與胡塞爾理解的「構造現象學」的課題相關，即是說，對它的研究屬靜態的、描述的現象學的範圍。

---

[17] 「為了避免誤解，我最後還想指出：現象學僅僅排斥任何素樸的、從事背謬的自在之物的形而上學，但並不排斥形而上學一般。先於所有世界客體性並承載着它們的自在第一存在是先驗的交互主體性，是在各個形式中共同體化的單子大全。但那些偶然的事實性、死亡、命運問題，在特殊的意義上作為有意義的而被要求的個別主體的和共同的生活之可能性的問題，因而也包括<u>歷史</u>的意義問題等等，所有這些問題都出現在實際的單子領域以內，並且是作為在可想像的領域中的觀念本質可能性而出現。」（Hua I: 38–39；重點號為筆者所加）

[18] Edmund Husserl, *Die Krisis der europäischen Wissenschaften und die transzendentale Phänomenologie. Eine Einleitung in die phänomenologische Philosophie*, Husserliana VI, ed. Walter Biemel (The Hague: Martinus Nijhoff, 1976)（下文簡稱 Hua VI), p. 380 f. 這裏撇開胡塞爾在另一個論述方向上對歷史的定義不論：「歷史是絕對存在的重大事實」（Hua VIII, 506）。關於這個帶有強烈歷史目的論趨向的歷史現象學觀念的討論，可以參見 L. Landgrebe, "Meditation über Husserls Wort, Die Geschichte ist das grosse Faktum des absoluten Seins" (1974), in *Faktizität und Individuation. Studien zu den Grundfragen der Phänomenologie* (Hamburg: Meiner, 1982), pp. 38–57; K. Lembeck, "'Faktum Geschichte' und die Grenzen phänomenologischer Geschichtsphilosophie", *Husserl Studies*, no. 4 (1987), pp. 209–224。筆者基本贊成 Lembeck 的觀點，即對一個「歷史之總體統一意義」這個帶有歷史哲學動機的問題，無法以現象學的方式給出令人滿意的回答（Lembeck, p. 210）。

而「意義積澱」則在一定意義上屬發生的、解釋的現象學所要探討的問題。因此，我們在總體上可以説，現象學的歷史學，包含着作為意義構成研究的構造現象學，和作為意義積澱研究的發生現象學兩方面的課題。

正因為此，胡塞爾在《笛卡兒式的沉思》中可以説：「如果我們曾説過，在本我的構造中包含着所有對它而言存在着的對象性的構造，無論它們是內在的還是超越的對象性，是觀念的還是實在的對象性，那麼，現在就需要補充説，這些與那些對象是通過一些構造系統才為本我而存在的，而這些系統本身只是在一個合法則的發生的範圍中才是可能的。」而且「任何歷史知識都是關係於某一些有關『形式』和有關『本質』的知識，而且都是以這些知識為其基礎的。」（Hua I: 109）

按照這個理解，我們可以得出兩個結論：其一，歷史現象學[19]的研究是一種本質研究；其二，根據現象學意義上的對象類別，歷史現象學的研究範圍可以包含以下四個方面：（一）超越的對象性的構造發生與歷史，（二）內在的對象性的構造發生與歷史，（三）觀念的對象性的構造發生與歷史，（四）實在的對象性的構造發生與歷史。

---

[19]　或者如德里達所説：「現象學的歷史學」，參見 J. Derrida, *Edmund Husserl, l'origine de la géometrie* (Paris: Presses Universitaires de France, 1964); 德譯本：*Husserls Weg in die Geschichte am Leitfaden der Geometrie*, übers. von R. Hentschel und A. Knop (München: W. Fink Verlag, 1987); 中譯本：德里達：《胡塞爾〈幾何學的起源〉引論》，方向紅譯（南京：南京大學出版社，2004）；德希達：《胡塞爾〈幾何學的起源〉導引》，錢捷譯（台北：桂冠，2005）。此處所引文字引自原書第 7 頁，方向紅譯本為第 5 頁（以下簡引為：7/5）。德里達在該書中也使用「歷史現象學」的術語（37/35）。

就**第一點**而言，它意味着，歷史學理論或歷史哲學所要探討的真正課題並不是歷史的事實性，它們的首要任務在於把握那些寓居於歷史發生之中，或者說，隱藏在「歷史事實」之後的「內在結構」（Hua VI: 380 f.）或「本質常項」。因此耿寧（Iso Kern）說，胡塞爾所討論的歷史，「不是個別統覺的實際歷史，而是這個歷史的普遍形式或類型，它們被胡塞爾看作是一種先天或本質」。[20]

胡塞爾自己也認為，歷史研究帶有「目的論的歷史考察」的性質。進一步說，它所把握的真理永遠不可能通過對以往哲學家的文獻「自身證明」的引註或通過歷史事實的經驗證明而被反駁，因為它是在一種批判性的總體直觀之明見性中展示自身的，這種批判性的總體直觀可以使人明察到隱藏在歷史的相鄰和相背之發展表層下面的「有意義的一終極的」和諧性（Hua VI: 74），可以使人「在一種非同尋常的意義上，即在一個論題的方向上」，「揭示出一些對通常的歷史學來說完全陌生的深層問題，這些問題以其自己的方式無疑也是歷史問題。」（Hua VI: 365）這些歷史問題，或許可以用胡塞爾的術語命名為「意義」史的問題，或用芬克（Eugen Fink）的術語命名為「意向史」[21]的問題。

這裏可以看到在胡塞爾那裏的兩種歷史研究和歷史觀念的差異：其一，實際歷史的研究；其二，對歷史的普遍形式的研究。

---

[20] R. Bernet, I. Kern, and E. Marbach, *Edmund Husserl, Darstellung seines Denkens*, p. 186.

[21] 芬克在 1939 年出版胡塞爾關於幾何學起源的文稿（後來作為附錄三發表在《胡塞爾全集》第六卷《歐洲科學的危機與超越論的現象學》中）時將它命名為：「作為意向史問題的幾何學起源問題」（Hua VI: 364, Anm.1）。

　　實際歷史的研究，就像胡塞爾在《歐洲科學的危機與超越論的現象學》中對歐洲歷史考察所做的那種具體歷史研究或「案例」研究，那種將自己的哲學理解與歷史理解聯繫起來進行的具體歷史分析，按照利科（Paul Ricoeur）的推測，是胡塞爾在一年之後開始的，亦即在 1930 年。[22] 而關於歷史的普遍形式的研究，則可以前溯到 1921 年，胡塞爾也把這個意義上的歷史研究，等同於根據本質法則進行的發生研究：「所有自然統覺、所有客觀實在統覺本身就其本質而言具有一個歷史、一個根據原法則進行的發生。因而這是一個必然的任務：確定從原統覺中的各個統覺之構成所依據的普遍的、原始的法則，並且系統地推導出可能的構成，即從其起源方面來澄清每一個被給予的構成者。這個意識的『歷史』（所有可能統覺的歷史）並不涉及在一條實際的意識流中或在所有實際的人的意識流中，對實際統覺或實際類型而言的實際發生——因此沒有任何類似於植物種與動物種之發展的東西——，毋寧說，統覺的每個形態都是一個本質形態，並且具有其根據本質法則進行的發生，因而在這種統覺的觀念中就已經包含着：它們可以受到一種『發生的分析』。」（Hua XI: 339）

　　胡塞爾在這裏區分了兩種「歷史」，同時也區分了兩種「發

---

[22] 參見 P. Ricoeur, "Husserl et le sens de l'histoire", in *Revue de Méta1physique et de Morale*, no. 54 (1949), p. 280; 中譯本：利科：〈胡塞爾與歷史的意義〉，方向紅譯，載於倪梁康編：《面對實事本身》（北京：東方出版社），頁 799。利科認為，這位最沒有歷史感的（unhistorischste）教授之所以為歷史提供解釋，是因為歷史的強迫。如果他所說的「沒有歷史感」，是指不把實際的歷史和發生視作自己的首要研究對象，那麼利科的說法就是合理的。

生」：一方面是實際的（faktische）發生與歷史，另一方面是按照法則（gesetzliche, gesetzmäßige）的發生與歷史。這裏顯露出胡塞爾在歷史理解方面的一個基本信念，現象學——無論是他所説的靜態現象學，還是發生現象學，或是歷史現象學——首先都是本質科學。也就是説，即使在時間、發生和歷史這樣的流動現象中，現象學研究的目的仍然在於把捉本質的結構。時間分析提供了一個案例，發生和歷史是另外的兩個案例。

因此可以説，直至 1930 年，胡塞爾對待實際發生與實際歷史的態度都還是柏拉圖式的。這個態度在我們前引的《觀念》第一卷的文字中已經表達出來：「這裏不叙述歷史。」（Hua III/1: 7, Anm. 1）亦即不叙述作為事實發生的歷史。

與此基本一致，海德格在《存在與時間》的一開始也在依據柏拉圖：「哲學領會存在問題的第一步就在於像柏拉圖所説的那樣『不叙述歷史』。」[23]

這在同時代人那裏基本上是一個共同的信念。撰寫過《認識現象學》的卡西爾在當時也曾有過同樣的訴諸：「柏拉圖曾認為，單純的變化是不能構成科學知識的。」[24]

我們只能在這個意義上理解前面所引的胡塞爾「歷史」概念，

---

[23] 海德格爾：《存在與時間》，陳嘉映、王慶節譯（北京：三聯書店，1999），頁 8。當然，這裏的表達僅僅代表海德格的一個趨向。另一個趨向，即把時間性與歷史性結合起來研究的趨向，在《存在與時間》和 1924 年「論時間概念」的論文與報告中已經鮮明地顯露出來。參見 Martin Heidegger, *Der Begriff der Zeit*, GA 64 (Frankfurt a.M.: Vittorio Klostermann GmbH, 2004), 尤其參見其中 "IV. Zeitlichkeit und Geschichtlichkeit"，頁 85–103。

[24] 卡西爾：《人文科學的邏輯》，關子尹譯（上海：上海譯文出版社，2004），頁 96。

即：「原初意義構成（Sinnbildung）和意義積澱（Sinnsedimentierung）之相互並存和相互包容的活的運動」，這個運動有其規律性，它是歷史現象學所要把握的實質所在。

就**第二點**而言，亦即就歷史研究的範圍而言，如果歷史現象學像一般現象學那樣需要實施還原的方法，[25] 那麼它所面對的只是兩種對象性的構造發生與歷史：內在的和觀念的。其他兩種對象性——即超越的和實在的——對象性的構造發生與歷史，應當被排除在嚴格意義上的現象學討論範圍之外。

關於第一種對象性的構造發生與歷史，按照胡塞爾對現象學還原的說明，並不是指一種把自然界、人類世界、文化世界連同其社會形式等等的歷史排除在外的領域，而是一種以意識哲學的方式將它們作為意識的構造物而包含在自身的內在之中的領域。這個領域既包括自然界、人類世界、文化世界連同其社會形式等等對自我而言的相應經驗可能性的歷史，即它們在意識內在的領域中被構造的歷史 （Hua I: 109），也包括通過反思而把握到的本我的當下構造及其過去與將來，即意識構造活動本身的歷史。[26]換言之，從歷史現象學的角度看，「自然史」和「文化史」（或「社會史」）是一定意義上的「意向對象史」（「所指」的歷史），「心靈

---

[25] 即超越論的還原和本質還原的方法。在第一點中提到的現象學的歷史研究的本質特徵，實際上已經預設了本質還原方法的實施。

[26] 對此問題的詳細分析還可以參見：Klaus Held, *Lebendige Gegenwart—Die Frage nach der Seinsweise des transzendentalen Ich bei Edmund Husserl, entwickelt am Leitfaden der Zeitproblematik* (Den Haag: Matinus Nijhoff, 1966), II. Teil, C: "Selbstgegenwärtigung und Selbstkonstitution", p. 79 ff.

史」則意味着一定意義上的「意向活動史」(「能指」的歷史)。

按胡塞爾自己的話來説,「在流動的被給予方式的某一特定的意向作用-意向相關項的形式結構中,過去、當下和將來才合而為一地構造出來。」(Hua I: 109) 這裏的要點當然在於:這兩種歷史,都是作為意識綜合的意向成就的歷史,它們都是作為意義包含在意識本身之中,而不是從外部進入意識的。

而歷史現象學所能討論的第二類課題,是觀念的對象性的構造發生與歷史。這個課題一旦成為可能,則柏拉圖以來對觀念的理解就會發生根本的變革,甚至胡塞爾對作為超時間者、全時間者的觀念的理解,也會遭受被顛覆的命運。但我們在這裏無法展開這個論題,而只能以後將它放在與德里達《胡塞爾〈幾何學的起源〉引論》的關聯中來加以探討。

無論如何,胡塞爾在後期給出了一個與他在時間、發生方面的思考相一致的歷史觀。這裏所説的「一致」,首先是指方法上的一致。

五、在與「時間」和「發生」之關聯中的歷史研究

如本文開始時所説,時間、發生與歷史是三種不同的現象,但在它們之間顯然存在着內在的聯繫。我們似乎可以對時間、發生、歷史做這樣一個胡塞爾式的定義:時間——意識活動的延續過程;發生——意識活動的進行過程;歷史——通過意識活動而完成的意義積澱過程。

或許用「縱意向性」來描述這個內在聯繫可以涵蓋其較大的內容範圍。而與「橫意向性」相比,「縱意向性」也是純粹的和形式的,是本質性的和結構性的因素。因此,胡塞爾的時間意識概

念實際上也具有雙重的含義：其一是作為「相互叠加」（Aufeinanderlegen）的意識，其二是作為「相互接續」（Nacheinanderfolgen）的意識。在相似的意義上，胡塞爾也談及發生或發生法則的雙重含義：「（一）發生的法則，它們是指對意識流中個別事件之相互接續而言的法則的指明。〔……〕（二）支配着統覺之構成的合法則性。」（Hua XI: 336）這個雙重的含義與胡塞爾賦予歷史的雙重含義是一致的。

從這個角度來觀察，時間、發生、歷史三個因素的內在聯繫在於：時間形式是連結橫意向性與縱意向性的關節點，它在內時間意識三重結構的層面上就已經將「縱」「橫」兩個方面的非對象性指向（一方面是滯留、前攝的指向，另一方面是原印象的指向）包含在自身之中；發生形式也一方面代表着相互接續的形式，即縱意向性的形式，即意義積澱的形式，另一方面也代表着相互叠加的形式；而從胡塞爾對歷史的定義來看，歷史的形式最終同樣概括了橫意向性和縱意向性的雙重形式：意義構成和意義積澱的形式。

在這三個因素中，時間形式應當是最原本的和最基礎的，或者說，最形式化的；歷史形式應當是最豐富的和最全面的，或者說，最質料化的。在時間與歷史之間的這個聯繫，與歷史學家所理解的歷史是一致的。馬克•布洛赫（Marc Bloch）便認為：「真正的時間，實質上是一個連續同一體，它又是不斷變化的。歷史研究的重大問題就源於這兩種屬性的對立。」[27]

---

[27] 馬克•布洛赫：《為歷史學辯護》，張和聲、程鬱譯（北京：中國人民大學出版社，2006），頁 23。

但胡塞爾所持守的歷史學觀念，說到底是在歐洲思想界佔主導地位的歷史研究觀念。它與以柏拉圖代表的希臘傳統一脈相承。這個傳統如此強大，以至於生活在希臘歷史學鼻祖也處在它的影響下。無論是希羅多德還是修昔底德，即使他們的歷史信念相差很遠，甚至相互對立，但在歷史研究的觀點上，他們仍然可以找到一致之處：前者相信支配歷史的力量是外在的，後者則相信是人的本性在決定歷史。[28] 他們在很大程度上代表了哲學－形而上學的歷史觀，即試圖從超出個體層面的東西中發掘出歷史的根據或規律。嚴格地説，在希羅多德那裏起作用的是形而上學的歷史觀，在修昔底德那裏起作用的是心而上學的歷史觀。因此，在提到希羅多德與修昔底德的對立時，柯林武德（R. G. Collingwood）有理由把這兩種歷史觀都納入希臘精神的範疇中，認為它們本質上都是「強烈的反歷史的」，與「歷史的思想格格不入」。[29]

但「歷史的思想」究竟意味着什麼呢？當柏拉圖説，單純的變化無法構成科學知識時，他實際上把科學與歷史對立起來了。因此，叔本華可以説：「科學是認識作用的體系，所以總是談論着種類；而歷史學則總是談論個體。因此，歷史學就是一門關於個體的科學，這就蘊涵着一種自相矛盾。」[30] 歷史的特點在他看來

---

[28] 對此問題的論證可以參見：Mordecai Roshwald, "Perceptions of History: In Pursuit of the Absolute in Passing Time", *Diogenes*, vol. 47, issue 186 (1999), pp. 44–63; 中譯：M. 羅什瓦爾德：〈對歷史的理解：尋求流逝時間中的絕對〉，姚介厚譯，載於《對歷史的理解》（北京：商務印書館，2007），頁 10–42，尤其參見頁 13–14 頁。

[29] 柯林武德：《歷史的觀念》，何兆武、張文杰譯（北京：商務印書館，1997），頁 51、61–65。

[30] A. Schopenhauer, *Die Welt als Wille und Vorstellung*, II (Stuttgart/Frakfurt a.M.:

就在於：「即使是歷史中最普遍的東西，本身也只是一個個別的和個體的東西，即一個長的時間段或一個主要屬性，而特殊之物與它的關係就相當於部份與整體的關係，但卻不是事件與規則的關係；相反，這種關係卻存在於所有真正的科學中，因為它們提供的是概念而非事實。」[31] 叔本華的這個觀點無疑有其合理性，它警醒人們不要把科學與歷史混為一談。出於同樣的目的，柯林武德也曾主張：「有必要對於可以稱之為實證主義的歷史概念，或者不如說是錯誤的歷史概念，進行不斷的鬥爭。這種概念把歷史學當作是對於埋在死掉了的過去裏面的各種連續事件的研究，要理解這些事情就應該像是科學家理解自然事件那樣，把它們加以分類並確立這樣加以規定的各個類別之間的關係。這種誤解在近代有關歷史的哲學思想中不僅是一種瘟疫性的錯誤，而且對歷史思想本身也是一種經常的危險。」[32]

按照這個思路，如果哲學和科學所提供的是超時間的觀念，那麼它們就很難與歷史學發生關係。當然，這裏存在兩種例外：其一，觀念並不被理解為超時間的，而是被理解為在時間中的，即是說，觀念有其自己的歷史；這樣，哲學家同時也就可以是觀念史的研究者。其二，科學所研究的主要是<u>橫向的規律</u>，即當下呈現的結構性的、體系性的規律，而歷史學則主要探索<u>縱向的規律</u>，即過去至今的時間性的、發生性的規律。

Cotta-Insel, 1987), p. 564.

[31] 同前註，頁 565。

[32] 柯林武德：《歷史的觀念》，何兆武、張文杰譯，頁 319–320。

　　對第二點，這裏當然還要做一個柯林武德式的補充：科學家也研究一定意義上的歷史，例如達爾文對自然進化史的研究。但歷史學家則要研究嚴格意義上的歷史，即人類的心靈史。因此，柯林武德對歷史的定義是：歷史是心靈的自身認識的歷史。[33] 在這個意義上，我們可以說，歷史學仍然是在與普遍性打交道的，它是一種通過對人類過去思想歷程的回溯來把握人性之規律的學說。但是這種縱向的歷史規律由於涉及到人，因此與自由意志及其選擇密切相關，也因此而不同於橫向的規律，並且不會為歷史決定論提供依據。

　　這兩點與前面提到的胡塞爾的歷史觀非常接近。撇開第一點即觀念的發生問題不論，我們可以明顯地注意到在胡塞爾的作為意義史的歷史觀與柯林武德的作為心靈史的歷史觀之間的相似性。在某種意義上，柯林武德是一個歷史現象學家。

　　就胡塞爾這方面而言，即使他本人不是歷史學家，也很難被視作是歷史哲學家，他還是有自己的歷史觀和自己的歷史研究。他所理解的「歷史」，可以納入到黑格爾在《歷史哲學》中歸納出的三種歷史（即「原始的歷史」、「反思的歷史」和「哲學的歷史」）中的最後一種之中：哲學的歷史。[34] 而這種哲學歷史的觀念區別於一般意義上的歷史的構想，它最初很可能源自康德。而且，看起來

---

[33] 同前註，頁 318：「歷史並不以心靈為先決條件；它就是心靈生活本身，心靈除非是生活在歷史過程之中而又認識它自己是這樣生活着的，否則它就不是心靈。」

[34] 參見黑格爾：《歷史哲學》，王造時譯（上海：上海書店出版社，2006），〈緒論〉，尤其是頁 1–15。

康德對 Geschichte 與 Historie 的區分[35] 不僅影響着黑格爾，並且也一直作用到當代哲學家的相關區分，例如胡塞爾對「歷史」與「事實史」(Faktengeschichte, Tatsachenhistorie) 的區分 (Hua VI: 386)，海德格對「本真的歷史性」與「非本真的歷史性」的劃分，[36] 德里達對 Historie 與 Geschichte 之差異的標明，[37] 如此等等。

　　從總體上看，胡塞爾的上述歷史理解與前面涉及的發生理解是基本一致的。即是説，歷史問題可以説是發生問題的延伸，亦即是縱向的意向構造現象學的延伸。胡塞爾本人也曾談及兩種構造現象學：「一門構造的現象學可以考察諸統覺之聯繫，同一個對象在這些統覺中本質地構造起自身，在其被構造的自身性中表明自身為被經驗到的和可經驗到的對象。另一門『構造的』現象學，即發生現象學，則追蹤歷史，並因此而追蹤一個可能認識的客體之為客體本身的歷史。這些客體的原歷史回溯到原素材客體以及內在客體一般之上，亦即回溯到原初時間意識的發生上。在一個單子的構造歷史中包含着客體構造的歷史。」(Hua XI: 345) 在後一種構造的現象學中，我們可以尤為清楚地看到時間意識、發生與歷史之間的內在聯繫：縱向的歷史構造之規律。

　　這個歷史規律，在柯林武德那裏是心靈生活的規律。因此歷

---

[35] 參見 Kant, *Kants Gesammelte Schriften*, vol. 8. p. 162 ff; 此處轉引自李明輝：《康德歷史哲學論文集》（台北：聯經出版事業公司，2002），〈導論〉，頁 xi。

[36] 海德格爾：《存在與時間》，陳嘉映、王慶節譯，第 74–75 節，以及 Heidegger, *Der Begriff der Zeit*, "IV. Zeitlichkeit und Geschichtlichkeit"。雖然在海德格那裏也可以發現對 Geschichte 與 Historie 的有意識區分，但這個區分與康德的相關區分並不對應，參見《存在與時間》，第 72 節。

[37] 例如參見德里達：《胡塞爾〈幾何學的起源〉引論》，方向紅譯，頁 3。

史學是人性學。在胡塞爾這裏，歷史規律是本我（ego）的活動規律（包含意義構造與意義積澱兩個方面），因此歷史學是本我論。這可以解釋自我問題為何在胡塞爾後期時間分析中佔有特殊地位。胡塞爾早期在《邏輯研究》或是把自我（Ich）看作一個空泛的極點，或是將它等同於本我（ego），即行為本身，而不計劃去尋找在行為體驗之外的「一個特有的、負載着所有內容並將這些內容再次加以統一的自我原則」（*LU* II/1: A331–332）。後期在《笛卡兒式的沉思》中他對這個問題得出新的理解：「但現在需要注意的是，這個中心化的本我（ego）並不是一個空泛的點或極，而是借助於一種發生的規律，隨着每一個由它發出的行為，它都經歷到一個恆久的規定。」因此，他認為，「我們所具有的本我並不是單純空泛的極，而始終是各種固有信念、習性的穩定而持久的自我（Ich），正是在這些信念和習性的變化中，<u>人格的自我和它的人格特徵的統一才構造起來</u>。但與此不同的是完全具體的本我，它只是具體地存在於它的意向生活連同在其中被意指與自為地構造自身的對象的流動多樣性之中。對此，我們也把本我說成是具體的單子。」（Hua I: 26）

這樣就可以理解：為什麼胡塞爾早期是在與感知、想像、回憶的關係中討論時間意識，後期則主要是在與自我、單子、交互主體的關係中討論時間意識。具體地說，在《內時間意識現象學講座》中，胡塞爾沒有用任何一節來專門討論自我或本我的問題；在《關於時間意識的貝爾瑙文稿》中，二十二篇文字中只有兩篇是專門討論自我問題的；而到了《關於時間構造的後期文稿》中，幾乎沒有一篇文稿不在討論「自我」、「本我」、「單子」、「個體」或「人格」。

　　也只是在這種內在關聯中，時間問題才能與發生問題、歷史問題融合為一個大的問題域。

六、總結與感想

　　從歷史學家的角度看，例如在布洛赫那裏，時間一方面是連續統一體的形式，但另一方面，而且是歷史學家感興趣的主要方面，時間就是歷史的時間，即具體的、活生生的時間：「要知道，很難想像任何一門科學會把時間僅僅視為抽象的東西。然而，不少人只是把時間看作一種計量單位，他們為了各自的目的，任意將時間分割成性質相同的碎片。與此相反，歷史的時間卻是實實在在的活生生的現實，它一往無前，不可逆轉。」[38]

　　而對胡塞爾而言，他顯然不願意把時間與歷史等同起來，因為時間首先是形式，是流動的形式。因此，<u>首先的問題</u>在於，形式的時間、發生的時間、歷史的時間之間的區別何在？如果將它們都歸結為某種意向性，那麼它們之間的實質性差異和聯繫是什麼？具體地說，一方面，時間形式作為從原印象到滯留的不斷變動具有一個形式，即一個流動形式，「流動的普全統一形式」（Hua I: 109）。它也就意味着發生的形式和歷史的形式。胡塞爾所描繪的時間模式也就意味着發生的模式、歷史的模式：經歷得越多，水平線就延續得越長，垂直線也就下墜得越深。最初的體驗點，會成為最深的積澱，最遠的過去。

---

[38] 布洛赫：《為歷史學辯護》，張和聲、程鬱譯，頁 23。

　　可是在這個意義上，形式的時間就是一種持恆的、不變的東西，但它因此也就本身不是時間的、發生的和歷史的。時間形式本身不在時間之中，就像變化的形式本身不在變化之中一樣。[39]這與康德對時間的理解基本一致。[40] 但這樣一種時間理解，應當如何來應對狄爾泰的批評：「真正的柏拉圖！先是將變化流動的事物固定在概念中，然後再把流動這個概念附加上去。」[41]

　　這裏必須注意，時間意識的各種內容（它的統覺）才是真正意義上的生成和發生（Werden, Genese）。換言之，發生與歷史主要是由內容性的東西、經驗性的東西所構成的。如果時間意識的現象學只探討單純的時間形式，那麼它就不是胡塞爾在通常意義上所說的發生現象學，而是發生現象學的先天基礎，因為它所確定的是發生的本質或發生的形式。據此，惟當時間意識現象學不將自己局限在時間形式上，而是同時也去探討時間內容，它才可能成為發生現象學。

　　事實上，胡塞爾在發生現象學中對縱意向性的本質把握，與他在描述現象學中對橫意向性的本質把握一樣，都是從經驗內容出發

---

[39] 在這個意義上胡塞爾也說：「自我是超時間的」、「非時間的」，等等。（參見 Held, *Lebendige Gegenwart*, p. 117。）

[40] 參見康德：《純粹理性批判》，A 144/B 183, A 182/B 224–225：「時間並不流逝，在它之中流逝的是可變之物的此在」、「因而時間是持恆不變的」。對此還可以參見 Martin Heidegger, *Kant und das Problem der Metaphysik* (Frankfurt am Main: Klostermann, 1991), p. 192。

[41] 轉引自 G. Misch, "Vorbericht des Herausgebers", in W. Dilthey, *Die geistige Welt. Einleitung in die Philosophie des Lebens*, Erste Hälfte: *Abhandlungen zur Grundlegung der Geisteswissenschaften*, Gesammelte Schriften V. Band (Stuttgart: B. G. Teubner Verlagsgesellschaft, 1990), p. CXII。

的，只是不止步於經驗內容而已。他在《純粹現象學與現象學哲學的觀念》第二卷中所討論的物質自然、動物自然和精神世界的構成問題，以及在後期的時間分析中討論的本我構成問題，都是本體論亦即本質學的課題，並且是在這個意義上的發生學研究和歷史學的本質研究。只是在《歐洲科學的危機與超越論的現象學》中對發生與歷史的探究，才在本質層次上更接近於事實性和經驗性。只是在這裏，胡塞爾才開始討論作為人類之部份的歐洲人屬的問題。

這或許表明，胡塞爾在後期更明確地意識到，現象學，尤其是作為發生現象學和歷史現象學，僅討論發生形式和歷史形式是遠遠不够的。在本我和單子的問題上也是如此，一個具有發生形式的單子或本我仍然是一個空乏的構成。對形式發生和形式歷史的研究可以過渡為對質料發生與質料歷史的研究，並對後者具有指導性的作用。

一旦承認這一點，那麼隨之而產生的問題便可能是，發生現象學與例如皮亞傑（Jean Piaget）的發生心理學的本質聯繫是什麼？歷史現象學與例如希羅多德的心理歷史學[42] 的本質聯繫是什麼？如果現象學也要研究經驗的發生和歷史，那麼毫無疑問，按胡塞爾的觀點，它必須接受純粹現象學的引導，在這裏是指純粹發生的現象學，是觀念對象的原初發生及其歷史演繹的現象學。

觀念對象及其歷史的演繹乃是處在所有經驗顯現、歷史事實背後的東西，但它卻並不因此而就一定是形而上的，因為它可以通過

[42] 這是柯林武德對希羅多德的歷史研究性質的定義。參見柯林武德：《歷史的觀念》，何兆武、張文杰譯，頁64。

本質直觀或觀念直觀的方式被把握到。就像所有橫向的本質結構可以被本質直觀把握到一樣，縱向的本質結構也是可以被本質直觀到的。或許我們可以在這裏談論橫向的本質直觀和縱向的本質直觀。

儘管胡塞爾本人似乎尚未使用「縱向本質直觀」的概念，但它在〈哲學作為嚴格的科學〉一文中已經呼之欲出。他通過對狄爾泰經驗主義趨向的批評而指出：「一門還是經驗的精神科學既不能對某個提出客觀有效性要求的東西提出反對的論證，也不能對它提出贊成的論證。如果將這種旨在經驗理解的經驗觀點換成現象學的本質觀點，那麼事情自然就會是兩樣的」。[43] 他深信：「與對自然的深入相比，向普遍精神生活的深入甚至為哲學家提供了一個更原初、因此也就更基本的研究材料。因為，作為一種本質學的現象學之王國從個體精神出發很快便伸展到整個普遍精神的領域；並且，如果狄爾泰以如此鮮明的方式確認，心理物理的心理學不是那門可以作為『精神科學之基礎』而起作用的心理學，那麼我要說，唯有現象學的本質學才能夠為一門精神哲學提供論證。」（Hua XXV: [328]）這裏所說的「現象學的本質學」，顯然不僅僅包含橫向的本質直觀，而且還意味着縱向的本質直觀。

事實上，在對康德的「智性直觀」的詮釋和運用中，縱向的生命直觀在東方哲學中也已經得到發揮。它在牟宗三那裏也被稱作「縱貫直觀」，是牟宗三對康德「智性直觀」概念所做的三個詮

---

[43] Edmund Husserl, *Aufsätze und Vorträge (1911–1921). Mit ergänzenden Texten*, Husserliana XXV, ed. Thomas Nenon and Hans Rainer Sepp (The Hague: Martinus Nijhoff, 1986) (下文簡稱 Hua XXV), [326].

釋之一。[44] 它可以說就是在特定意義上的縱向本質直觀，即對精神生活的本質直觀。

無論如何，通過〈幾何學的起源〉一文，胡塞爾已經指出一點：觀念本質可以是有歷史的，而且觀念本質的歷史，決定了歷史的觀念本質。他把這種在環境、語言、民族、時代、文化形態背後的觀念本質也稱作「內歷史」或「普遍的、歷史的先天」，它們會導向最高的歷史問題：「理性的普遍目的論」（Hua VI: 386）。

雖然胡塞爾本人沒有提出縱向的本質直觀的問題，但他可能與康德在無意識地運用橫向的智性直觀一樣，已然在默默地使用着縱向本質直觀的方法。[45] 我們不妨在這個意義上來理解所謂的「歷史理性批判」：對縱意向性的縱向本質直觀。惟有在此意義上，胡塞爾才有可能同時是一個超越論的現象學家和歷史現象學家。即是說，他並不像利科所認為的那樣是「最不具有歷史性的」哲學家，[46] 也不像梅洛龐蒂所認為的那樣，最終在歷史的維度上「暗暗放棄了本質哲學」。[47]

正是由於胡塞爾後期對「時間」問題的關注以及在時間意識

---

[44] 對此論題可以參見倪梁康：〈「智性直觀」概念的基本含義及其在東西方思想中的不同命運〉，載於倪梁康：《意識的向度——以胡塞爾為軸心的現象學問題研究》（北京：北京大學出版社，2007），頁 90–120。

[45] 胡塞爾在〈哲學作為嚴格的科學〉一文中談到借助「內部直觀」而進行的「對精神生活動機的追複感受」（nachfüllen），或「最內在的追複生活」（Nachleben），或「在內在直觀中追複觀看（nachschauend）現象流」等等（Hua XXV: [323], [313]），實際上這指的就是縱向的本質直觀。

[46] 參見利科：〈胡塞爾與歷史的意義〉，方向紅譯，頁 809。

[47] 參見王浩：《哥德爾》，康宏逵譯（上海：上海譯文出版社，2002），頁 277。

分析方面的努力，「縱意向性」成為重要的課題並保持活躍的狀態，由此而導致「發生」問題的形成和展開，並由此而越來越導向對自我、個體、單子的生成、發展的研究，最終越來越導向作為個體之意識體驗之果的「歷史」問題，包括自然世界和文化世界（科學藝術、社會形式，等等）在內的「歷史」。

這裏所做的，只能看作是從時間現象學出發對胡塞爾的歷史現象學之構想的一個導論。無論如何可以說，胡塞爾在三個時期所做的時間意識現象學分析，一方面在內容上為澄清時間、發生、歷史這三者之間的關係提供了一個輔助的背景知識，另一方面在方法上為討論這三者之間的關係奠定了一個基礎。

最後我們還可以說，通過胡塞爾對時間、發生與歷史中的縱意向性規律的把握，歷史哲學中歷史與哲學的張力得以消解：歷史是回顧的，哲學是反思的，它們都可以是特定意義上的人性學。在對人性的縱向把握中，歷史與哲學在意向和方法上達到了一致。

在這個意義上，我們可以理解胡塞爾在《危機》中所說：「在科學中，真正的歷史說明的問題，是與『從認識論上』進行的論證或澄清相一致的。」（Hua VI: 381）

含義與充實行為

梁家榮

同濟大學哲學系

摘要：對於胡塞爾的意向性理論，學者提出了「概念論的」與「非概念論的」兩種不同的解釋角度，本文嘗試以一個特定的問題切入討論，即：直觀行為是否含義負載者、或直觀行為本身是否給與意義的行為？

關鍵詞：意向性、直觀、意義、立義、充實

胡塞爾在《純粹現象學與現象學哲學之觀念：第一卷》（*Ideen zu einer reinen Phänomenologie und phänomenologischen Philosophie, Erstes Buch*）中說：「每一意向經歷都有一心思所向（Noema）和於此有一意義（Sinn），藉此意義它關連於對象。」[1] 美國學者費勒斯多（Dagfinn Føllesdal）以及其後的史密夫（David Woodruff Smith）和麥肯泰爾（Ronald McIntyre）均試圖論證，「對於胡塞爾而言，語言含義（linguistic meaning）與心思所向的意義（noematic *Sinn*）是同一的」。[2] 如果他們的解釋是對的，那就表示意向活動總牽涉語言活動，

---

[1] Edmund Husserl, *Ideen zu einer reinen Phänomenologie und phänomenologischen Philosophie, Erstes Buch*, Husserliana III/1, ed. Karl Schuhmann (The Haag: Martinus Nijhoff, 1976), p. 310.

[2] 見 Ronald McIntyre and David Woodruff Smith, "Husserl's Identification of Meaning

而總是朝向於一對象的意向經歷，是藉語言含義而與其對象關連起來的。費勒斯多、史密夫和麥肯泰爾的論證主要基於《觀念一》，但其實我們在《邏輯研究》（*Logische Untersuchungen*）中，也能找到證據，以支持這種對胡塞爾的意向性理論的「概念論解釋」（conceptualist interpretation）。本文將嘗試以一個特定的問題切入討論，即：直觀（Anschauung）本身是不是含義載者（Bedeutungsträger）、或給予意義（sinngebend）的行為？

對意向經歷的概念論或非概念論（non-conceptualist）解釋之爭論，其中一個最主要的問題是：有沒有一種不牽涉語言含義的簡單感知（simple perception）？[3] 胡塞爾在第六研究似乎想證明，包括感知和想像行為的直觀行為，本身並不是含義載者，因此它必須與賦予含義的行為（bedeutungsverleihender Akt）給合，才變成有含義的。胡塞爾在第六研究的開頭，在以「含義意向與含義充實」（Bedeutungsintention und Bedeutungserfüllung）為標題的一節，提出了以下問題：「是所有行為種類都能夠作為含義載者而起作用，還是只有某些行為種類可以作為含義載者而起作用？」[4] 在

---

and Noema", in *Edmund Husserl: Critical Assessments of Leading Philosophers*, ed. Rudolf Bernet, Donn Welton, and Gina Zavota, Vol. IV (London/New York: Routledge, 2005), p. 221; 另參看 Dagfinn Føllesdal, "Husserl's Notion of Noema", in *Edmund Husserl: Critical Assessments of Leading Philosophers*, pp. 161–168。

[3] 可參看 Timothy Mooney, "Understanding and Simple Seeing in Husserl", *Husserl Studies* 26 (2010), pp. 19–48。

[4] Edmund Husserl, *Logische Untersuchungen*, siebte Auflage (Tübingen: Max Niemeyer, 1993)（以下簡稱 LU），II/2: 8。中譯本：《邏輯研究》修訂本，倪梁康譯（上海：上海譯文出版社，2006），頁 13。本文引用此書，一般直接引用或參考中譯本，如有修訂，則在頁碼後以 * 號註明；由於中譯本內有邊碼清楚列出德文版的頁碼（B 版），因此引文不再列

論證了「只要『可被表達性』（Ausdrückbarkeit）不過被了解為對行為作出某些陳述的可能性，那麼，對於『所有行為是否也能夠以給予意義的行為之方式起作用』這個問題來說，行為的可表達性就是不相干的」（LU II/2: 11–12*），以及區分開「被表達的行為」（ausgedrückter Akt）這個字詞的幾個不同意義之後，胡塞爾把討論的焦點放到「含義與被表達的直觀之間的關係」，他提出了以下的問題：「這種直觀本身是否就是建構含義的行為，而如果不是，那麼這兩者的關係又當如何了解並且在種屬上如何歸類？」（LU II/2: 13*）對此問題的討論見於跟着的兩小節§4、§5，於此胡塞爾試圖論證，直觀本身不是建構含義的行為，然後就順理成章地帶出這一節的主題，即：賦予含義的行為與直觀行為之關係，或更確切地說，賦予含義的行為與直觀行為如何在充實的綜合行為（synthetischer Akt der Erfüllung）中結合在一起。這種安排當然不是偶然的；因為，如果直觀行為本身不是給予意義的，那麼與賦予含義的行為結合，就是它變成具有含義的先決條件。但是，我認為胡塞爾於此的論證不無問題，而且我們在《邏輯研究》中也可以找到一些論述，能夠支持相反的看法。在討論這些問題以前，讓我們先對相關的概念做一些必要的澄清。

一

　　《邏輯研究》的第一個研究開始於對「符號」（Zeichen）的兩

出中譯本頁碼。此外，**Erlebnis** 和 **Erleben** 在本文中譯為「經歷」，此一變更不再另外註明。

種意義的區分。胡塞爾認為，「符號」既可指「表達」（Ausdruck），也可指「指號」（Anzeichen）；前者胡塞爾又稱為「有含義的符號」（bedeutsames Zeichen），而後者他稱為「指示性的符號」（anzeigendes Zeichen）（LU II/1: 30）。胡塞爾說：「每個符號都是某種東西的符號，然而並不是每個符號都具有一個『含義』（Bedeutung）、一個藉助於符號而『表達』出來的『意義』（Sinn）。」（LU II/1: 23）顧名思義，表達作為有含義的符號，其特徵就在於具有含義或意義。相對而言，指號是不具有含義的，其特徵在於：「某人現時地（aktuell）知曉一些對象或事態的存在，這些對象或事態在下列意義上為此人指示了另一些對象或事態的存在：他把對一些事物存在的信念經歷為一種動機，即信仰或推測另一些事物存在的動機。」（LU II/1: 25）作為一個特定術語，「表達」在胡塞爾的使用中與其一般意義有點不同；胡塞爾清楚表明，他是「在一種有限制的意義上」（LU II/1: 30）、也就是在「話語的意義上」（LU II/1: 31）使用此詞，而不包括表情和手勢這些一般也被稱為「表達」的東西。在胡塞爾的意義下，「每句話語、話語的每個部份，以及每個本質上同類的符號都是表達。」（LU II/1: 30）事實上，胡塞爾有時亦以「語詞」（Wort）來替換「表達」。因此，胡塞爾所謂「表達」，其實就是指語言表達（linguistic expression），[5] 而他所謂「含義」，首先就是指語言含義。本文亦將以這個意義使用「含義」一詞。

---

[5] 參看 Jacques Derrida: "An expression is a purely linguistic sign, and it is precisely this that in the first analysis distinguishes it from an indicative sign." 見 *Speech and Phenomena*, trans. David B. Allison (Evanston: Northwestern University Press, 1973), p. 18。

　　表達牽涉幾種不同的東西，一些對表達而言是必須的，另一些則否；其中一些是行為，另一些則非。胡塞爾在第一研究§9中指出，表達現象所涉及的東西，可以分為「物理現象」和「行為」，他說：

> 如果我們立足於純粹描述的基地之上，那麼被激活意義的（sinnbelebt）表達這個具體現象便可以一分為二，一方面是物理現象，在其中表達根據其物理方面被建構；另一方面是行為，它給予表達以含義並且有可能給予表達以直觀的充盈（anschauliche Fülle），並且在其中與被表達的對象性（Gegenständlichkeit）之關係被建構。正是由於行為的緣故，表達才不單純是一個語音。表達意指某東西，而藉着它意指某東西，它關連於對象性東西。（LU II/1: 37*）

這段對表達的論述中有幾個問題須要澄清。首先，根據胡塞爾本人在《邏輯研究》其他地方的論述，物理現象或物理東西對於表達而言並不是必要的。表達必須有某種直觀的「依據」（Stütze）（LU II/1: 41）或「支點」（Anhalt）（LU II/2: 53），即：作為一種符號的表達必須在某種直觀行為中顯現，但這個直觀的支點，卻不一定是作為感性行為的意向相關項的物理現象，例如是一串聲音。直觀的支點是必須的，因為「含義並不可能懸在空中」（LU II/2: 92）。表達的直觀支點，其實就是那個符號本身，即被賦予含義的行為所賦予含義、並使之成為有含義的符號的那個東西。這個被賦予含義的東西，通常是一種物理東西，例如是一串實際上被發出的聲音，但按胡塞爾的說法，它卻並非必須是物理東西，想像的東西也同樣可行。胡塞

爾在第一研究§8、有關「孤獨的話語」的段落中説：

> 在孤獨的話語中，我們並不需要真實的語詞，被表象的
> 語詞通常就夠了。在想像中，一個被説出的或被印出的語詞
> 浮現在我們面前，實際上它根本不存在。我們總不能將想像
> 表象（Phantasievorstellung），或者甚至將想像表象建基於其
> 上的想像內容，與被想像的對象混為一談吧。這裏存在着的
> 不是被想像的語詞聲音或者被想像的印刷文字，而是對這些
> 聲音或文字的想像表象。這裏的區別和在被想像的半人半馬
> 怪與關於半人半馬怪的想像表象之間的區別是相同的。語詞
> 的不存在並不妨碍我們，但它也不會引起我們的興趣，因為
> 就表達本身的功能來説，語詞的存在與否根本就是無關緊要
> 的。（LU II/1: 36*）

想像中的語詞當然不是物理現象，它不是「真實的語詞」，不存在
於物理世界之中。如果想像中的語詞也能正常發揮表達的作用，
那就表示表達現象不一定涉及物理現象。表達所需要的是一個直
觀支點，而它可以是物理性的，也可以是想像性的。

其次，將表達現象分為物理現象和行為兩方面，實際上不如
它乍看來的那樣清楚分明，即使我們根據上面的澄清，而將之修
正為直觀支點和行為兩方面。胡塞爾在上面引自第一研究§9的段
落中，其實還遺漏了與表達有關、而且是在本質上與之有關的一
種行為。在「另一方面是行為」這句話中，「行為」一詞用的是眾
數，它包括了兩種行為，即：「給予表達以含義」的行為，以及「有

可能給予表達以直觀的充盈」的行為。除此兩者以外，表達其實
還牽涉另一種行為，一種對表達而言是必須的行為。上文已指出，
表達必須有某種直觀的支點，而這個直觀支點事實上也需要由某
種行為提供，它需要在某種行為中顯現或被建構。顧名思義，提
供直觀的支點的行為，就是直觀——當直觀的支點是「真實的語
詞」時，提供支點的是感知行為；而當它是想像性的語詞時，提
供支點的是想像行為。如果表達必須有直觀的支點，那麼提供直
觀支點的直觀行為，對於表達而言也就是必須的。直觀也是一種
行為；因此，如果我們把表達現象分為兩個方面，即「物理現象」
（更準確地說是直觀支點）和「行為」，那麼提供直觀支點的直觀
行為，就應該也放在行為的一面。但是，另一方面，我們也不要
忘記，該直觀行為與涉及的物理現象（直觀支點）關係密切，後
者是前者的意向相關項。因此，我們似乎也有理由把它跟物理現
象（直觀支點）放在一起。

　　第三，就行為方面，如上所言，胡塞爾在我們現在所討論的
段落中，提到兩種行為，即：「給予表達以含義」的行為，和「有
可能給予表達以直觀的充盈」的行為。前者胡塞爾稱為「賦予含
義的行為」，或簡稱為「含義意向」；後者他稱為「含義充實的行
為」（bedeutungerfüllender Akt），或簡稱為「含義充實」。胡塞爾
在第一研究§9 如此介紹這兩種行為：

　　　　如果我們將直觀空泛的含義意向和被充實的含義意向
　　之間的根本差異作為我們的基礎，那麼在分開了那些感性
　　行為之後，即分開了表達作為語音顯現於其中的那些感性

行為之後，我們可以將兩種行為或行為序列區分開來：一
方面是那些對於表達來說本質性的行為，只要表達還是表
達，就是說，只要表達還是被激活意義的語音，這些行為
對於表達來說就是本質性的。我們將這些行為稱之為賦予
含義的行為（die bedeutungsverleihenden Akte），或者也稱
之為含義意向。另一方面是那些儘管對於表達來說非本質
的，但卻與表達在邏輯基礎上相關聯的行為，這些行為或
多或少合適地充實着（證實着、強化着、說明着）表達的
含義意向，並且因此而將表達的對象關係現時化
（aktualisierien）。我們將這些在認識統一或充實統一
（Erkenntnis- oder Erfüllungseinheit）中與賦予含義的行為
相互融合的行為稱之為含義充實的行為
（bedeutungerfüllende Akte）。我們可以將它簡稱為含義充
實，但這個簡稱只有在排除了那種容易產生混淆的可能性
之後才能使用，這種混淆是將含義充實這個簡稱與整個經
歷混為一談，在整個經歷中，一個含義意向在相關的行為
中找到充實。（LU II/1: 38*）

胡塞爾在這裏明確提到三種行為：（一）表達在其中顯現的感性行
為，（二）賦予含義的行為，（三）含義充實的行為。在這三種行
為中，嚴格而言，只有賦予含義的行為對於表達來說是本質性的。
上文已經指出，物理的東西對於表達而言不是必須的，因此使物
理的東西顯現的感性行為也不是必須的。表達需要直觀的支點，
但這也可以由想像行為提供，不一定需要感性行為。除了直觀行

為外，賦予含義的行為對於表達來說也是必須的；正正是這種行為，它使表達「不單純是一個語音」，而成為「被激活意義的語音」、具有含義的符號。至於含義充實的行為，它對於表達而言卻不是本質性的；也就是說，即使沒有這種行為，也不妨礙語音成為表達、成為具有含義的符號。含義充實的行為之功能不在於給予某個符號以含義，而在於「將表達的對象關係現時化」。關於表達的「對象關係」，下文會有進一步的討論。

　　胡塞爾在上面的引文中又把賦予含義的行為稱為「含義意向」，但這卻決不是在《邏輯研究》中胡塞爾對此行為所使用的唯一別稱。除了「含義意向」這個簡稱以外，他在其他地方又將賦予含義的行為，稱為「賦予意義的行為」（sinnverleihender Akt）（LU II/1: 33, 40, etc.）、「給予意義的行為」（sinngebender Akt）（LU II/1: 33, 37, etc.）、「賦予含義的經歷」（bedeutungverleihendes Erlebnis）（LU II/1: 43）、[6]　「賦予意義的經歷」（sinnverleihendes Erlebnis）（LU II/1: 32, 42, etc.），或「給予意義的經歷」（sinngebendes Erlebnis）（LU II/2: 11, etc.）等等。這些術語在胡塞爾那裏都是可以交換使用的，因為他將「含義」（Bedeutung）與「意義」（Sinn）視為同義詞，[7]將「行為」界定為「意向經歷」的簡稱（kürzeren Ausdruck）（LU II/1: 378），而由於意向（Intention）構成了行為、也就是意向經歷的特徵（LU II/1: 367），因此「意向」一詞在某種

---

[6]　按：中譯本此處沒有按照一貫對「含義」（Bedeutung）與「意義」（Sinn）的術語區分，而譯為「賦予意義的經歷」。

[7]　詳見後文。

意義上也被胡塞爾使用為「行為」的替換詞（LU II/1: 378–379）。至於「含義充實的行為」，同樣由於胡塞爾將「含義」與「意義」視為同義詞，又被稱為「意義充實的行為」（sinnerfüllender Akt）（LU II/1: 37, 46, etc.）。《邏輯研究》一書的晦澀難解，與胡塞爾頻繁變換術語的習慣不無關係。

二

除了上文提到的直觀支點和三種行為外，還有另外三種東西也被認為與表達現象有關。胡塞爾在第一研究§14 中說：

> 在每一個表達中都本質地包含着「傳訴」（Kundgabe）、「含義」和「對象」這些相關的說法。隨每一個表達都有某物被傳訴，在每一個表達中都有某物被意指（bedeutet），和有某物被指稱（genannt）或以其他方式被指涉（bezeichnet）。而在充滿歧義的語言中，所有這一切都叫做「被表達」。如前所述，對於表達來說，與一現時被給予的（aktuell gegebene）、充實着它的含義意向的對象性之關係並不是本質性的。（LU II/1: 50*）

在這段話中，胡塞爾似乎表示「傳訴」、「含義」和「對象」這三種東西都與表達本質地相關。但這與胡塞爾在《邏輯研究》其他地方的說法，卻有明顯的衝突。以下我們將逐一澄清這三種東西與表達現象的關係。

在上述三種東西中，含義是惟一毫無疑問與表達現象具有本質

的關係的。根據胡塞爾的界定，表達就是具有含義的符號。相反來說，不具有含義的符號，就不能稱為表達。[8] 所以，「具有含義」是對表達的本質規定。我們在上文看到，胡塞爾指出表達現象可以分為物理現象和行為兩方面。但是，含義卻不能放在這種二分法的任何一面。因為，對於胡塞爾來說，含義既不是物理現象，也不是行為。胡塞爾將含義規定為「觀念統一性」（ideale Einheit），[9] 乃相對於相關行為的「雜多性」（Mannigfaltigkeit）而言。[10]「觀念的」一詞很容易招致誤解。它在胡塞爾的用法中，不是指某些主觀的和心理的存在，而是指類似柏拉圖的 *Idea* 的那種客觀和獨立於心靈的存在。它既不是經歷，也不是經歷的任何組成部份（LU II/1: 97）；它的存在獨立於我們的思想，而不受我們的思想所影響，「無論是否有人在思維中將這種含義統一現時化（aktualisieren），它們都仍然是它們所是（ist, was sie ist）」（LU II/1: 94）。同時，含義亦不是我們所創造的東西。根據胡塞爾的說法，我們並不「造出」（machen）含義，而只是「發現」（entdecken）含義，他在第一研究§29 說：

> 如果科學研究者在這裏沒有藉機會將語言事物和符號事物，與客觀的思想事物和含義性質事物截然分離開來，他仍

---

[8] LU II/1: 54: "Zum Begriff des Ausdrucks gehört es, eine Bedeutung zu haben… Ein bedeutungsloser Ansdruck ist also, eigentlich zu reden, überhaupt kein Ausdruck."

[9] LU II/1: 89: "unsere Auffassung der Bedeutungen als idealer (und somit starrer) Einheit"; 91: "unter Bedeutungen ideale Einheiten zu verstehen"; 92: "idealen Einheit, die wir hier Bedeutungen nennen."

[10] LU II/1: 77: "die Bedeutung selbst, die ideale Einheit gegenüber der Mannigfaltigkeit möglicher Akt."

然清楚知道，表達是偶然性的東西，而思想、即觀念兼同一
的含義（ideal-identische Bedeutung）是本質性的東西。他也
知道，他並不造出思想和思想聯繫的客觀有效性（objektive
Geltung），並不造出概念和真理的客觀有效性，仿佛這種客
觀有效性與他的精神或一般人類精神的偶然性有關；相反，
他是在明察（einsieht）、發現這種客觀有效性。他知道，這
種客觀有效性的觀念存在（ideales Sein）不具有一種「在我
們精神中的」心理「存在」的含義，因為用真理和觀念之物
的真正客觀性可以揚棄所有實在存在（reales Sein），其中也
包括主觀存在（subjektives Sein）。（LU II/1: 94–95*）

胡塞爾於此將含義規定為「觀念存在」。一方面，它不是「在我們
精神中的」、心理的、主觀的存在。另一方面，它雖然具有客觀有
效性，也是客觀的存在，但卻不是實在存在之意義下的客觀存在；
它不是實在存在，不在實在世界之中。胡塞爾又將這種特殊的客
觀存在規定為「普遍對象」（allgemeine Gegenstände），他在第一
研究§31 說：

> 我們也可以說，含義構成了一組在「普遍對象」意義上
> 的概念。它們並不因此是那種對象，雖然不在「世界」中的
> 某處，卻在一種τόπος οὐράνιος或在上帝的精神中存在；因
> 為這種形而上學的實體化（metaphysische Hypostasierung）
> 是荒謬的。誰習慣於將存在僅僅了解為「實在的」存在，將
> 對象僅僅了解為實在的對象，他就會認為有關普遍對象及其

存在的説法是根本錯誤的；相反，以下這些人於此卻不會感
到不妥，即那些人他首先把這些説法簡單視為對某些判斷的
有效性之指示，即一些關於數字、命題、幾何構成物等等的
判斷的有效性之指示，並且問自己，在這裏是否像在其他任
何地方一樣，作為判斷有效性之相關項的被判斷之物，明證
地必須被賦予「真實存在的對象」（wahrhaft seiender
Gegenstand）的稱號。（LU II/1: 101*）

三

傳訴是另一種與表達有關的東西。胡塞爾認為，表達除了作
為有意義的符號以外，也同時可以作為指示性的符號，即作為説
話者的心理經歷之指號。胡塞爾將之稱為「傳訴的功能」，他在第
一研究§7 説：

　　　所有在交往話語中的表達都是作為指號在起作用。對
於聽者來説，這些表達是説者的「思想」的符號，就是説，
它們是説者的給予意義的心理經歷，和其他包含在傳達意
向（mitteilende Intention）中的心理經歷之符號。我們將語
言表達的這個功能稱為傳訴的功能。（LU II/1: 33*）

胡塞爾在第一研究§14 説：「隨每一個表達都有某物被傳訴」，
這裏所謂「某物」，就是指「説者的『思想』」，即他的「給予意義的
心理經歷，和其他包含在傳達意向中的心理經歷」。胡塞爾認為，表
達除了有「意指功能」（Bedeutungsfunktion）以外，還有傳訴的功能。

在擔負傳訴的功能時，表達不只是表達，它還是指號。[11] 如上所言，胡塞爾認為，指號的特徵在於由一些東西的存在指示另一些東西的存在。就表達的傳訴的功能而言，前者就是說話者的說話，而後者就是說話者的心理經歷；也就是說，胡塞爾認為話語指示了說話者在說話時所具有的心理經歷。但事實上，在人類的話語中，話語卻未必總是透露說話者內心的真實想法或感受，例如在口是心非、說謊，或說客套話的時候。而即使我們不考慮這些情況，單就胡塞爾本人在《邏輯研究》的論述而言，傳訴的功能是否包含在表達的本質之中，也是有疑問的。在§14 中，胡塞爾說：「在每一個表達中都本質地包含着『傳訴』、『含義』和『對象』這些相關的說法」、「隨每一個表達都有某物被傳訴」，這似乎表示傳訴屬於表達的本質。但胡塞爾在第一研究§1 卻又說：「表達在孤獨的心靈生活不再作為指號起作用，但也發揮其意指功能。」（LU II/1: 24*）如上所言，胡塞爾認為在孤獨的話語中，表達仍然是表達，它仍然發揮着它意指的功能，「因為就表達本身的功能來說，語詞的存在與否根本就是無關緊要的」。但此時表達卻「不再作為指號起作用」。同樣地，胡塞爾在§8 也說：「在自言自語時，語詞絕不可能用它的指示心理行為存在的指號功能服務於我們，因為這種指示在這裏毫無意義。」（LU II/1: 36–37*）這表明並不是「隨每一個表達都有某物被傳訴」；在孤獨話語的情況中，表達仍然作為表達起作用，但卻沒有甚麼被傳訴。因此，表達與傳訴的關係，並不是一種本質上的關係。

---

[11] 我們必須小心，不要把表達視為指號的一種，參看 LU II/1: 23; 另參看 Derrida, *Speech and Phenomena*, p. 21。

四

　　接着我們討論對象與表達的關係。胡塞爾在§14 說：「隨每一
個表達都有某物被傳訴，在每一個表達中都有某物被意指，和有某
物被指稱或以其他方式被指涉。」上文已經指出，被傳訴的「某物」
是指心理經歷；之後的兩個「某物」，則分別指含義和對象：在表
達中被意指的是含義，被指稱或以其他方式被指涉的則是對象。[12]
與「意向」的情況類似，「對象」（Gegenstand）這個術語也很容易
引起混淆。因為，一方面，凡是行為的意向相關項，胡塞爾都把統
稱為「對象」；[13] 由於胡塞爾也將含義視為行為的意向相關項，[14] 因
此在這個意義下，含義也是對象。但另一方面，特別是在與「含義」
對比的時候，例如在第一研究中的大部份情況，胡塞爾又以「對象」
來專指可以通過直觀而被給予的東西；在這個意義下，含義就不是
對象。胡塞爾在§14 謂：「在每一個表達中都本質地包含着『傳訴』、
『含義』和『對象』這些相關的說法」，這裏所謂「對象」，就是專
指可以通過直觀而被給予的對象，我們在下面所謂「對象」即以此

---

[12] 另參看 LU II/1: 32: "Man hat bei jedem Namen zwischen dem, was er 'kundgibt' (d. i. jenen psychischen Erlebnissen), und dem, was er bedeutet, unterschieden. Und abermals zwischen dem, was er bedeutet (dem Sinn, dem 'Inhalt" der nominalen Vorstellung) und dem, was er nennt (dem Gegenstand der Vorstellung)."

[13] 例如 LU II/1: 372: "Die intentionalen Erlebnisse haben das Eigentümliche, sich auf vorgestellte Gegenstände in verschiedener Weise zu beziehen."

[14] LU II/1: 97 n.1: "Das Wort *intentional* läßt, seiner Bildung gemäß, sowohl Anwendung auf die Bedeutung, als auf den Gegenstand, der *intentio* zu. Intentionale Einheit bedeutet also nicht notwendig die intendierte Einheit, die des Gegenstandes." 另參看 Hubert L. Dreyfus, "*Sinn* and Intentional Object", in *Phenomenology and Existentialism*, edited by Robert C. Solomon (Lanham: Rowman & Littlefield, 2001), p. 200f.。

意義而言。另外,「意指」(Bedeuten) 一詞同樣可能引起混淆,尤其中譯本沒有區分 "bedeuten" 與 "meinen" 兩詞,將兩者都譯為「意指」。上文指出,在引自§14 的段落中,在表達中被意指的 (bedeutet) 東西是指含義,而被指稱或被指涉的東西則是指對象,但很多時候胡塞爾對「意指」的使用都不受這樣的限制,即是不限制於使用在含義之上。一方面,特別是在與「對象」對比的時候,胡塞爾一般都以含義為表達所意指的東西——這時他通常用 "bedeuten" 一詞,但有時也用 "meinen"[15] 或 "besagen"。[16] 另一方面,「被意指的東西」的使用也不限於意義,胡塞爾亦有「被意指的對象」或「被意指的對象性」之說法,即使這時「對象」明顯不是泛指意向相關項,而是指可以在直觀中被給予的對象;也就是說,對象不單可以說「被指稱」或「被指涉」,也可以說「被意指」——這時胡塞爾通常用 "meinen" 一詞,[17] 但有時也用 "bedeuten"。[18]

對象與表達的關係,比含義和傳訴的情況要複雜些。具有含義明顯是表達的本質規定,而有一些表達(例如、在孤獨話語中)明顯沒有傳訴的功能,但對象的情況卻不是同樣明顯。在上面引自§14 的段落中,胡塞爾一方面說:「在每一個表達中都本質地包含着『傳

---

[15] 例如 LU II/1: 37: "Er meint etwas, und indem er es meint, bezieht er sich auf Gegenständliches."

[16] 例如 LU II/1: 46: "Jeder Ausdruck besagt nicht nur etwas, sondern er sagt auch über Etwas; er hat nicht nur seine Bedeutung, sondern er bezieht sich auch auf irgenwelche Gegenstände." 按:中譯本對 "besagen" 一詞似乎沒有固定的譯法,在頁 46 這裏譯為「表達」,而在頁 45 與頁 97 則分別譯為「陳述」和「表明」。

[17] 例如 LU II/1: 37, 38, 45, 51, 59。

[18] 例如 LU II/1: 41, 54。

訴』、『含義』和『對象』這些相關的説法」、「在每一個表達中都有某物被意指，和有某物指稱」——似乎對象關係包含在表達的本質之中；但另一方面胡塞爾卻又説：「對於表達來説，與一現時被給予的、充實着它的含義意向的對象性之關係並不是本質性的。」——這與前面的説話似乎正相衝突。雖然在《邏輯研究》全書中，相互矛盾的説法並不鮮見，但如果説胡塞爾竟然在同一段落的前後幾句中，也包括互不相容的論述而不自覺的話，這似乎也太令人難以接受。事實上，如果我們仔細閲讀的話，就能夠發覺上面前後兩句話並不全然是矛盾的，兩處提到的「對象」並不完全相同：前面單純提到對象而沒有任何額外的規定，而後面他所説則是「現時被給予的、充實着它的含義意向的」對象。從上文已經看到，充實含義的行為對於表達來説不是本質的，而它的功能是在於「將表達的對象關係現時化」。與「現時被給予的」和「現時化」有關的，還有「實現」（realisieren）一詞，胡塞爾在第一研究§9説：

> 表達意指某物，而藉着它意指某物，它關連於對象性的東西。這個對象性的東西或者由於相伴的直觀而可以顯現為現時當下的（aktuell gegenwärtig），或者至少可以顯現為被當下化的（vergegenwärtigt）（例如在想像圖像中）。在這種情況下，與對象性的關係便得到實現（realisiert）。或者情況不是這樣；但即使表達不具備奠基性的、給予它以對象的直觀，表達也在起着含有意義的作用，它仍然要比一個空泛的語音更多。由於它包含在單純的含義意向之中，表達與對象的關係此時是沒有實現的（unrealisiert）。例如，名稱在任何情況下都在指稱它的

　　對象，也就是説，只要它意指這個對象，它也就在指稱這個對
象。但如果對象不是直觀地存在於此，因而也就不是作為被指
稱的對象（也就是被意指的對象）存在於此，那麼單純的意指
（bloße Meinung）就是全部。當原先的空泛的含義意向被充
實，對象關係就得到實現，指稱就成為一種名稱與被指稱者之
間的現時（aktuell）被意識到的關係。（LU II/1: 37–38*）

　　這段話的意思有一些不甚明確的地方，但據我的了解，胡塞
爾在這裏想要表明的想法可以歸納為以下幾點：

　　（一）表達藉着它的含義而與對象關連起來。上面引文第一
句中的「藉着它意指某物」，原文是 "indem er es meint"，其中
"indem" 一詞是有歧義的。我將之譯為「藉着」，因為胡塞爾在其
他地方提到含義與對象之關係時，經常都用到「透過」（mittels）
一詞。[19] 如上所言，據胡塞爾的看法，表達是有含義的符號，它
總是具有含義的，沒有含義的就不能稱為表達。而表達與對象的
關係，胡塞爾認為是透含意義、即以含義為媒介而建立起來的，
他在第一研究§13 説：「一個表達只有通過它意指，才獲得與對象
性東西之關係，因此可以合理地説，表達是透過（mittels）它的
含義來指涉（指稱）對象的。」（LU II/1: 49*）

　　（二）與對象的關係包含在表達的本質之中。胡塞爾不單認為，

---

[19]　例如 LU II/1: 39: "dem mittels der Bedeutung ausgedrückten (genannten) Gegenstand"; 41: "deren Gegenstand als derjenige erschient, welcher in der Bedeutung bedeutet, bzw welcher mittels der Bedeutung genannt ist"; 46: "die in der Bedeutung gemeinte und mittels ihrer ausgedrückte Gegenständlichkeit."

表達藉着它的含義而與對象關連起來，而且還認為，只要表達具有含義，它就關連於對象，所以他說：「名稱在任何情況下都在指稱它的對象，也就是說，只要它意指這個對象，它也就在指稱這個對象。」換句話說，與對象的關係包括在表達本質之中，凡是表達都關連於對象。因此，胡塞爾在第一研究§15才會說：「對象的關係在含義中構造起自身。因而，有意義地使用一個表達和在表達時與對象發生關係（表象這個對象），這兩者是一回事。」（LU II/1: 54）

　　（三）表達的對象關係可以是實現的（realisiert），也可以是沒有實現的（unrealisiert）。如果我們以為，胡塞爾不可能一方面認為表達與對象的關係是本質性的，另一方面又認為充實含義的行為對於表達來說是非本質的，因為這兩種想法根本互不相合，那是由於我們沒有認識到，對於胡塞爾而言，給表達帶來對象關係的，並不是充實含義的行為，而是它本質上就具有的含義。上文已經指出，表達是藉着其含義而關連於對象的；也就是說，只要表達是具有含義的，它就關連於對象。至於充實含義的行為，它給表達所帶來的，是對象關係之現時化，或對象關係之實現。當充實含義的行為在場時，「相伴的直觀」使表達的對象「現時被給予」，這時它的對象關係就是實現的，「指稱就成為一種名稱與被指稱者之間的現時（aktuell）被意識到的關係」。但即使充實含義的行為不在場，表達仍然「指稱它的對象」，它仍然有其特定的對象關係，只不過現在它的對象關係是沒有實現的，[20] 也就是說，它沒有現時被給予的對象。

---

[20]　參看 Ernst Tugendhat, *Der Wahrheitsbegriff bei Husserl und Heidegger*, 2. Unveränderte Auflage (Berlin: Walter der Gruyter & Co., 1970), pp. 48–49。

五

　　上文討論到三種與表達有關的行為，即：（一）提供直觀支點的直觀行為，（二）賦予含義的行為，（三）含義充實的行為；前兩種與表達的關係是本質性的，而最後一種與表達的關係是非本質性的。除此三者以外，其實還有一種與表達具有非本質的關係的行為，上文已經觸及，只不過沒有詳加討論。在第一節我們討論賦予含義的行為和含義充實的行為時，引用到第一研究§9的一個段落，其中胡塞爾除了提到上面所說的三種行為以外，還提到另外一種行為，雖然他於此沒有明確將之稱為「行為」。我所指的是胡塞爾在該段引文裏提到的「整個經歷」，他說：

> 我們將這些在認識統一或充實統一中與賦予含義的行
> 為相互融合的行為稱之為含義充實的行為。我們可以將它
> 簡稱為含義充實，但這個簡稱只有在排除了那種容易產生
> 混淆的可能性之後才能使用，這種混淆是將含義充實這個
> 簡稱與整個經歷混為一談，在整個經歷中，一個含義意向
> 在相關的行為中找到充實。（LU II/1: 38*）

胡塞爾這裏所指的「整個經歷」，也是一種意向經歷，也就是一種行為。[21] 在這種意向經歷中，含義意向與含義充實的行為結合在一起。這種統一性的經歷，胡塞爾稱為「充實」（Erfüllung）。他

---

[21] LU II/2: 35: "Eben darum dürfen wir nicht bloß die Signifikation und Intuition, sondern auch die Adäquation, d.i. die Erfüllungseinheit, als einen Akt bezeichen...."

在第六研究§8 説：

> 在起先單純象徵地（bloß symbolisch）起作用的表達上
> 又隨後附加了（或多或少）相應的直觀。一旦這種附加發
> 生，我們便經歷到一個在描述上極具特色的充實意識
> （Erfüllungsbewußtsein）：純粹意指的行為以一種瞄向意向
> （abzielende Intention）的方式在直觀化行為中得到充實。
> 在這個過渡經歷（Übergangserlebnis）中同時還依照其現象
> 學的根據而清楚地表露出這兩個行為的互相從屬性
> （Zusammengehörigkeit）。我們經歷到，同一個對象起初在
> 象徵行為中「單純地被思想到」，爾後在直觀中則直覺地被
> 當下化，而且，它起初作為被如此這般規定的東西單純地
> 被思想到（單純被意指），它就恰恰作為被如此這般規定的
> 東西被直觀到。（LU II/2: 32*）

「充實」與「充實行為」這兩個術語很容易引起混淆。雖然兩者都
出自動詞「充實」，但在胡塞爾一般的用法上，它們所指的卻是兩種
不同的行為。[22] 從上面的引文可以清楚看到，胡塞爾把整個統一性
的行為稱為「認識統一」或「充實統一」，而在其中結合在一起的兩
種行為他稱為「賦予含義的行為」和「含義充實的行為」，胡塞爾還

---

[22] 或許由於這兩個名稱實在太接近，胡塞爾本人也曾不小心把含義充實的行為叫做「充實」，例如 LU II/2: 65: "Was die intention zwar meint,... das stellt die Erfüllung, d.h. der sich in der Erfüllungssynthesis anschmiegende, der Intention seine 'Fülle' bietende Akt, direkt vor uns hin."

特別強調，小心不要把後一種行為「與整個經歷混為一談」。嚴格而言，「充實」指含義意向在相關的直觀行為中得到充實的整個綜合或統一行為，而「含義充實的行為」或「充實行為」則指在這個統一行為中為含義意向提供充盈的直觀行為。換句話說，充實行為實際上就是直觀行為，當它在充實的綜合行為中，為含義意向提供充盈時，它就被稱為「充實的行為」。胡塞爾在第六研究§13 說：

> 從可能性上看，充實（或者它們的否定性對立面：失實〔Enttäuschungen〕）相應於所有意向，它們是獨特的過渡經歷，這些經歷本身也被描述為行為，並且可以說，它們使各個意向的行為在一個相關的行為中達到其目標。只要後一種行為充實了意向，它就叫做充實行為，但只是借助於充實的綜合行為，即在充實活動意義上的充實的綜合行為，它才叫做充實行為。（LU II/2: 49*）

胡塞爾也把充實的綜合行為叫做「認識」（Erkenntnis）或「指稱」（Nennung），他在第六研究說：

> 對象的認識和含義意向的充實，這兩種說法所表達的是同一個事態，區別僅僅在於立足點的不同而已。（LU II/2: 33）

> 「指稱為紅色」（Rot Nennen）——在指稱的現時意義（aktuellen Sinn）上，這個意義預設了對被指稱之物的基礎直觀——與「認識為紅色」（als rot Erkennen）基本上是含義同一的表達；只是後一個表達更為清楚地表明，這裏

> 被給予的並不是單純的兩者，而是一個通過一個行為特徵
> 而建立起來的統一性。（LU II/2: 28*）

將充實的綜合行為稱為「指稱」同樣很容易引起混亂。如上所言，
胡塞爾認為，「名稱在任何情況下都在指稱它的對象，也就是説，
只要它意指這個對象，它也就在指稱這個對象」。換句話説，即使
在欠缺相關的直觀行為的情況下，也就是在它的對象關係沒有實
現或現時化的情況下，表達也可以説「指稱它的對象」。總言之，
胡塞爾把表達的對象關係都統稱為「指稱」，無論對象關係是實現
的或沒有實現的。所以胡塞爾在上面的引文中就特別注明，當他
説「認識」與「指稱」是「含義同一的表達」時，他指的是「指
稱的現時意義」，而這個意義下的「指稱」是「預設了對被指稱之
物的基礎直觀」的。

六

　　現在可以回到我們原來的問題：直觀行為本身是不是含義載
者，或者它是不是給予意義的行為？前文已經指出，胡塞爾在第
六研究第一章把討論的焦點放到「含義與被表達的直觀之間的關
係」，並嘗試提出論證以回答「直觀本身是否就是建構含義的行為」
的問題。他在接着的§4 提出的論證涉及表達與直觀一般的關係，
而在§5 則專門討論直觀與一種特別的表達，即胡塞爾「本質上機
偶性的表達」（wesentlich okkaioneller Ausdruck）之關係，後者問
題比較特殊，本文將從略。
　　胡塞爾在§4 的論證可以分為兩個部份：（一）「在這相同的感

知的基礎上，陳述聽起來可以完全不同，並因此展開一個完全不同的意義」、「反之亦然，語音及其意義可以依然相同，而感知卻發生多重的變化」（LU II/2: 14*）。（二）「感知不單可以變化，而且可以完全消失，但表達卻不會因此停止仍舊是有含義的。」（LU II/2: 15*）胡塞爾似乎也承認論證（一）並不是決定性的，並且同意這「僅僅證明，含義對個別感知的這種差異是不敏感的；它恰恰處於一共同東西中，即：各種各樣的屬於一個對象的感知方式全都帶有的共同東西」（LU II/2: 15*）。論證（二）某程度上是對這反駁的回應，而胡塞爾似乎認為它是決定性的，足以消除任何疑慮。但是，胡塞爾想論證的是，直觀不是建構含義的行為，而指出一個關於感知的陳述，在相關感知消失了以後仍然具有含義，卻只不過說明了含義充實的直觀行為對於表達而言是非本質的，表達在這種行為不在場時仍然具有含義而已。要達成他的目標，胡塞爾應該指出，除非在綜合的充實行為中與含義意向結合，否則直觀本身總是不帶有含義的。但實際上，胡塞爾非但沒有明確指出這點，而且在《邏輯研究》中，我們也可以找到證據，顯示胡塞爾認為直觀總是具有含義的。例如胡塞爾在第六研究§6 説：

> 在名稱與被指稱之物之間的關係在此統一狀態中表明了某種已經為我們所注意過的描述性特徵：「我的墨水瓶」這個名稱可以説是「將自己安放到」被感知的對象上去，它可以説是以可以感受的方式從屬於這個對象。……如果我們回溯到經歷之上，那麼，如前所述，我們一方面會發現語詞顯現的行為，另一方面會發現實事顯現的類似行

為。就後一方面而論，在感知中與我們相對的是墨水瓶。
而根據我們所一再強調的感知之描述本質，上面這個情況
在現象學上無非就意味着，我們可以獲得某系列出於感覺
（Empfundung）這個類別的經歷，它們以如此這般被規定
的序列從感性上被統一化，以及被某個賦予它們以客觀意
義的「立義」（Auffassung）行為特徵所活化（durchgeistigt）。
（LU II/2: 24–25*）[23]

雖然這段論述的脈絡是名稱與被指稱之物的統一狀態，也就是充
實的綜合行為，但是胡塞爾於此對感知行為之本質的描述，卻只
是就感知行為這一方面的描述，而不是對整個綜合行為的描述，
這可以從胡塞爾在《邏輯研究》其他地方對感知行為的描述而得
到印證；此外，在這段話中胡塞爾所謂「根據我們所一再強調的
感知之描述本質」，亦已經透露，這段話中胡塞爾對感知行為的描
述，是胡塞爾對感知行為本身的一貫看法，而不僅僅適用於在充
實的綜合行為中的感知行為。在這段對感知行為之本質的描述
中，最值得我們注意的是，胡塞爾認為在感知行為中，感覺「被
某個賦予它們以客觀意義的『立義』行為特徵所活化」。「立義」
一詞的原文是 "Auffassung"，字面的意義為「掌握」（grasp），也
有「了解」（understand）的意思；中譯本將之譯為「立義」，是因

---

[23] 胡塞爾在這裏所謂 "durchgeistigen"，明顯與他在其他地方（例如 LU II/1: 75, 129, 385）所謂 "beseelen" 同義，中譯本將 "beseelen" 譯為「激活」，而於此卻將 "durchgeistigen" 譯為「滲透」，似乎未足以表達 "durchgeistigen" 的意義，因此我仿照「激活」的譯法，將 "durchgeistigen" 譯為「活化」。

為根據譯者倪梁康先生的了解，胡塞爾所謂「立義」，「即賦予一
堆感覺材料以意義」。[24] 倪先生的了解是正確的，在上面這段話
中就可以看到，胡塞爾以為「立義」這種行為的功能，就在於賦
予感覺以「客觀意義」。根據胡塞爾的看法，立義可以說是感知行
為中不可或缺的一個成素，沒有立義行為，被感知的對象就不能
顯現；換言之，立義是感知對象之顯現的可能條件。胡塞爾在第
一研究§23 說：

> 感知表象之所以得以形成，是因為被經歷到的感覺復
> 合被某個行為特徵、某個立義、意指所激活（beseelt）；正
> 因為感覺復合被激活，被感知的對象才顯現出來，而感覺
> 復合自身，以及被感知的對象本身構造於其中的行為，都
> 不顯現。（LU II/1: 75*）

如果立義是一種賦予意義的行為，而立義同時又是感知對象之顯
現的可能條件，無論感知是否與賦予含義的行為在充實的綜合行
為中結合，那麼就毫無疑問，感知本身是一種給予意義的行為，
或感知本身是一種總包括建構意義的成分的行為。問題只在於，
立義行為所給予的意義，即立義意義（Auffassungssinn），是否等
同於語言含義，也就是在表達現象中賦予含義的行為給予表達的
含義？我認為，這是對胡塞爾的感知，乃至意向性概念的概念論
和非概念論解釋之爭的關鍵問題。如果立義意義和語言含義是不

---

[24] 見中譯本，第二卷第一部份，頁 84 n.3。

相同的，那麼即使我們可以說感知總是給予意義的，我們卻不可以說感知總是具有含義的，或感知是含意載者；因此，概念論解釋是不正確的。相反來說，如果立義意義和語言含義是相同的，那麼說感知是給予意義的，就相當於說感知是給予含義的；也就是說，感知總是具有含義的，概念論解釋就是合理的。

七

有些學者認為胡塞爾在《邏輯研究》中區分了概念性的或邏輯的含義，和非概念性的立義意義。[25] 我不同意這種看法，理由如下：

首先，胡塞爾在《邏輯研究》中不僅從來沒有指出這種區分，相反他還十分清楚地表明，他把「含義」（Bedeutung）和「意義」（Sinn）兩詞當作為同義詞來使用。他在第一研究說：

> 另外，「含義」對我們來說是與「意義」同義的。一方面，在這個概念上有兩個平行的術語，可以用來替換，這非常方便；尤其是在我們眼前的這種研究中，會被研究的恰恰是「含義」這個術語的意義。不過，也有另外的考慮，即：將這兩個詞作為同義詞使用，這是根深蒂固的習慣。這情況使以下的做法顯得不是沒有疑慮的，即：區分它們的含義，以及（例如弗雷格〔G. Frege〕所建議的那樣）把一者用於我們意義之下的含義，另一用於被表達的對象。（LU II/1: 53*）

---

[25] Mooney, "Understanding and Simple Seeing in Husserl", p. 20.

因此，在胡塞爾的用法中，「賦予含義」、「賦予意義」和「給予意義」這些術語也是同義和可以替換使用的。我不知道為甚麼有些學者會認為，胡塞爾上述的說法只適用於他對表達的討論，[26] 而不是適用於整部《邏輯研究》；胡塞爾自己既沒有說過有這樣的限制，我們自然也沒有理由替他加設。胡塞爾將「含義」和「意義」兩詞當作同義詞使用，其一理由是「根深蒂固的習慣」；換句話說，這是完全符合德語固有的用法的。因此，即使沒有胡塞爾上述的明白表示，我們也應該跟從德語的一般用法，而預設此兩詞是同義的，除非胡塞爾也像弗雷格那樣，特別指明他有其特殊的術語上的區分。但在整部《邏輯研究》中，我們都看不見胡塞爾有這種令人「不是沒有疑慮」的舉措。

第二，胡塞爾把在表達現象中的意指或賦予含義的行為，也稱為「立義」，並表明這種立義與感知行為中的立義是「很接近的」（verwandt）。他在第一研究§23 說：

> 符號的意指在了解的立義中（verstehende Auffasssung）實現，由於每一立義在某種意義上都是一了解或解釋（Deuten），這種了解的立義與那些（以不同的形式實現的）客體化的立義（objektivierende Auffassungen）是很接近的，在這些客體化的立義中，對一個對象（例如「一個外在」事物）的直觀的表象（感知、想像、模擬）藉助於一個被

---

[26] 同前註。

經歷到的感覺復合而產生給我們。（LU II/1: 74*）

在表達現象中與意指或賦予含義的行為有關的了解或解釋，胡塞爾稱為「了解的立義」，而與感知行為有關的了解或解釋，胡塞爾稱為「客體化的立義」，也就是上文所說的「立義」。[27] 既然胡塞爾把兩者都稱為「立義」，並且表明兩者都涉及了解或解釋，我們似乎就更有理由相信，在這兩種立義中，由了解或解釋所產生的，應該也是同一種東西。

　　第三，胡塞爾指出，感知行為也牽涉到符號和含義。胡塞爾一方面指出了解的立義與客體化的立義是「很接近的」，但另一方面又認為它們的「現象學結構」是不同的，他在第一研究§23 接着說：

　　　　然而，這兩種立義的現象學結構是顯著不同的。如果我們臆造一個先於所有經驗的意識，那麼從可能性上來看，這個意識的感覺與我們的感覺是相同的。但是，它沒有直觀到任何事物和事物性事件，它沒有感知到樹木和房屋，沒有感知到鳥的飛翔或狗的吠叫。人們馬上會想要如此表達這個事態，即：對於這樣一種意識來說，感覺不意指任何東西，感覺不被看作是一個對象之特性的符號，它的復合不被看作是對象本身的符號；感覺僅僅被經歷到，

---

[27] 前者胡塞爾也叫做「第二立義」（zweite Auffassung），而後者胡塞爾也叫做「第一立義」（erste Auffassung），因為胡塞爾認為前者必須以後者為基礎。胡塞爾這裏所謂「基礎」，其實無非就是指，表達現象必須有某種直觀的支點。提供這種直觀的支點的是直觀行為，而當表達是作為「物理現象」的語音時，提供這種直觀的支點的就是感知。

> 但卻缺少一種（產生於「經驗」之中的）客體化的解釋。
> 在這裏與在表達和相近的符號那裏一樣，我們都可以談論
> 含義與符號。（LU II/1: 75*）

在這段話中，最值得我們注意的是胡塞爾對「符號」的談論。如
上所言，胡塞爾在第一研究中區分了兩種符號：指示性的符號與
有含義的符號，前者他稱為「指號」，而後者他稱為「表達」，兩
者的功能是完全不同的。胡塞爾這裏所謂「符號」，究竟指的是指
號還是表達？上面引文中最尾一句中的「表達和相近的符號」一
語，更加顯出胡塞爾對他自己所要說的東西並不是很確定。甚麼
叫「相近的符號」？除了指號和表達外，胡塞爾在《邏輯研究》
中並沒有指出還有另外的一種符號。那麼，「相近的符號」是否就
是說指號？但如果「相近的符號」說的是指號，那麼上面引文中
的最後一句話就是不正確的。因為，根據胡塞爾自己的說法，對
於「指號」，我們可以談論符號，卻不可以談論意義。只有對於「表
達」這種符號，我們才可以談論意義。因此，如果對於感知行為，
我們也「可以談論含義與符號」，那麼這裏所牽涉的「符號」，就
只能是表達，而這裏所牽涉的「含義」，也無疑就是語言含義。

八

如果在感知行為中的確涉及符號，而涉及的符號又是表達，
那麼感知中的立義（即客體化的立義）與表達中的立義（即了解
的立義），兩者的現象學結構又如何是不同的？實際上，我們似乎
更有理由相信兩者的現象學結構也是「很接近的」，甚至是相同

的。進而言之，如果在感知中也牽涉表達，那麼上文所指出包含在表達之本質中的所有東西，就都應該同時出現在感知行為中，即：表達本身、含義、對象關係、提供直觀支點的直觀行為、賦予含義的行為。當然，在感知行為中我們通常都不會發出語音，例如說：「我看到我的墨水瓶。」但沒有作為「物理現象」的語音，卻不表示表達必然不在場。如上所言，想像中的語詞也可以發揮表達的功能。我認為這種無聲的語詞，就是感知行為中所涉及的符號。但如果所有這些東西都在場的話，那麼感知行為豈不變成了充實的綜合行為？我認為情況恰恰正是如此，所有感知行為都是充實的綜合行為，所有感知對象都已通過某種解釋，得到某種含義。而如果在感知行為中，的確如胡塞爾所言，總是牽涉到解釋、符號和含義，那麼它所牽涉的，就跟在表達中所牽涉的是同一種解釋、同一種符號、同一種含義。

可是，我們似乎也有說不出感知對象是甚麼的經驗，這是否就否定了我們的說法呢？但我認為在所謂「說不出感知對象是甚麼的經驗」中，也總是有某些東西是可以被說出的。例如，我看到一個彩色的東西，我不知道是甚麼；在這一經驗中，我似乎說不出感知對象是甚麼，但其實在某個意義下我已經說出了它是甚麼，即：它是一個彩色的東西。「彩色的東西」也是一個表達，而只要它是表達，它就是有意義的，就有對象關係。在其他「說不出感知對象是甚麼的經驗」中亦如是，我們總能說出某些東西，例如是對象的顏色、形狀、線條、質感，等等。如果任何這些東西出現在感知之中，它就已經是一個充實的綜合行為，它就已經建構某個意義。

上面的論證不單適用於感知，也適用於其他直觀行為。因此

我們可以籠統地說，所有的直觀行為都是充實的綜合行為，即都包括含義意向。依此，涉及語言含義的行為還可以繼續擴大。胡塞爾將「客體化的行為」（objektivierender Akt）分為符號行為和直覺行為（LU II/2: 67），也就是含義意向和直觀行為。如果所有的直觀行為都包括含義意向，那麼就表示所有客體化的行為都包括含義意向。而胡塞爾又認為「任何一個意向經歷或者是一個客體化的行為，或者以這樣一個行為為『基礎』」（LU II/1: 493）。如果所有客體化的行為都包括含義意向，那麼就表示我們所有的意向經歷，要麼包括含義意向，要麼以一個包括含義意向的行為為基礎。換句話說，我們所有的意向經歷都涉及含義意向，我們所有的意向經驗都包括有語言含義。

我無意聲稱以上的看法是基於《邏輯研究》所能產生的惟一看法。《邏輯研究》一書包括有不少相互矛盾的說法，這些說法很容易產生不同的解釋。概念論解釋至少不會比非概念論解釋引生更多的問題。而且，如果上文所採取的概念論解釋是正確的話，《邏輯研究》一書不少不夠清晰的地方，都可以得到更好的解釋。例如在感知行為中，側影（Abschattung）之共同意指（Mitmeinen）感知對象其他沒有在當下顯現的部份，就可以通過含義來解釋。側影本身是不能意指其他東西的，例如：當我看到一隻我不認識的動物的前半部份時，對於當我看到牠的後半部份時我將會看到甚麼，我就不會也不能有任何期待。但如果我將我看到的這隻動物解釋為「貓」時，我就能根據我所認識的「貓」的含義，而期待當我看到這隻動物的後半部份時，我將會看到一條尾巴。由此看來，缺乏含義這個因素，我們就不能充分解釋側影之共同意指這個現象。

歷史與現象學還原——
胡塞爾《危機》中的歷史還原道路

劉國英

香港中文大學哲學系

　　摘要：《歐洲科學的危機與超越論現象學》（以下簡稱《危機》）乃胡塞爾晚年未竟之大著。本文旨在探討《危機》提出的歷史反省與現象學還原之間的關係。胡塞爾早期的〈哲學作為嚴格的科學〉一文，批判歷史主義式的哲學走向相對主義，與現象學作為嚴格科學的哲學理念不符。為何他於晚期卻回頭肯定歷史反省的作用？歷史反省是否與現象學還原互相衝突？是否正因為我們要擺脫歷史主義的影響，故此應反過來批判地作出歷史省思，以洞悉時代的偏見如何遮蔽了事物真像的呈現？這樣一來，歷史反省不僅沒有與現象學還原衝突，我們甚至可以構想一種與這種歷史的批判性反省相應的現象學還原，也就是說，構想一種「歷史的還原」（historical reduction），儘管胡塞爾自己並沒有提出這個說法。本文回顧了《危機》之前胡塞爾對歷史的態度，並指出歷史還原的最重要功能，是為生活世界之顯題式探討開路，使生活世界從現代科學意識支配下的遮蔽狀態中被揭示，成為現象學哲學家考察目光之下的新現象——世界之現象，並給予世界一種與超越論意識相輔相成的、共同建構性本源的地位。這是胡塞爾離開傳統超越論觀念論的最後努力。

《現象學與人文科學》第 7 期（2018）：071–107

關鍵詞：胡塞爾、歷史反省、現象學還原、歷史還原、生活世界、《危機》

> Phänomenologische Auslegung ist … hinsichtlich der objektiven Welt der Realitäten … nichts anderes *als den Sinnauslegen, den diese Welt für uns alle vor jedem Philosophieren* hat und offenbar nur aus unserer Erfahrung hat, ein *Sinn, der philosophisch enthüllt, aber nie geändert werden kann.*

> 對實在事物的客觀世界之現象學説明，不外就是説明這個世界對我們所有人而言的意義，這意義先於任何哲學活動，而且顯然只來自我們的經驗，這一意義只能透過哲學揭示，卻不能被哲學改變。[1]

一、歷史反省與現象學還原：排斥抑或相容？

《歐洲科學的危機與超越論現象學》（以下簡稱《危機》）乃胡塞爾晚年未竟之大著。本文的主要目標，是探討《危機》提出

---

[1] Edmund Husserl, *Cartesianische Meditationen*, Husserliana I, ed. S. Strasser (den Haag: Martinus Nijhoff, 1950), p. 177; *Cartesian Meditations*, Eng. trans. Dorion Cairns (The Hague: M. Nijhoff, 1960), p. 151. 本文作者中譯。

的歷史反省（historische Besinnung; historical reflection）[2] 與現象學還原之間的關係，以及其中所涉及的一些相關問題。胡塞爾早在 1911 年便於哲學期刊 *Logos* 的創刊號發表〈哲學作為嚴格的科學〉一文，[3] 批判歷史主義式的哲學為走向相對主義，與現象學作為嚴格科學的哲學理念不符。為何晚期的胡塞爾卻回頭肯定歷史反省的作用？歷史反省是否與現象學還原互相衝突？因為現象學還原之目的，倘若是要排除任何偏見──包括歷史偏見──以便遵守現象學的嚴格要求，即「不接受任何前提的原則」（das Prinzip der Voraussetzunglosigkeit; the principle of freedom from presuppositions），[4] 則從事現象學還原意味着不接受歷史流傳下來的任何既成學說。換言之，現象學還原要求我們對歷史進行懸擱（epoché），以中止歷史對我們的影響。這樣理解的話，歷史反

---

[2]　Edmund Husserl, *Die Krisis der Europäischen Wissenschaften und die transzendentale Phänomenologie*, Husserliana VI, ed. Walter Biemel (The Hague: M. Nijhoff, 1954)（以下簡稱 *Krisis*），p. 16; *The Crisis of European Sciences and Transcendental Phenomenology*, Eng. trans. David Carr (Evanston: Northwestern University Press, 1970)（以下簡稱 *Crisis*），p. 17;《歐洲科學的危機與超越論的現象學》，胡塞爾著，王炳文譯（北京：商務印書館，2001）（以下簡稱《危機》），頁 29。把 Besinnung 譯作「反省」而不是「反思」，因為後者基本上是純智性的，而前者則有「吾日三省吾身」那種較普遍卻較全面，即也包含道德意涵之自身檢討的意味。

[3]　Edmund Husserl, *Philosophie als strenge Wissenschaft*, ed. W. Szilasi (Frankfurt am Main: V. Klostermann, 1965), pp. 49 sq.; "Philosophy as Rigorous Science", in *Phenomenology and the Crisis of Philosophy*, Eng. trans. Quentin Lauer (New York: Harper & Row, 1965), pp. 122 sq.;《哲學作為嚴格的科學》，胡塞爾著，倪梁康譯（北京：商務印書館，1999）。

[4]　Edmund Husserl, *Logische Untersuchungen, Zweiter Band*, I. Teil (Tübingen: Max Niemeyer Verlag, 1980), p. 19; *Logical Investigations*, vol. II, Eng. trans. J. N. Findlay (London: Routledge & Kegan Paul, 1970), p. 263;《邏輯研究》，第二卷，第一部分，胡塞爾著，倪梁康譯（上海：上海譯文出版社，1998），頁 16。

省豈非與現象學還原的宗旨背道而馳？抑或為了中止歷史對我們的影響，我們應該反過來看清楚歷史如何實質上影響着我們，特別是要看清楚我們身處的時代、我們的歷史處境本身如何限制了我們的理解？換句話說，是否正因為我們要擺脫歷史主義的影響，故此應反過來批判地作出歷史省思，從而洞悉時代的偏見如何遮蔽了事物真像的呈現？這樣一來，歷史反省不僅沒有與現象學還原衝突，我們甚至可以構想一種與這種歷史的批判性反省相應的現象學還原——「歷史的還原」（historical reduction），儘管胡塞爾自己並沒有提出這個說法。[5]

二、一種「歷史的還原」是否可能？

眾所周知，胡塞爾作為現象學運動的創始人，不單提出了現象學的格言 "Zu den Sachen selbst"（「回到事物／事情／事態本身去」），還確立了落實這格言的方法，這就是著名的「現象學還原」方法。現象學還原旨在去除各種偏見，使現象學作為哲學避免淪為諸多未經反省的俗見之一種，從而打開通往嚴格知識之門。為了讓讀者或聽講者明白現象學還原的重要性，以及曉得如何進行還原，

---

[5]　美國學者賈戴維（David Carr）在其論胡塞爾現象學中的歷史問題的經典著作 *Phenomenology and the Problem of History* (Evanston: Northwestern University Press, 1974, p. 117, n. 13) 裏指出，"historical reduction" 一詞首先見於 Gerhard Funke, *Phänomenologie—Metaphysik oder Methode?* (Bonn: Bouvier, 1966), pp. 149–150; *Phenomenology—Metaphysics or Method?*, Eng. trans. David J. Parent (Athens: Ohio University Press, 1987), p. 111。不過 Funke 並無就該詞作出詳細說明。本文多處受賈戴維上述研究的啟發。

胡塞爾自 1907 年的《現象學觀念》五講 [6] 至 1937 年的《危機》的三十年間，反覆解說及展示如何走上超越論現象學還原之路。瑞士籍現象學學者耿寧（Iso Kern）早於 1962 年發表了其經典論文〈胡塞爾哲學中通往超越論現象學還原的三條道路〉，[7] 指出胡塞爾走上超越論現象學還原的道路可歸類為三條，即笛卡兒式道路（der Cartesianische Weg; the Cartesian way）、透過意向性心理學的道路（der Weg über die intentionale Psychologie; the way through intentional psychology），以及透過存在論的道路（der Weg über die Ontologie; the way through ontology）。耿寧把胡塞爾在《危機》中首次引入的、透過生活世界從事超越論現象學還原的道路，歸入存在論的道路。雖然耿寧指出了「透過生活世界」這一道路的重要性，並認為它是諸種形式的存在論道路中最基本的一種，[8] 但他在解說生活世界這道路的特性之際，並無就胡塞爾在《危機》3A 部份標

---

[6] Edmund Husserl, *Die Idee der Phänomenologie*, Husserliana II, ed. Walter Biemel (The Hague: Martinus Nijhoff, 1950); *The Idea of Phenomenology*, Eng. trans. Lee Hardy (Dordrecht / Boston / London: Kluwer Academic Publishers, 1999;《現象學的觀念》，胡塞爾著，倪梁康譯（上海：上海譯文出版社，1986）。

[7] Iso Kern, "Die drei Wege zur transzendentalphänomenologischen Reduktion in der Philosophie Edmund Husserls", *Tijdschrift voor Filosofie*, XXV (1962), pp. 303–349; 再刊於 Iso Kern, *Husserl und Kant: eine Untersuchung über Husserls Verhältnis zu Kant und zum Neukantianismus* (The Hague: Martinus Nijhoff, 1964), pp. 195–238; "The Three Ways to the Transcendental Phenomenological Reduction in the Philosophy of Edmund Husserl", in *Husserl: Expositions and Appraisals*, ed. F. Elliston and P. McCormick (Notre Dame: University of Notre Dame Press, 1977), pp. 126–149.

[8] Kern, "Die drei Wege zur transzendentalphänomenologischen Reduktion in der Philosophie Edmund Husserls", p. 338; "The Three Ways to the Transcendental Phenomenological Reduction in the Philosophy of Edmund Husserl", p. 142, left column.

題上刻意突出這一條道路需要透過「回頭發問」（Rückfrage;
backward questioning），[9] 因而需要由一種歷史考察引入這一特色着
墨。換句話説，耿寧似乎沒有意識到，透過生活世界從事超越論現
象學還原的道路，需要由一種歷史的還原來開路。[10] 這可見諸耿
寧在説明存在論道路的處理方式。耿寧認為存在論道路可再細分為
三條：（一）形式邏輯和形式存在論（formal ontology）的道路，即
指出形式邏輯命題的真理及對象性存在一般的存在意義，其終極有
效性源頭，即在於超越論主體性；（二）質料或區域存在論（material
or regional ontologies）的道路，即從物理科學、生命科學及人文科
學這三大類既成科學門類出發，指出三者所分別探討的存在之存在
意義及終極有效性，都源自超越論主體性；（三）生活世界的存在
論（ontology of the life-world）道路，即指出生活世界是所有科學
理論和邏輯的前科學土壤，因而是自然科學和邏輯的理念性對象與
其知識的有效性的基礎。但耿寧在提出這一存在論道路的三分説之
際，並沒有指出生活世界的存在論與前兩種存在論的本質差異：形
式邏輯、形式存在論和區域存在論的對象都是沒有歷史性的，而生

---

[9] *Krisis*, p. 105; *Crisis*, p. 103;《危機》，頁 125。
[10] 耿寧對胡氏超越論現象學還原分三條道路進行這一理解一度廣被接納，但後起的研
究指出，「意向性心理學」的道路不算一條獨立的現象學還原道路，因為單是現象學心理學
的還原，未能回到超越論主體性，因而未能達到超越論現象學哲學的高度，故終究來説，胡
氏超越論現象學還原的道路只有兩種主要模式。參 John J. Drummond, "Husserl on the
Ways to the Performance of the Reduction", *Man and World*, vol. 8, no. 1 (1975), pp. 47–
69 及 Sebastian Luft, "Husserl's Theory of the Phenomenological Reduction: Between
Life-world and Cartesianism", *Research in Phenomenology*, vol. 34 (2004), pp. 198–234。
然而，這兩篇文章都沒有討論史還原的作用。

活世界卻有歷史性，因此回到生活世界的存在論道路需要運用歷史考察的方法。

　　事實上，胡塞爾在 1937 年最晚期的一份手稿裏已清楚指出，由於生活世界就是歷史世界，因此回到生活世界的現象學懸擱必須從歷史的視野來展開。在一則帶有對前期著作自我批評味道的筆記中，胡塞爾甚至用上了「歷史道路」（der geschichtliche Weg）一詞來指稱回到生活世界的現象學還原道路：

> 我曾經草擬引入超越論現象學哲學的不同方式……我們將會看到，生活世界不外就是歷史世界。由此可察覺到，一個整全的引入現象學的系統性導論，是以一個普遍的歷史問題作為開端和進行的。倘若我們不是環繞歷史課題來從事懸擱，生活世界的問題，也就是說，普遍歷史的問題將被拋諸腦後。《觀念》中的引入方式〔按：即笛卡兒式道路〕有它的正當性，但我現在認為歷史道路更具原則性和系統性。[11]

在《危機》的附錄 XIII 中，當胡塞爾重新檢討該書首兩部份的工作時，就清楚表明這是一條「走上構想超越論現象學的理念與方法之目的論的－歷史的道路（teleologisch-historische Weg）」。[12] 這一

---

[11] Edmund Husserl, *Die Krisis der Europäischen Wissenschaften und die transzendentale Phänomenologie, Ergänzungsband. Texte aus dem Nachlass 1934–37*, Husserliana XXIX, ed. Reinhold N. Smid (Dordrecht / Boston / London: Kluwer Academic Publishers, 1993), pp. 425–426.

[12] Husserl, *Krisis*, p. 436;《危機》，頁 522。英譯本並無譯出此附錄。

條目的論的－歷史的道路顯現成種種「歷史的－批判的反省
（historisch-kritische Besinnungen）」，它「追溯到笛卡兒對整個現代
哲學的本源創制（Urstiftung）……而在這種系統的研究中，其本質
目標就是上升到超越論現象學，並且表明，這種現象學是唯一能從
知識的終極源頭上奠基的超越論哲學，因而是唯一可能的超越論哲
學」。[13]

　　既然晚年的胡塞爾認為，透過歷史道路引入超越論現象學較笛卡
兒式道路更具原則性和系統性，我們有需要進一步理解，在甚麼意義
下，歷史的還原為回到生活世界的還原道路擔當了開路先鋒的角色。

三、《危機》之前胡塞爾對歷史的態度

　　上文提到一個事實，就是胡塞爾在〈哲學作為嚴格的科學〉一
文中反對歷史主義及其引伸的相對主義立場。他的理由是：所謂嚴
格的科學，就是要符合「成為純粹與絕對的知識之要求」，[14] 因此
不能接受歷史主義的相對主義態度。[15] 然而，他在文中也坦然承

---

[13] Husserl, *Krisis*, p. 438;《危機》，頁 526，譯文有改動。

[14] Husserl, *Philosophie als strenge Wissenschaft*, p. 8; "Philosophy as Rigorous Science", p. 72;《哲學作為嚴格的科學》，頁 2。

[15] 在刊於 *Logos* 的論文中，胡塞爾批判歷史主義之際，乃針對狄爾泰早年提出的世界觀哲學。但其後胡塞爾與狄爾泰通信，胡塞爾發現二人當時的具體工作方向並不相同，胡塞爾自己的《邏輯研究》是對邏輯及語言意義作為理念性對象的本質規律的研究，當然是非歷史性的（a-historical），而狄爾泰所關心的藝術及人的精神世界（如宗教），則因其必然是特定歷史下的產物，故必然具有歷史面向。然而，二人通信後發現他們在哲學理念上要擺脫自然科學的支配、以及要自身奠基這一自主性要求方面是一致的。這一通信的文本現見於 "Der Briefwechsel Dilthey-Husserl", ed. Walter Biemel, *Man and World*, 1 (1968), pp. 428–446; "The Dilthey-Husserl Correspondence", Eng. trans. Jeffner Allen, in *Husserl, Shorter*

認,他揭櫫哲學作為嚴格科學這一理念,既不是出自個人的想像性創造,也不是來自他從事概念分析的結果,而是取自西方哲學的歷史源頭。胡塞爾特別重視西方哲學史中劃時代人物的典範作用,認為希臘的蘇格拉底－柏拉圖是哲學作為嚴格科學這一理念的奠基者,而笛卡兒和康德就是現代世界以降把科學般嚴格的精神最徹底地付諸實踐的兩位西方哲學家。[16] 換句話說,胡塞爾並沒有完全否定歷史的參考作用,只是他並不是毫無原則地把任何歷史人物等量齊觀,而是以一前瞻性(prospective)視角從事他的歷史選擇,確認西方哲學史中哪一些哲學家的工作及觀念具有最高度的普遍性意義,足以成為指引往後歷史發展的理念(大寫的、單數的 Idea,而不是小寫的、眾數的 ideas),這就與他後來在《危機》所說的「目的論的－歷史的反省」(teleologisch-historische Besinnung; teleological-historical reflection)[17] 有着遙遙相承的關係。

這一帶着前瞻性目光來從事的歷史考察工作,胡塞爾在 1923–1924 年的《第一哲學》講演錄上卷的〈批判的理念史〉部份有進一步的開展。《第一哲學》本來是要處理現象學還原的理論問題,但胡塞爾在有系統地探討還原理論之前,先就「第一哲學」(*Prima Philosophia*)作為哲學理念做了一番歷史回溯的工作。雖然「第一哲學」一語先由亞里士多德採用,不過被亞里士多德後學以「形上學」

Works, ed. Peter McCormick and Frederick A. Elliston (Notre Dame: University of Notre Dame Press; Brighton, Sussex : Harvester Press, 1981), pp. 203–209。

[16] Husserl, *Philosophie als strenge Wissenschaft*, p. 11; "Philosophy as Rigorous Science", p. 76;《哲學作為嚴格的科學》,頁 5。

[17] Husserl, *Krisis*, p. XIV, n. 3; *Crisis*, p. 3, n. 1;《危機》,頁 2,註 3。

（*Metaphysica*）一詞所取代，因而在往後的歷史中，這兩個詞語被視為等同。但胡塞爾卻從哲學理念的高度，為「第一哲學」提出新解：

> 「第一哲學」這個名字就指一種關於開端的科學學門；
> 它會使人們期待，哲學的最高目的性理念為這種開端或者諸
> 開端的完整領域要求一種獨特的、自身完整的學門，這一學
> 門具有在心靈準備方面、問題的精確陳構方面、然後是它們
> 的科學解答方面屬於諸開端的獨特課題。由於內在的不可取
> 代的必然性，這一學門應該先行於其他一切哲學學門，並從
> 方法上和理論上為其他一切哲學學門奠定基礎……從真正
> 的意義上說，哲學的開端者是那樣一種人，他從哲學的開端
> 起，真正地、因此是以絕對經受得起檢驗的真理，或者說以
> 最完美的明察，形構出第一哲學。[18]

換言之，胡塞爾心目中的第一哲學，不是關於第一存在或最高存在的形上學學說，而是在明見指引之下，從方法和理論層面為哲學找尋絕對可靠的開端的學問；這一門學問之為第一，在於它能為所有其他哲學學門奠定基礎；換句話說，第一哲學是一門奠基性科學。這一理解，與胡塞爾在〈哲學作為嚴格的科學〉一文中對嚴格科學的性質的描述，並無本質上的分別，因為他認為符合嚴格科學性的哲學，不是在一種至為奧妙的情況下從一個創造性天才的頭腦中飛

---

[18] Husserl, *Erste Philosophie (1923–1924), Erster Teil: Kritische Ideengeschichte*, Husserliana VII, ed. R. Boehm (The Hague: M. Nijhoff, 1956), p. 5;《第一哲學》，上卷，胡塞爾著，王炳文譯（北京：商務印書館，2006），頁 33–34，譯文有改動。

躍而出的東西，而是一門為自身奠基的學問。胡塞爾對作為嚴格科學的哲學，作出如下說明：

〔它是〕一種哲學系統的學說，它在經過多代的艱巨的預備性工作之後，真正地由一個去除了疑惑的基礎做起，向上伸展，好像任何熟練的建築工作那樣，在明察的指引下，磚石一塊一塊地鋪上，使建築物成形之際堅固得像堡壘。[19]

也就是說，作為嚴格科學的哲學，首先體現於它自覺到要從方法上自身確立為一門奠基性學問，意思是：方法上的自主性是這一哲學理念的首要特徵。在《第一哲學》講演錄中，胡塞爾就認為，蘇格拉底是西方歷史上第一人意識到需要一種有普遍性意義的方法來指引我們的行為和思考，使我們可以過一種理性的生活。他更以充滿其個人現象學色彩的語言來說明蘇格拉底的突破性貢獻：

他將這種方法的根本意義認作是透過自身反省進行澄清的方法，這種自身反省是以絕然明見（apodiktischen Evidenz）作為一切終極有效性的本源性泉源來完成的。他第一個看到純粹本質直觀的絕對自身給予性就是純粹和普遍的本質性東西的自在存在。與這一發現相關的，是蘇格拉底為倫理生活一般提出徹底地符合正當性這要求，這要求本

---

[19] Husserl, *Philosophie als strenge Wissenschaft*, p. 10; "Philosophy as Rigorous Science", pp. 75–76;《哲學作為嚴格的科學》，頁 4，本文作者中譯，頁碼僅供參考。

> 身就顯現成一種充滿意義的方式，按照透過純粹本質直觀呈
> 現的理性的一般觀念，去為積極生活在原則層面進行規範或
> 證明其為正當。[20]

要言之，胡塞爾認為蘇格拉底在實踐生活層面，把以理性指導的自身反省原則提升到普遍規範的高度，這就為往後在西方哲學及文化中出現的理性批判精神確立了楷模。而柏拉圖就是在蘇格拉底的基礎上，把這一理性批判精神在理論建構和思想技巧層面上大力發展，使哲學成為一門具普遍性意義以及能夠絕對地自身說明、自身證立的科學（une absolut gerechtfertigte Wissenschaft）。[21] 尤有進者，這一哲學理念「預先勾畫出（vorzeichnen）一種新型文化理念的輪廓」，[22] 這就是一種以真正科學為目標（Telos）的科學文化。胡塞爾認為柏拉圖哲學揭櫫的科學理念，為歐洲文化的往後發展預先形構（vorbilden）了一種「別具特色的普遍的理性化傾向」（charakteristische Tendenz auf universale Rationalisierung）。[23] 這一理性化要求不單對從事哲學活動的個體而言有規範性作用，它的普遍性性格還對整個哲學共同體產生規範性作用，以致這種哲學理性精神注入了整個西方文化，成為它往後發展方向性的特徵：「柏拉圖關於一門嚴格哲學的基本想法，作為包括能夠對共同體生活要求

---

[20] Husserl, *Erste Philosophie I*, Husserliana VII, p.11;《第一哲學》，上卷，頁 40，譯文有改動。

[21] Husserl, *Erste Philosophie I*, Husserliana VII, p.13;《第一哲學》，上卷，頁 43。

[22] Husserl, *Erste Philosophie I*, Husserliana VII, p. 15;《第一哲學》，上卷，頁 44。

[23] Husserl, *Erste Philosophie I*, Husserliana VII, p. 15;《第一哲學》，上卷，頁 45。

改革的功能，事實上產生了一種持續不斷和日益增強的影響。它們有意識地或無意識地決定着歐洲文化發展的本質特徵和命運。」[24] 換句話說，胡塞爾把蘇格拉底－柏拉圖勾畫出的哲學的科學理念，以一種目的論的閱讀方式，注入到歐洲文化發展史的理解上去。

胡塞爾後來在與《危機》同期的 1935 年維也納演講〈歐洲人的危機與哲學〉("Die Krisis des europäischen Menschentums und die Philosophie") 中，就歐洲人之歷史哲學的理念（die geschichtsphilosophische Idee; the Idea from the viewpoint of philosophy of history）之目的論，作出說明；[25] 這與他對第一哲學理念從事的歷史溯源的工作，極為相似。在維也納演講中，胡塞爾同樣認為，歐洲文化的精神本質乃科學文化，是受着發端自古希臘的嚴格哲學理念所指引的科學文化：

> 精神的歐洲有其誕生地……這就是公元前 7 世紀和 6 世紀的古希臘民族。在古希臘民族中產生了一種個人對周圍世界的新的態度。其結果就是出現了一種完全新的精神形態，這種精神形態很快就成長為一種系統而完整的文化形式，希臘人稱它為<u>哲學</u>。按照本源意義的正確翻譯，它所指的不是別的，就是普遍的科學，關於宇宙的科學，關於由一切存在着的東西構成的無所不包的統一體的科學。這種對大

---

[24] Husserl, *Erste Philosophie I*, Husserliana VII, pp. 16–17;《第一哲學》，上卷，頁 47，譯文有改動。

[25] Husserl, *Krisis*, p. 314; *Crisis*, p. 269;《危機》，頁 367。

全的興趣，因此對於這個無所不包的變化，以及變化中的存
在的發問，很快就按照存在的一般形式和領域特殊化起來，
因此哲學這唯一的科學，就分支成眾多殊別的科學了。[26]

與《第一哲學》相比較，胡塞爾在維也納演講中對希臘哲學作為嚴
格科學的說明跨進了一步：他認為希臘哲學的科學理念催生了一種
新的人類（ein neues Menschentum; a new humanity）、一種新的共同
體──哲學的共同體。[27] 而這種理性化和科學化的哲學精神，基於
它的普遍性性格，不單造就了歐洲的文化精神，而且還朝着一種普
世的文化精神的方向發展：「這最初是在一個獨特的民族、即希臘民
族的精神領域中，作為哲學和哲學共同體的發展而完成的。與此同
時，首先在這個民族中產生一種普遍的文化精神，它吸引了整個人
類，因此它是不斷地向新的歷史發展的形式轉變。」[28] 胡塞爾對希
臘哲學理念作為歐洲文化精神的目的性理解推到一個極端，以致他
在《危機》的正文中表示，人類文明發展只有兩種可能性，或則出
現「所有其他人類之歐洲化（die Europäisierung aller fremden
Menschheiten; the Europeanization of all other civilizations）的奇景，
這就宣告了有一種絕對意義的管治，這絕對意義屬於世界的意義本
身」；或則「這世界就是一歷史性的無意義」。[29] 換句話說，在胡塞

---

[26] Husserl, *Krisis*, p. 321; *Crisis*, p. 276;《危機》，頁 375。
[27] Husserl, *Krisis*, pp. 322, 332; *Crisis*, pp. 277, 286;《危機》，頁 376, 387。
[28] Husserl, *Krisis*, pp. 322–323; *Crisis*, p. 286;《危機》，頁 387。
[29] Husserl, *Krisis*, p. 14; *Crisis*, p. 16;《危機》，頁 27。賈戴維之英譯 "the Europeanization of all other civilizations" 是意譯，稍稍離開了原文的本義。

爾心目中，倘若世界文化離開了歐洲化道路——即希臘哲學式的科學化道路，人類歷史就會陷於了無意義的深淵。這當然是一種非常歐洲中心論的目的論歷史觀。我們自然要問：胡塞爾的論斷來自哪一種現象學明見（phenomenological evidence）？抑或是某種黑格爾式思辯的產物？

　　《第一哲學》中的目的論歷史觀還未走到這一極端。在這時期，胡塞爾只說第一哲學作為嚴格哲學的理念是以「沉積物」（Sedimente）的方式存藏在歷史傳統中，它會被遺忘。[30] 正因如此，這一哲學理念沒有沿着直線的方式發展，並非好像在康莊大道上一逕往前奔馳；它的發展方式是迂迴曲折、時顯時隱的。也就是說，這一嚴格的哲學理念在西方哲學史上時而突出，時而隱蔽。胡塞爾舉了一個具體歷史例子：在歐洲科學史上首位嚴格科學的典範者，要推歐幾里得這位柏拉圖主義數學家，他以幾何學為本質科學，並為此做了奠基的工作，故幾何學成為了「第一科學」（die erste Wissenschaft; the First Science）。[31]

　　幾何學雖然是第一科學，但仍不足以成為第一哲學，因為這一純粹理性的數學科學只是一門客觀科學，仍不能滿足胡塞爾理解中柏拉圖意義下哲學的科學要求，因為它不能回答終極問題，即不能自身證立和自身說明，也不理解自身的方法以及自身的成果；換言之，就是它不能自身奠基。自身奠基的工作，只有以超越論觀點研究主體、特別是研究意識的科學，即一門回歸主體的超越論科學

---

[30] Husserl, *Erste Philosophie I*, Husserliana VII, p. 3;《第一哲學》，上卷，頁 32。

[31] Husserl, *Erste Philosophie I*, Husserliana VII, p. 34;《第一哲學》，上卷，頁 69。

（Transzendentalwissenschaft; transcendental science），[32] 才能完成；
即是説，只有超越論科學才能符合柏拉圖意義下哲學的科學理念的
要求。

胡塞爾指出，在找尋回歸主體哲學的道路上，希羅的懷疑論者
曾作出了貢獻，因為他們挑戰客觀知識和客觀科學的可能性，於是
走向一種徹底的主體主義（radikale Subjektivismus）。[33] 胡塞爾甚至
認為，古代西方的辯士們及懷疑論者只肯定思維和表象所能觸及的
事物，否定「自在」的客觀世界，表達了一種「超越論」的觀點。[34]

胡塞爾給予懷疑論者這樣高的評價，當然令人驚訝。但他在
"transzendental" 一詞上加了引號，表示他不認為這是真正的超越論觀
點。真正的超越論觀點要在一套超越論的主體性哲學中才出現。這要
等到一千多年後的笛卡兒才露端倪。面對古代懷疑論者就着柏拉圖要
求認識客觀真理而採取的徹底主體主義立場，即否定客觀真理的可能
性，笛卡兒的貢獻就在於確立一套能説明客觀真理及客觀科學的理論
來回應懷疑論者的挑戰。換言之，胡塞爾認為，是古代懷疑論者的挑
戰迫使笛卡兒走上超越論的主體性哲學之路——至少是超越論的主
體主義的雛型。[35] 這一看法有點黑格爾辯證思維的味道。

然而，胡塞爾認為，由於笛卡兒並沒有意識到他是處於發現超
越論主體的起點，反而受困於自己的客觀主義偏見，因此阻礙了他

---

[32] Husserl, *Erste Philosophie I*, Husserliana VII, p. 71;《第一哲學》，上卷，頁 110。

[33] Husserl, *Erste Philosophie I*, Husserliana VII, p. 61;《第一哲學》，上卷，頁 99。

[34] Husserl, *Erste Philosophie I*, Husserliana VII, p. 60;《第一哲學》，上卷，頁 97。

[35] Husserl, *Erste Philosophie I*, Husserliana VII, pp. 61–62;《第一哲學》，上卷，頁 99–100。

透過純粹自我（reine *ego*）來為客觀知識從事絕對奠基的工作。笛卡兒這一奠基工作沒有完成，反而以客觀主義態度及自然主義和心理學主義態度來理解純粹自我，於是把純粹自我誤解成客觀心理學意義下的純粹心靈（reine Seele; pure soul），即把心靈看成實在世界中的一小塊，主體變成實在的物之一種。笛卡兒這一出於為客觀知識奠基之要求而抱持的基本的客觀主義態度（die objektivistische Grundhaltung），使其後一切精確科學和實證科學過度自信，自以為自身有足夠基礎去說明客觀知識，因此紛紛反對哲學活動本身，使笛卡兒哲學起初顯露的徹底精神和嚴格態度一度成為絕響。[36]

胡塞爾在《第一哲學》的上述分析，認為笛卡兒是現代超越論主體性哲學的開端，卻又被其基本的客觀主義態度所遮蔽，遂讓客觀主義橫行於現代世界的往後發展中，令真正的超越論主體性哲學蒙塵，可說在一定程度上已預演了《危機》中第二部份的歷史考察。這一歷史考察以「澄清現代物理學主義的客觀主義和超越論主體主義之間對立的起源」為題，[37] 展示了笛卡兒哲學既是現代歐洲超越論主體主義的開端，也是現代西方物理學客觀主義的源頭。但前後兩著作的差異在於，《第一哲學》中的歷史考察僅僅被胡塞爾視為一種「教學用的展示」（lehrhafte Darstellung），[38] 甚至只是在探討現象學還原理論之前的一種「心理準備」（seelische

---

[36] Husserl, *Erste Philosophie I*, Husserliana VII, pp. 73–74;《第一哲學》，上卷，頁 112–114。

[37] Husserl, *Krisis*, pp. 18 sq.; *Crisis*, pp. 21 sq.;《危機》，頁 31 及其後。

[38] Husserl, *Erste Philosophie I*, Husserliana VII, p. 5;《第一哲學》，上卷，頁 34。

Vorbereitung）。[39] 胡塞爾以這些理論地位不高的語詞來形容這一番
歷史考察，予人的印象是：第一哲學作為哲學的科學理念誕生於希
臘的蘇格拉底－柏拉圖，但未能走上可真正實現這理念的超越論主
體性哲學之路。至於為何這樣，胡塞爾點出了是笛卡兒客觀主義態
度之過。但為甚麼笛卡兒既發現了「我思」（cogito）這一回歸超越
論哲學的絕對起點，卻還同時抱持這一客觀主義偏見？原因在於科
學發展本身仍未成熟？抑或是科學在方法上不夠嚴格？或者是它
的理論成果仍太初步？還是歷史時代因素使然，以致超越論主體的
真正意義被遮蔽？胡塞爾在《第一哲學》中並無進一步說明。無論
如何，從方法論的角度上看，《第一哲學》中的歷史考察部份似乎
沒有被胡塞爾賦予任何理論意義。

在《危機》則不同，胡塞爾一開始就指出，說歐洲科學陷於危機，
並不是質疑它們不夠成熟、它們的方法有欠嚴格、它們的理論成果說
服力不足。「對於數學和精密自然科學，我們一直稱讚它們是嚴格的
最富有成果的科學學科的典範。」[40] 反之，他認為現代科學之陷於危
機，正是由於它們一個世紀以來的蓬勃發展，把科學家以至世人的眼
睛都蒙蔽了；當實證科學登上了典範性科學的地位之後，以下惡果就
出現：「單單着眼事實的科學，造就單單着眼事實的人（Bloβe
Tatsachenwissenschaften machen bloβe Tatsachenmenschen; Merely
fact-minded sciences make merely fact-minded people）。」[41] 在現代科

---

[39] Husserl, *Erste Philosophie I*, Husserliana VII, p. 7;《第一哲學》，上卷，頁 36。

[40] Husserl, *Krisis*, p. 1; *Crisis*, p. 3;《危機》，頁 13。

[41] Husserl, *Krisis*, p. 4; *Crisis*, p. 6;《危機》，頁 16。

學支配之下，現代人完全失去了對事實以外、關於人的生命問題和存在意義之問題的意識，這才是歐洲文明以至現代文明危機的核心所在。這種針對現代歐洲文化在當前歷史處境中顯現的危機之斷症，《第一哲學》固然付諸闕如；對危機之成因——即現代科學的輝煌成就，遮蔽了生活世界作為科學理論活動之意義基礎——的深層反省，也是《第一哲學》所缺乏的。扼要地說，《第一哲學》令人覺得，客觀主義態度的成因可能在於科學發展本身仍未成熟；而《危機》則指出，現代世界在科學成熟發展之後仍受客觀主義和實證主義支配，就是我們這個歷史時代的偏見造成。一如前文已提到，這一深層反省要由《危機》中的歷史還原來牽引。

四、《危機》中歷史的還原與生活世界的再發現

前文指出，《危機》與《第一哲學》中的歷史考察的分別之一，在於《第一哲學》純然是方法上哲學起點的理論探討之心理準備，而《危機》則是由對當前歷史處境中的文化危機的斷症來推動。令到這一歷史斷症成為可能的因素，包括我們——起碼是胡塞爾本人——有一些確定的歷史記憶，使我們意識到，現代人失去了追問人的生命問題和存在意義問題的旨趣。但我們的歷史記憶何來？為甚麼我們還會追問現代人不再感興趣的、關於人的生命問題和存在意義問題？胡塞爾的回答是：我們是歷史性存在。這一關於意識作為人的主體存在之歷史性性格的肯認和強調，是《第一哲學》所闕如的：

> 以正在談論的方式所進行的回溯歷史的反省，實質上是
> 對於作為人、作為歷史性存在而存在着的我們所真正追求

的，它是為了達到自身理解的最深層的自身反省。[42]

倘若作為歷史性存在是我們得以進行歷史反省的存在論條件，歷史的還原就是我們進行歷史反省的方法。就歷史反省的方法，胡塞爾在《危機》§15 有如下說明：

> 這是一種透過回溯這些目標的原初創制來澄清歷史的方式……我們說這不是別的，正是哲學家對於他真正要爭取達到的東西之真正自身反省，也是對於他自身的意圖──它來自他精神上前輩的意圖、並且作為他精神上前輩的意圖──的真正自身反省。這意味着這種沉積的概念系統──它作為理所當然的東西是他個人的和非歷史的工作的基礎──應該按照其被遮蔽的歷史意義再一次成為有生命的。這意味着，在他的自身反省中，同時應該繼續進行前人的自身反省，這樣一來，不僅應該再一次喚醒將世世代代的思想家連接起來的鏈條、他們的思想的社會聯繫、他們的思想的共同性，將它們生動地展現在我們面前，並且根據這種被回憶起來的整個統一體實行一種負責的批評……如果一個想擺脫偏見的自主哲學家想成為一個為自身思考的思想家（Selbstdenker），他就必須達到以下明察：所有他認為理所當然的東西都是偏見，所有偏見都是由傳統的沉積物中產生的曖昧不明的東

---

[42] Husserl, *Krisis*, p. 73; *Crisis*, p. 72;《危機》，頁 90，譯文有改動。

西，而決不是在其真理方面尚待決定的判斷。[43]

這一段話表明了歷史反省需要從正反兩方面進行。從正面的部份看，它要認清歷史在其原初創發之際所訂下的任務與目標。胡塞爾這裏指的，當然是西方哲學史在源頭上為自身所訂下的任務，這任務應是世代相傳給後世的哲學家們，是所有哲學家都應承擔的歷史任務。[44]歷史反省的反面部份，是針對歷史沉積過程中，上述哲學的本源任務被遮蔽之後，各種表現成理所當然的東西，亦即那些不再經我們的反省便被接受的判斷，它們顯現成歷史偏見（Vorurteil）。歷史反省也針對出於個人喜好而作出的隨意的選擇而忘卻了原初的歷史任務。故這意義下的歷史反省，是一種歷史的還原工作，即認清和去除由歷史沉積帶來的歷史偏見和任意的選擇，以重新發現本源的歷史任務。在上面引述過的《危機》的附錄 XIII 中，胡塞爾指出，正是當前時代具支配性的哲學以至現代思想運動本身的偏見，阻礙了人們走上超越論現象學的道路：

> 在這裏必須多説一句話，以論證在提升往超越論現象學哲學的道路這一純粹課題上，存在着某種干擾。這一干擾在於，我必須考慮到某些作為支配我們哲學的當前時代的偏見，或者作為強有力地推動現代運動的偏見，因為它們使本書的讀者們從一開始就不能跟隨我真正地從事那些步驟、方法和先於一切

---

[43] Husserl, *Krisis*, pp. 72–73; *Crisis*, pp. 71–72;《危機》，頁 89–90，譯文有改動。

[44] 胡塞爾在《危機》的附錄 XIII 中就用上「歷史任務」（historische Aufgabe）一詞來指稱哲學這一原初任務。參 *Krisis*, p. 437, note 1;《危機》，頁 525，註 1。

> 理論的舉證工作，以及蘊含其中那些本源地操作的思考歷程，
> 這些工作能夠賦予一切理論合法的論證，因而能夠真正地通往
> 那種在明見之下實現其任務的意義之哲學。[45]

　　若果歷史還原的道路，是要去除當前時代的歷史偏見以重新確
認哲學原初的歷史任務，這一道路與胡塞爾過去談現象學還原的道
路不同。在《觀念 I》或《第一哲學》第二卷中的笛卡兒式還原道
路，是要克復自然態度下的素樸性，從而尋找一個絕然確定的起
點，這一起點是每一個當下中從事現象學反思的超越論自我，它並
無任何歷史的規定性。歷史的還原則是要克復當前時代精神的素樸
性，後者由於受困於當前時代的偏見而忘卻哲學的本源任務；還原
的工作就是要回到西方哲學本源任務原初確立的時代，即希臘作為
西方哲學奠基的時代，重新了解哲學本源任務的意義，並要了解這
意義何時開始失落，以及在怎樣的情況下失落。

　　在《危機》德文本的附錄 XXVIII 有一則關於歷史反省的必要
性的札記，[46] 當中胡塞爾就哲學作為嚴格科學的理念——這也是

---

[45] Husserl, *Krisis*, p. 438；《危機》，頁 526–527，譯文有改動。

[46] Husserl, "Bestreitung der wissenschaftlichen Philosophie—Notwendigkeit der Besinnung—die Besinnung historisch—*wie* bedarf es der Geschichte?", *Krisis*, pp. 508–513; "Denial of Scientific Philosophy. Necessity of Reflection. The Reflection [Must Be] Historical. How Is History Required?", *Crisis*, pp. 389–395；〈對科學的哲學的否定——反省的必要性——反省必須是歷史的——歷史是怎樣被需要的？〉，《危機》，頁 620–628。在這附錄中，胡塞爾一開始寫道：「作為科學的哲學、作為真正的、嚴格的，甚至是無可置疑地嚴格的科學的哲學，這個夢想告終。」這一感嘆曾被一些讀者（包括梅洛龐蒂）理解成胡塞爾晚年放棄「嚴格的科學的哲學」此一理想的佐證。但這種理解其實是一種誤讀，因從下文可看出，胡塞爾的感嘆所針對的是他的對手——當時流行的世界觀哲學，他自己卻恰恰要試

他 1911 年發表於 *Logos* 的論文的主題——重新思考。他要思考的就是：這個嚴格哲學的理念如何在世界觀哲學的洪流之下失落了？怎樣可以逆流而上，在受到歷史主義衝擊之下，重新找回並持守對西方哲學理念的原初信念——哲學作為嚴格科學？胡塞爾的答案是：必須從事歷史的和批判性的反省。這可說是我們稱為歷史還原的工作的進一步展示。

　　上文已說過，歷史還原的首要作用是去除歷史的偏見，以便回到歷史中本源地重新確立哲學原初的莊嚴任務。去除歷史偏見，首先就是去除當前時代的偏見。例如當前時代流行世界觀哲學，胡塞爾認為這種哲學缺乏普遍性意義，因此只像「一種個人的宗教信仰」。[47] 由於它缺乏普遍性意義，這種哲學理念不足以為所有哲學家提供共同任務；它沒有足夠的明見，使我們必然要採納它，說服我們自己，把它確立為我們的終身使命。[48] 這裏可見到胡塞爾與黑格爾的一個不同之處。黑格爾在《法哲學原理》的序言中說哲學乃其時代的產物，[49] 而胡塞爾則呼籲我們對抗「時代精神」，[50] 越過歷史主義的相對主義標準，回溯西方哲學在其歷史源頭中訂立了

圖透過歷史的還原來重新高舉嚴格哲學的旗幟。

[47] Husserl, *Krisis*, p. 509; *Crisis*, p. 390;《危機》，頁 622。

[48] Husserl, *Krisis*, p. 509; *Crisis*, p. 391;《危機》，頁 623。

[49] G. W. F. Hegel, *Grundlinien der Philosophie des Rechts*, Hegel Werke in zwanzig Bänden, Band 7, (Frankfurt am Main: Suhrkamp Verlag Taschenbuch Wissenschaft, No. 607, 1986), p. 26; *Elements of the Philosophy of Right*, ed. Allen W. Wood, Eng. tran. H. B. Nisbet (Cambridge: Cambridge University Press, 1991), p. 21;《法哲學原理》，黑格爾著，范揚、張企泰譯（北京：商務印書館，1979），頁 12。

[50] Husserl, *Krisis*, p. 510; *Crisis*, p. 392;《危機》，頁 624。

的本源任務：成為嚴格的科學，目標是達成人類徹底的自身理解。

但如何方可克服現代人的偏見，促成回溯哲學在其歷史源頭之初的目標和任務？由於在當前時代，有關哲學的本源目標和任務的明見變得微弱，以致失去了原初的活力，胡塞爾認為我們必須重新活化傳統哲學系統的內容，以復現其明見。[51] 因為〔西方〕哲學自希臘發端，它成為了一個傳統，而哲學家就是在這一傳統下工作。不同的哲學家可以在各自不同的具體哲學問題上努力，但這些問題都是在同一個有生命的傳統中流傳下來的。所謂在不同的哲學領域或不同的哲學問題上用功，就是「每一個哲學家從過去的哲學家和過去的哲學著作中把某些東西取了過來」。[52] 我們從哲學史中汲取某些東西之際，總會以各自的方式，着力於某些領域或問題上，成為某種一己的哲學工作方式。例如每個人都會在他自己已經發展出的概念、方法和信念之基礎上去閱讀柏拉圖，也就是說，以一己的方式去挪用柏拉圖。[53] 胡塞爾認為，在這各自殊別的、自主的哲學家的工作中，我們仍可問：哲學工作的終極目標為何？甚麼是哲學的任務，使它足以推動各個哲學家以之為其終身使命？也就是說，我們要一再地問：「哲學對為自身思考的思想家來說，有怎樣的意義？應該有怎樣的意義？」[54]

換句話說，歷史反省所着眼的，是在各個殊別哲學工作領域或工

---

[51] Husserl, *Krisis*, p. 510; *Crisis*, p. 391;《危機》，頁 623。
[52] Husserl, *Krisis*, p. 511; *Crisis*, p. 392;《危機》，頁 624。
[53] Husserl, *Krisis*, p. 511; *Crisis*, p. 393;《危機》，頁 626。
[54] Husserl, *Krisis*, p. 512; *Crisis*, p. 394;《危機》，頁 626。

作形態、以至工作方法中，找出其共同的動力來源。而歷史的還原，就是要把被各種個人及時代的特殊旨趣——即各種個人及時代的偏見——遮蔽而隱沒了的哲學終極目標，重新發掘和顯露出來，並置於從事現象學反思的目光之下。就在哲學的歷史傳統中，這一哲學的使命感流進哲學家的血液裏，使這貫注了哲學使命意識的血液，成為他擔負起這一使命的原動力。這一哲學的終極目標和使命，成為西方哲學史傳統中一種精神的沉積物，使這個傳統成為一有生命的傳統。也就是說，它除了鼓動一個哲學家自身的哲學工作外，同時也鼓動與他同時代的哲學家以及其他歷史時代中的哲學家的工作，以及增進他們對這工作的目標和任務的了解。為了明白這一有生命的哲學傳統，哲學家要想辦法把自己納入這個傳統中；因此，他需要有一己的歷史圖像，這歷史圖像部份由一己建立，部份則從其他哲學家那裏接取過來。故胡塞爾說，每個哲學家都要從事「他的哲學史的詩意的創造」（Dichtung der Philosophiegeschichte），[55] 亦即透過他的想像力，來了解他自己和歷史中的哲學家、以及同時代的哲學家對哲學任務之理解的共同之處。只有這樣，我們才能了解哲學本身的統一目標（*Telos*），以克服我們時代的歷史偏見。在這樣理解下的歷史還原工作，與海德格說的解構（Abbau）頗為相似，就是：透過克服歷史時代的遮蔽，以回溯歷史源頭中顯示的本源意義。

　　歷史還原的作用，是要去除由歷史沉積做成的每一個歷史時代的偏見；而要產生這個作用，就要聚焦於該歷史時代獨特的時代精

---

[55] Husserl, *Krisis*, p. 513; *Crisis*, p. 395;《危機》，頁 626。

神下的偏見，因而不能停留在歷史一般的考察。在《危機》的語境下，歷史還原就是回頭考察歐洲文藝復興之後，現代自然科學革命的出現，伽里略透過幾何學成功地把自然數學化（Mathematisierung der Natur; mathematization of nature），令歐洲思想史走進物理學客觀主義（physikalistische Objektivismus; physicalistic objectivism）與超越論主體主義（transzendentale Subjektivismus; transcendental subjectivism）的爭持（而不是一般哲學史教科書中所描繪的經驗主義與理性主義的爭持）。胡塞爾指出，伽里略對自然之數學化的成功，導致前科學的生活世界作為一切科學理論活動的本源土壤被遺忘。[56] 生活世界是前科學的，其特徵是主觀的、相對的（subjective-relative）。在物理學客觀主義這一面（代表為笛卡兒、斯賓諾沙、萊布尼茲與洛克這一條線），因為幾何學被視為精確科學的典範，在這種思潮影響下，一切主觀的、相對的東西，因其不精確而均被視作不真實，導致主體被遺忘。另一方面，物理科學的成功，帶來了對心靈存在（psychic being）的誤解，因為物理學客觀主義只視心靈為不佔空間的自然存在，這種對心靈領域的自然化（naturalization of the soul），導致心靈的意向性性格（intentional character）備受忽視，於是心靈與物理之物從存在特性而言，並無二致。笛卡兒稱心為 "res cogitans"——能思之物，這就混淆了心與物的不同存在特性。

　　就超越論主體主義而言，胡塞爾認為笛卡兒雖然發現了思維主

---

[56] Husserl, *Krisis*, §9h, pp. 48–54; *Crisis*, pp. 48–53;《危機》，頁 64–69。

體的優先性，並走到發現意識意向性的邊沿，特別是發現了
cogito-cogitatum——即「我思」與「被思項」——不可分離的關係，
卻終因受自己的客觀主義偏見的阻礙，而最終沒有明白「我思」的
超越論地位，故此雖然發現了「我思」作為奠基性的第一真理，卻
在走向超越論主體性哲學之路上功虧一簣。西方哲學要到 18 世紀
後期的康德才開始全面探討超越論主體性這個課題，第一次成功踏
上超越論主體性哲學之土壤。然而，在《純粹理性之批判》中，康
德並無正面地處理「世界」：他只是以自然代替世界，而所謂「自
然」是自然科學理解中理念化的自然，不是生活世界中的直觀和感
性的自然；結果就是康德未能正確掌握世界的意義。胡塞爾認為，
休謨反而能夠抓緊「世界之謎」（Welträtsel; world-enigma）[57] 來發
問，使主體與世界之關係的問題沒有被忽略；而休謨的懷疑論立
場，把對世界的客觀性之質疑推到極端荒謬的境地，這反而逼出一
種最徹底的主體主義（der radikalste Subjektivismus; the most radical
subjectivism）的要求：在主體之內證立所謂世界的客觀確定性。[58]
這一分析，與《第一哲學》中肯定古代懷疑主義是一種徹底主體主
義的貢獻，有異曲同工之妙。休謨遂成為笛卡兒以外，另一位胡塞
爾之前的現象學哲學先驅。

　　在對物理學客觀主義與超越論主體主義這一爭持的歷史回溯
中，胡塞爾指出其結果是物理學客觀主義佔了上風，生活世界作為現
代科學活動的本源土壤被遺忘。生活世界是對現代科學的歷史解構中

---

[57] Husserl, *Krisis*, p. 100; *Crisis*, p. 96；《危機》，頁 120。
[58] Husserl, *Krisis*, p. 99; *Crisis*, p. 96；《危機》，頁 120。

被發現，成為哲學反省的主題，故此生活世界的本源地位的揭示，是
由歷史還原來引領。然而，歷史還原是現象學還原的一種特殊運用，
特別是由笛卡兒式現象學還原道路蛻變而來，而其動機則來自要把帶
着歷史面向的生活世界作為顯題化（thematization）的探討對象，即
把生活世界成為世界之現象（the world as phenomenon）置於現象學
哲學家的考察目光之下。這一顯題化的探討，需要一種歷史回溯的方
法開路——先把遮蔽着生活世界的現代科學進行歷史解構（historical
destruction 或 historical deconstruction），使生活世界得以從一種被現
代科學意識遮蔽的狀態中，呈現或重新呈現於現象學反省意識跟前。
換句話說，生活世界的顯題式探討與歷史還原的運用是交叉進行的，
二者處於一種詮釋論循環（hermeneutical circle）的關係中。在胡塞爾
較早的著述中，雖然「生活世界」一詞[59]或其等值用語（如 1925 年
《現象學心理學》講演錄中的「前科學的經驗世界」〔die
vorwissenschaftliche Erfahrungswelt; the pre-scientific experiential
world〕[60]）已經出現，但未被賦予《危機》裏的中心位置及鮮明的
歷史性性格。

---

[59] 例如「生活世界」（Lebenswelt）一詞已見於《觀念 II》中：Edmund Husserl, *Ideen zur reinen Phänomenologie und phänomenologischen Philosophie, Zweites Buch, Phänomenologische Untersuchungen zur Konstitution*, Husserliana IV, ed. Marly Biemel (The Hague: M. Nijhoff, 1952), p. 288, note 1; *Ideas Pertaining to a Pure Phenomenology and to a Phenomenological Philosophy, Second Book, Studies in the Phenomenology of Constitution*, Eng. trans. R. Rojcewicz and A. Schuwer (Dordrecht: Kluwer Academic Publishers, 1989), p. 302, note 1.

[60] Edmund Husserl, *Phänomenologische Psychologie*, Husserliana IX, ed. Walter Biemel (The Hague: M. Nijhoff, 1962), § 6, p. 55; *Phenomenological Psychology*, Eng. trans. John Scanlon (The Hague: M. Nijhoff, 1977), p. 40.

因此，生活世界可以説是在胡塞爾晚期的生發現象學（genetic phenomenology）研究中出現的新現象──一個帶有歷史面向的現象，這是舊有的現象學還原方法、特別是靜態的還原法（例如《觀念 I》中的本質還原和笛卡兒式超越論還原）所無法發現的。生活世界的揭示，需要運用歷史還原這種新的現象學還原方法，對遮蔽着生活世界的現代科學意識作歷史解構；這樣，作為現象學視野下新現象的生活世界，才能朗現於現象學哲學家的目光之下。[61]

五、歷史反省與超越論現象學之間的張力：具超越論地位的，是超越論的意識還是世界？

當然，以「歷史的還原」的説法去理解《危機》中的歷史的批判性反省工作，會引起對胡塞爾現象學作為超越論現象學這一本質性理解的質疑：歷史的還原，與胡塞爾一直以來視現象學為一門本質的學問，兩者是否可互相銜接？蓋胡塞爾超越論現象學的最終目的，是要正確理解：作為超越論主體的意識，與世界之間的先驗（*a priori*）關係。胡塞爾多番宣稱，他從事超越論現象學研究的動機繼承自康德的超越論哲學；[62] 那麼，歷史的還原如何可以躋身於一套以本質結構（eidetic structures）為主軸的、關於先驗項的研究之超越論哲學中？倘若歷史是

---

[61] 關於解構（destruction）作為現象學還原方法必要的否定環節（negative moment）的説明，參白耐特（Rudolf Bernet）的精彩文章："The Phenomenological Reduction: from Natural Life to Philosophical Thought", *Methodo*, vol. 2, no. 2 (2016), pp. 317–321。

[62] 例如：Edmund Husserl, "Kant und die Idee der Transzendentalphilosophie", in *Erste Philosophie I*, Husserliana VII, pp. 230–287;〈康德和超越論哲學的理念〉,《第一哲學》, 上卷, 頁 296–362; 及 *Krisis*, p. 102; *Crisis*, p. 99;《危機》, 頁 123。

變動不居的，歷史有本質嗎？抑或是：歷史的本質就在於不斷演變，在這種種歷史演變中，它是否有一些結構性的不變項（structural invariants）？我們是否可以試圖從歷史演變的結構性不變項去理解歷史中的本質？也就是問：除了關於各類意識活動和世界的先驗結構的本質直觀之外，有沒有關於歷史演變的結構性不變項的本質直觀？這就是胡氏所謂歷史的先驗（historical *a priori*）是否可能的問題。這問題不易解答，但我們至少可指出，胡塞爾在《危機》第二部份，就伽里略對自然之數學化所從事的歷史解構工作，是描述伽里略在文藝復興之後這個具體的歐洲歷史時代中，在生活世界的前科學素材的基礎上，進行了對自然以理念化方式作規定性和表象的本質過程。胡塞爾這一描述不是落在一個個人或集體心理的層面，而是就具體歷史中首次出現的、對自然以理念化方式來把握的本質過程進行描述。由於這一理念化活動及其效應——現代超越論主體主義與物理學客觀主義之間的對立——確實已在歷史中出現，胡塞爾的描述是一種作用於歷史中的本質直觀，它是在「哲學作為嚴格科學」這一理念指引下而達至的。

然而，胡塞爾從 *Logos* 的論文至《危機》時期仍然抱持的「哲學作為嚴格科學」的理念，卻從來沒有在歷史中完全實現過；他自己也要承認，這一哲學理念只是作為終極目標指引着歷史中的哲學家，並非所有哲學家對之有意識，更非所有時代、所有其他文化中的哲學家都對之有意識並予以認同。一個從未在歷史中以清晰無誤的明見確立的理念，我們如何可以使它再活現或活化（re-activate）？在上節中引述過的、關於歷史還原的附錄中，胡塞爾就反問：「甚麼東西能把我們縛緊（binden）在我們的目標上？……最終來說，這可能是個想像性的目標……在一個很大的歸納的蓋然性中，它可能是無法達致

的？」[63] 換句話説，他也承認，其實這樣的一個哲學理念，有可能是想像成分居多，明見成分不足，它會是本質直觀運用於歷史中的成果嗎？倘若它沒有足夠的明見成分，而只是一種帶着思辯意味的哲學理念，如何能夠取得作為歷史的先驗之合法地位？倘若我們借康德《判斷力之批判》中的用語來説，這樣的一個哲學理念不會是來自規定性判斷（determining judgment）的一個觀念，它只可能是來自反思性判斷（reflective judgment）的一個規約性觀念（regulative idea）。但倘若這一理念是來自反思性判斷而能上升成為規約性觀念，則它必須具有某種典範性的意涵（paradigmatic significance）。然而，一個來自反思性判斷的觀念，要具備甚麼條件，才能成為一個具有典範性地位的觀念，使之能上升為有規約性功能的歷史的先驗？晚年的胡塞爾顯然意識到這一問題的複雜性，但似乎未有進一步解答。

　　更大的問題，在於歷史還原對世界的地位帶來的改變，以及其對超越論現象學的整體格局之重新定位。前文已述，伽里略以降，現代自然科學的空前成就，把生活世界遮蔽了；倘若歷史還原可幫助我們揭示這個生活世界，使我們重新認識到它是一切科學理論活動的意義基礎，那麼從生活世界的視角出發去理解的世界，其作用與地位就與在《觀念 I》和《觀念 II》中理解的世界大為不同。《觀念 I》中的世界，經過超越論現象學還原後，只是被超越論意識所建構的對象，它的存在意義與有效性是衍生自超越論意識的。在《觀念 II》中，自然科學世界、生物世界和人格世界（即人文世界），是從區域存在論

---

[63] Husserl, *Krisis*, p. 509; *Crisis*, p. 391;《危機》，頁 623，譯文有改動。

（regional ontology）層面理解的三個存在區域；它們也可以是從質料（Materie; matter）角度下理解的世界之三層結構。這個三層結構觀所理解的世界，仍是超越論主體的建構活動的成果，它的存在意義仍是衍生的，而不是自身本源的。反之，倘若承認生活世界是一切科學理論活動的意義基礎，那麼哲學作為最高級的、具有最本源意義的理論反思活動，也是要在生活世界的基礎上進行的；也就是說，事先被給予、早就已然存在的生活世界，是包括哲學在內的一切理論反思活動的前提、不可或缺的預設項。當胡塞爾把這生活世界理解成不單是我們具體的周圍世界，還進一步是無所不包的世界界域（Welthorizont; world-horizon）之際，就是承認了生活世界的界域性意義，以及作為界域的先在地位。[64] 這就意味着，我們只可以透過歷史還原回到生活世界，但生活世界卻不可以被還原化約為僅僅是一個由超越論主體的建構活動所衍生的被建構項。誠然，沒有超越論主體的現象學反思、特別是沒有現象學嚴格性的指引下的歷史反省，生活世界難以被重新發現和被賦予一種超越論哲學的意涵和地位；即是說，生活世界的先在性之肯認，不僅來自自然生活中常識層面的獨斷式論斷，而是在現象學哲學家要求徹底自身理解基礎上的自身奠基和自身證立工作的嚴格執行下達成的。但倘若生活世界是現象學歷史反省中不可缺少的前提，是現象學所提供的、在說明一切被建構項之意義時最底層的意義基礎，那麼真正具有超越論地位（transcendental status）的，豈非從生活世界視角出發去理解的、界域意義下的世界？當然，超越論主體

---

[64] Husserl, *Krisis*, §§36, 37, pp. 140 sq., 145 sq.; *Crisis*, pp. 139, 142;《危機》，頁 166 sq., 171 sq.。

的角色也不可或缺，否則我們會重新陷入自然態度下的獨斷論立場或素樸性（naïveté）。但這樣一來，我們就要承認，從生活世界視角出發去理解的世界，也有超越論地位，因為它是一切被建構項之存在意義和有效性說明工作所不可或缺的前設，它與超越論主體是一切被建構項之存在意義的兩個共同建構性來源之一。也就是說，在生發的超越論現象學（genetic transcendental phenomenology）視野下，從事一切對象性存在和事件的意義建構工作之際，胡塞爾發現了超越論意識與世界並非處於一種互相對峙、互相排斥的關係，而是一種相輔相成的關係。白耐特（Rudolf Bernet）對此有精闢的說明：

> 在縱的面向而言，所有對象性現象之存在意義，皆依賴於一個建構性的主體性超越論意識；上述這個考察，現在由以下這一考察來完成，就是：於橫的界域性面向而言，所有對象性現象之存在意義，依賴於世界之現象。世界的現象既非純然在對象的一邊，也非純然在主體的一邊。[65]

六、總結：生活世界與歷史界域對自我論式超越論現象學的挑戰

上文已然展示，雖然胡塞爾並沒有正式採用「歷史還原」一詞，但是在《危機》中，為了把當前歷史處境中被現代科學遮蔽了的生活世界，重新置放於現象學哲學家的反省式考察目光之下，胡塞爾

---

[65] Rudolf Bernet, "The Phenomenological Reduction: From Natural Life to Philosophical Thought", *Methodo*, vol. 2, no. 2 (2016), pp. 327.

確實運用了透過他自己稱為「歷史道路」的獨特現象學還原方法。這方法有別於他早前運用的笛卡兒式還原道路,使他得以就伽利略對自然之數學化作為西方現代科學革命最重要的哲學規定和思想準備,作出了一種歷史解構,從而重新確立了生活世界在各類型科學理論和哲學反思活動中的先在性地位,繼而使晚期胡塞爾現象學走向一種新的理論型態:承認首先以生活世界方式呈現的世界,與超越論意識同樣具備本源的建構性地位,因為生活世界是一切存在者的存在意義的共同建構性源頭。

承認世界與超越論意識之共同的本源建構性地位(the co-originary constitutive status),是胡塞爾離開傳統超越論觀念論(transcendental idealism)的最後努力,使超越論現象學可以在哲學反省的層面,以正面的態度面對世界中給出的偶然性、瘋狂、疾病、暴力、死亡等現象。現象學描述必須依於世界及其給出的現象來一一說明其意義。

上述理解讓我們明白,為何從胡塞爾生活世界現象學研究獲得重要指引的梅洛龐蒂,在《知覺現象學》的前言中總結說:「唯一先在的邏各斯(Logos)是世界本身……真正的哲學是重新學習觀看世界……作為對世界的揭示的現象學,奠基於自身……一切知識建基於一個承載諸前設的『土壤』之上、最終建基於我們與世界的溝通,後者是合理性(rationalité)的首次確立。」[66] 梅洛龐蒂這

---

[66] M. Merleau-Ponty, *Phénoménologie de la perception* (Paris : Gallimard, 1945), pp. XV, XVI ; *Phenomenology of Perception*, Eng. trans. Donald A. Landes (London & New York: Routledge, 2012), pp. lxxxiv–lxxxv.

一總結，不外是本文文首引述胡塞爾在《笛卡兒式沉思錄》中那段說話的忠實詮釋：

> 對實在事物的客觀世界之現象學說明，不外就是說明這個世界對我們所有人而言的意義，這意義先於任何哲學活動，而且顯然只來自我們的經驗，這一意義只能透過哲學揭示，卻不能被哲學改變。[67]

當生活世界的共同建構性來源之地位被承認，那麼歷史的地位又如何？因為沒有歷史反省，也就無法讓生活世界的建構性地位被發現；那麼歷史是否也應像生活世界那樣，獲賦予（共同的）建構性地位？一如胡塞爾把生活世界了解為世界界域，當他提出「歷史作為普遍的發問界域」（Geschichte als universalen Fragehorizont; history as universal horizon of questioning），或者歷史「作為一個〔知識的〕隱含的確定性之界域」（Geschichte "als einen Horizont impliziter Gewißheit [des Wissens]"; history "as a horizon of implicit certainty [of knowledge]"）等等的說法，[68] 就意味着他承認歷史有界域性意義，歷史也就一如作為界域的生活世界，有建構性的地位。這對胡塞爾原初的超越論哲學構想──它承繼自康德的超越論哲

---

[67] Husserl, *Cartesianische Meditationen*, Husserliana I, p. 177; *Cartesian Meditations*, p. 151. 本文作者中譯。

[68] 這些表述見於胡塞爾遺稿〈幾何學的起源〉："Die Frage nach dem Ursprung der Geometrie als intentionalhistorisches Problem", in *Krisis*, p. 382; "Origin of Geometry", in *Crisis*, p. 373；《危機》，頁452。這份遺稿因為德里達1962年的法文翻譯與詳細討論而知名。

學，在方法上完全沒有歷史考察──會帶來何種影響？這是否意味著，晚期胡塞爾的歷史性哲學反省，把超越論現象學推往某種形態的詮釋學現象學（hermeneutic phenomenology）上去？這一關乎超越論現象學歸宿的大問題，胡塞爾在其有生之年並未及思考，但我們是否可以迴避呢？

歷史課題對超越論現象學所構成最大的挑戰，乃來自胡塞爾發現並承認前給予的生活世界作為公共世界的優先性（這一態度，與海德格在《存在與時間》中低貶眾人〔das man〕並因而忽視共同體生活的地位，非常不同；後來反而啟發了海德格的女學生阿蘭特〔Hannah Arendt〕，沿着公共世界而開展出一門政治現象學）。胡塞爾在《笛卡兒式沉思錄》中，已為超越論現象學提出了生發性建構（genetic constitution）的任務，不過仍只從自我論（egology）的角度出發。但倘若承認生活世界作為公共世界的先在性的話，屬於公共世界的時間性就是一種公共空間的時間性，它不可能被懸擱、因而不會是自我論式進路的現象學還原可以達致的；反之，它是任何自我論式考察所預設的。此外，歷史的出現，就在於有一些獨一無二的事件（event）在人類集體經驗的長河中發出了巨響，改變了往後的歷史流向。以胡塞爾考察的西方哲學史的範圍而言，古代希臘世界中出現了蘇格拉底－柏拉圖的哲學活動及哲學學園，這就是西方哲學史及文化史中一件劃時代的重大事件。同樣，在文藝復興之後，出現了伽里略透過幾何學達成對自然的數學化，這也是現代西方思想史和科學史上的重大事件，它更直接催生了改變現代人──首先是歐洲人，然後是全人類──的生活面貌。這兩件大事，是在怎樣的世界時間性和歷史時間性中出現的？這恐怕不是停留

在自我論進路的超越論現象學方法所能妥善處理的。不過，正如梅洛龐蒂所說，胡塞爾現象學難能可貴之處，恰恰在於他從不迴避困難；反之，他總是向極難之處攻堅，包括他不斷反覆思考現象學還原是否可能，以及其可能性的限度。[69] 所以，在為紀念胡塞爾誕生的研討會上，[70] 我們不去迴避他超越論現象學在歷史問題上的難關，也算得上是忠於他要求現象學作為一門嚴格學問的精神罷。

---

[69] M. Merleau-Ponty, "Le philosophe et son ombre", in *Signes* (Paris: Gallimard, 1960), p. 203; "The Philosopher and His Shadow", in *Signs*, Eng. trans. Richard C. McCleary (Evanston: Northwestern University Press, 1964), p. 161.

[70] 本文初稿於 2009 年 12 月香港中文大學鄭承隆基金亞洲現象學中心主辦之「從邏輯到歷史──胡塞爾誕生一百五十週年學術會議」上宣讀。

歐洲的理性理念：胡塞爾的觀點

游淙祺

台灣國立中山大學哲學研究所

　　摘要：胡塞爾的文化思想內容為何？身為非歐洲人的東亞學者，該如何面對胡塞爾的文化觀點？假如東亞學者反對胡塞爾歐洲中心主義的論調，是否會連帶影響他們對胡塞爾現象學的接納？或者，是否因為接受胡塞爾思想所以也一併接納其文化觀點？本文藉由說明闡釋胡塞爾的歐洲理念論述、文化差異論述，以及介紹當代西方學者對這些論述的回應或批判，來探討省思這些問題。思考胡塞爾的文化論述，一方面可促使吾等反思自身研究現象學的立足點，另方面則促使吾等思索如何回應所謂「歐洲中心主義」的問題。

　　關鍵詞：胡塞爾、現象學、文化論述、歐洲中心主義

一、前言

　　胡塞爾的文化論述，特別是其歐洲中心主義，近二十年來引起不同的解讀。捍衛胡塞爾的學者指出，依據胡塞爾的觀點，不能從地理區域來解釋歐洲，而該從超越論（transcendental）的角度來看歐洲，歐洲意味着所有人類都該達到的一個超越論境地（transcendental status）。[1] 如此一來，認同歐洲文化便不再意味着認同於某個異文化，

---

[1] Hans Rainer Sepp, "Homogenization without Violence? A Phenomenology of

而是讓自己的理性及人性獲得提升。具體而言，只要人們得以認識帶有開放精神的所謂「一個世界」（die eine Welt）的理念，他便算是歐洲人。[2] 質疑其觀點的學者則認為我們不該過度強調當前全球歐洲化（Europeanization）或西化（Westernization）的涵義，換個角度想，全球各地的文化不正是在受到歐洲文化的衝擊之下，藉由吸取歐洲文化而重新調整自身的文化嗎？所謂「歐洲化」的涵義，換成當地的觀點來說，不就是外來文化的內在化嗎？[3] 再者，所謂「歐洲」的涵義本身就具有各種解讀的可能性，在歷史發展中，文化的多樣性不也是歐洲的特徵之一嗎，為什麼非得高舉歐洲中心主義式的普遍主義論調不可？為什麼存在歐洲文化至高無上的想法？文化與文化之間不是從來就處在互相滲透、相互學習的過程中嗎？[4]

　　非歐洲人的東亞學者，該如何面對胡塞爾的文化觀點？假如東亞學者反對胡塞爾歐洲中心主義的論調，是否會連帶影響他們對胡塞爾現象學的接納？反過來看，是否因為接受了胡塞爾思想，所以也一併接納他的文化觀點？這個問題，對從事現象學研究的東亞學

Interculturality following Husserl", in *Phenomenology: Critical Concepts in Philosophy*, vol. IV: *Expanding Horizons of Phenomenology*, ed. Dermot Moran and Lester Embree (London/New York: Routledge, 2004), p. 297.

　　[2] Klaus Held, "Husserls These von der Europäisierung der Menschheit", in *Phänomenologie im Widerstreit*. Zum 50. Todestag Edmund Husserls. Herausgegeben von Christoph Jamme und Otto Pöggeler (Suhrkamp Taschenbuch Wissenshaft 843) (Frankfurt a.M.: Suhrkamp, 1989), p. 22.

　　[3] Elmar Holenstein, "Europa und die Menschheit. Zu Husserls kulturphilosophischen Meditationen", in *Kulturphilosophische Perspektiven* (Frankfurt a.M.: Suhrkamp, 1998), p. 238.

　　[4] Bernhard Waldenfels, *Topographie des Fremden* (Studien zur Phänomenologie des Fremden 1) (Frankfurt a.M.: Suhrkamp, 1997), p. 80.

者而言是無從迴避的。為了思考這個問題，本文首先將說明胡塞爾的歐洲論述以及密切相關的文化差異論述，其次闡釋西方學者對這些論述的回應或批判，最後在結論部份提出個人的想法。

二、胡塞爾的歐洲論述

胡塞爾的歐洲論述，主要出現在《歐洲科學危機與超越論的現象學》[5] 一書以及《關於互為主體性的現象學》[6] 及《生活世界》[7] 等遺著，其中以他在 1935 年於維也納的演講「歐洲人的危機與哲學」（Die Krisis des europäischen Menschentums und die Philosophie）[8] 最具代表性，本文的論述便是以該篇講稿為主要參考依據。

胡塞爾論述歐洲的脈絡在於：反省歐洲近代以來為何出現科學危機，當代歐洲人所面臨的危機，其真正涵義為何，進而思索如何對治這項危機。為了理解胡塞爾如何回答這些問題，我們需要先知道他對「歐洲」的界定。

首先他指出，歐洲不是用地理疆界來界定的。不是住在地理意

---

[5] Edmund Husserl, *Die Krisis der europäischen Wissenschaften und die transzendentale Phänomenologie*, Husserliana VI, ed. Walter Biemel (The Haag: Martinus Nijhoff, 1954) (下文簡稱 *Krisis*).

[6] Edmund Husserl, *Zur Phänomenologie der Intersubjektivität, Texte aus Nachlass. Erster Teil: 1905–1920*, Husserliana XIII; *Texte aus Nachlass. Erster Teil: 1921–1928*, Husserliana XIV; *Texte aus Nachlass. Erster Teil: 1929–1935*, Husserliana XV. Ed. Iso Kern (Den Haag: Martinus Nighoff, 1973).

[7] Edmund Husserl, *Die Lebenswelt. Auslegungen der vorgegebenen Welt und ihrer Konstitution. Texte aus dem Nachlass (1916–1937)*, Husserliana XXXIX (Dordrecht: Springer, 2008) (下文簡稱 *Lebenswelt*).

[8] 收錄於 Husserl, *Krisis*, pp. 314–348。

義上的歐洲區域的人就可以被稱為歐洲人（europäisches Menschentum），例如在歐洲各地流浪的吉普賽人。反而一些不居住在歐洲疆界之內的人，在精神意義上是屬於歐洲的，例如美國人（但不包含愛斯基摩人或印第安人）。胡塞爾所強調的是：所謂「歐洲」是就其精神生活、精神活動與精神創造的整體來說的。一個「歐洲」人，無論他是屬於哪一個社會階層、家庭、氏族或民族，跟其他歐洲人在精神上都是內在地結合在一起。個人也好，社會組織、文化成就也好，莫不分享此一共同特質。[9]

那麼，什麼是「歐洲的精神型態」（die geistige Gestalt Europas）呢？胡塞爾指出，有一種歷史使命或目的性（Teleologie）內在於歐洲的精神歷史發展中；從普遍的觀點來看，這代表一種新的人類發展階段，一種只願基於理性的理念而活的生命型態。[10] 受此理念引導而發展出來的科學文化，意味着原本的文化被徹底改變。[11] 就整個人類文明發展來看，這種改變首度發生在西元前 7 世紀的古希臘地區。這個作為歐洲精神根源的古希臘哲學之誕生，是所有人類歷史發展中獨一無二的事件。胡塞爾如此強調其獨特性，為的是反對一般的認識，以為古印度及古代中國也曾經出現過哲學，只是型態有所不同。胡塞爾不認為誕生於古希臘的哲學也曾經在其他古文明出現過，因為無論是古印度或古代中國都不曾出現具關鍵因素的理論執態（theoretische Einstellung）。[12]

---

[9] 同前註，頁 319。

[10] 同前註。

[11] 同前註，頁 325。

[12] 同前註。

　　「執態」的涵義乃是「一種預先表明的意志方向或興趣的意志生活的習慣性穩定型態。特定的生活往往在這種被當作正常的持續的型態中進行」。只有在古希臘才發展出純粹的理論執態。只有在那裏，才出現一群人，群策群力，歷經世代，致力於哲學與科學的研究。簡言之，「理論的執態在這些希臘人身上有其歷史淵源」。[13]

　　理論的執態產生於執態的轉變（Umstellung）。每一個族群或時代都有其形塑文化正常型態的主要力量，就是胡塞爾所謂「自然的」（natürlich）、「樸實的」（urwüchsig）執態。其他的執態都可被視為這個執態的轉換形式。這個原初的執態表現於人世世代代活在群體裏──無論是家庭、氏族或民族。自然的生命在這樣的執態裏素樸地一頭栽入世界中，在他們的生活裏，世界作為普遍的視域多多少少被意識到，但卻從來沒有被當作主題來加以思考。[14]

　　為了讓活在世界中的人能夠轉變執態，往往需要某些特殊的動機，使自身所在的視域能夠成為主題，而且持續成為興趣之所在。執態的轉變只發生於一時，要讓它具有持續性則需要意志力的堅持，而且讓它落實在特定的文化形式中。[15] 執態的轉變有三種類型：一種是為生活的現實目的（Lebensinteresse）服務，所以是實踐性的，除了一般政治性的執態之外，它還包括宗教─神話的執態（religiös-mythische Einstellung）。第二種是理論執態，它完全是非實踐性的。還有第三種執態，這時理論變成實踐，這種新類型的執態

---

[13] 同前註，頁 326。
[14] 同前註，頁 326–327。
[15] 同前註，頁 327–328。

將促成新的人性（Menschheit）。作為新型態的實踐，它對生活的各個部份，例如生活目標、價值觀念、文化體系等等無不進行批判。[16]

在胡塞爾看來，相較之下，出現於其他文明的「哲學」實際上只能被當作宗教─神話的實踐（religiös-mythische Praxis）表現來看，這種實踐脫離不了自然的生活執態。宗教─神話之執態具體表現在「用神話的方式去知覺整個世界」，[17] 認為世界總是被神話的力量所支配。所以根據宗教─神話的執態所建立的知識都只是關於這些神話力量的知識而已。

胡塞爾強調，宗教─神話的執態之終極目的在於追求現實的好處。從歐洲的角度來看，中國、印度本質上只能算是宗教─神話型態的思想，所以如前所述根本不該有「中國哲學」、「印度哲學」之類的稱號。這些「哲學」完全不能跟希臘哲學相提並論。[18]

就整個歐洲文化來看，哲學雖然只是其中一部份的表現，但胡塞爾認為這是該文化的核心部份，也是維繫歐洲精神之所在。[19] 在此，胡塞爾為了釐清哲學的涵義，區分「作為各個時代思想的哲學」以及「作為理念的哲學」，前者在他看來只不過是後者的部份努力與實現的成果而已。哲學的真諦在於最高層次的「自我省思」（Selbstbesinnung），在這個意義之下，哲學乃是普遍的認識（universale Erkenntnis）。[20] 唯近代以來，哲學雖然自喻為普遍理性

---

[16] 同前註，頁 328–329。

[17] 同前註，頁 330。

[18] 同前註，頁 331。

[19] 同前註，頁 337。

[20] 同前註，頁 339。

的化身，卻以客觀主義（Objektivismus）與自然主義（Naturalismus）的面貌現身。[21] 客觀主義或自然主義總是將精神性的存在化約成自然的存在，它們採取自然科學的方法去研究精神現象，總認為精神奠定在身體的經驗上。總而言之，人僅僅是客觀事實的一部份而已。但胡塞爾對此有所懷疑：用同質性的自然來解釋非同質性的精神是否恰當？他堅信，人的主體是不該用基於客觀主義的實證科學來加以研究的。[22] 只有意向性的現象學（intentionale Phänomenologie），特別是超越論的現象學（transzendentale Phänomenologie），才能恰當地處理精神（Geist）的現象，才能為有關人類心靈的研究找到出路。相較之下，人們才能明白，受到客觀主義與自然主義的心理學是如何略過了精神生活（geistes Leben），無法說明精神的真正涵義。[23]

　　總之，歐洲的精神世界是從理性的理念，也就是哲學的誕生發展起來的。但近代以來由於受到客觀主義與自然主義發展的影響，歐洲就科學或人性來說無不陷入危機狀態。胡塞爾深刻感受到當時的歐洲對理性文化的倦怠，於是如何引領歐洲重新體認歐洲理性文化天生的內在目的性，乃成為胡塞爾現象學的重大使命之一。[24]

三、胡塞爾的文化差異論述

　　胡塞爾充分認識到文化之間存在着差異的事實。每一個人都隸

---

[21] 同前註，頁 339。
[22] 同前註，頁 340–342。
[23] 同前註，頁 347。
[24] 同前註，頁 347–348。

屬於一個特定的文化，在此之中他與其他人分享共同的文化模式，這個模式具體的表現在胡塞爾稱之為「周遭世界統覺」（Umwelt-Apperzeption）[25] 的認知模式上。

生活在熟悉的文化環境裏，我們往往能夠輕易地理解他人行為所代表的意義。例如當我們看到某個人一手拿起一張紙，另一隻手拿起剪刀將這張紙剪成一張張的紙條時，我們可以毫不費力地理解這個人的行為，知道這是使用剪刀的典型行為，而且知道這項行為顯然是為了某些其他目的而做；一旦我們知道這個人是學術工作者或製作書籍的人，便也知道他所在的工作地點（例如書房或是工作間），則他的目的以及整個行為的意義將更加明朗化。[26]

換句話說，「周遭世界統覺」有助於我們理解他人的行為。但有時候這個統覺模式並不存在，使得我對某些人的行為之理解僅止於表面層次而已。當我來到陌生的環境時，不僅他人行為的意義不是自明的，就連分辨個別事物的種類都有困難，例如農地上栽植的是何種植物，如何栽植等等。又假如我看到一棟房屋，我分不清楚它究竟是一座廟宇或是政府衙門。胡塞爾舉例説，假設他到了中國，看到市場上熙來攘往的熱鬧人群，整個環境的典型特徵（das Typische）對他而言都是陌生的。他固然知道這些人的行為以及行為的目的有其典型特徵，但由於他對這些特徵一無所知，所以難免只能從表面的層次理解他們的行為。

活在我所熟悉的周遭生活世界當中，我總是有我的周遭世界統

---

[25] Husserl, *Lebenswelt*, p. 159.
[26] 同前註。

覺，清楚知道「某樣東西實際上究竟是什麼樣的存在」，事物的意義自明地提供給我。在這樣的周遭世界裏，就算有些人從事的職業工作與我不同，例如從事耕作的農民，我還是和他們分享共同的周遭世界。我們對周遭世界的統覺是可以彼此互通的。我和我的同胞之間具有經驗的共同體（Erfahrungsgemeinschaft）以及思想的共同體（Denkgemeinschaft），我們在這個共同體當中一同前進。[27] 他們的行為在我看來擁有我能夠理解的類型，我們具有相同的周遭世界統覺，活在相同的「世界界域」（Welthorizont）當中。[28] 我和自己文化中的他人之間再怎麼說總是都還具有傳統的統合性（Einheit der Traditionalität）這是具有熟悉類型的周遭世界的統合性（Einheit der Umwelt mit vertrauten Typik），所以我多少還是可以融入這些人的想法去，無論他們的職業是軍人或是農民。[29]

　　每個文化或多或少都有其封閉性，具有如同黑爾德所指出的，自足的內在視域（Innenhorizont），[30] 基於對歷史、傳統與文化的重視，人們總是緬懷過去，向過去看齊，如此一來更增添了文化的封閉性。周遭世界是當下的世界，人們的生活在這個世界當中不斷往前推進着，但每一個人的當下經驗多少依賴於過去的經驗，[31] 所以群體生命也不例外，當下的周遭世界與過往經由世代（generativ）累積的生命共同體（Lebensgemeinschaft）有不可切割的關係。所以為了理解當下

---

[27] 同前註，頁 171。

[28] 同前註，頁 160。

[29] 同前註，頁 162。

[30] Held, "Husserl und die Griechen", p. 21.

[31] Husserl, *Lebenswelt*, p. 162.

的周遭世界，過往的歷史經驗便不得不被召喚回來。這一點對於理解異文化絕對重要，我們必須知道他們的過去，才能知道他們當下的周遭世界；換言之，我們必須擁有他們經驗世界的統覺模式。

　　周遭世界統覺有深遠的世代傳統作為背景，經年累月造就出來的文化特色，令外人難以輕易進入這個知覺模式之中。一個外人算不算對該文化有所掌握，往往取決於他對這個文化傳統掌握到什麼地步。換句話說，在每個人熟悉的周遭世界之外還有自己所不熟悉的陌生人，而這些人都生活在他們自身熟悉的周遭世界中。胡塞爾十分強調，他自己與中國人之間不存在一個共享的世界，中國人的世界不是胡塞爾所能認識的。那邊的人、那邊的事物不僅個別看來是陌生的，就算從類型（das Typus）來看，也是不熟悉的。陌生環境裏的周遭事物及人的行為都是不容易理解的，外人無法輕易獲得當地人所熟知的知覺模式去掌握這些事物或人的行為的意義，他必須學習轉換知覺模式才能理解他們的文化。胡塞爾說：

> 如同作為小孩我是融入我的世代人類世界去，同樣地，如果我想要理解中國人和中國的世界，融入其中，則我必須投入地獲取他群世界（fremde Welt）的統覺，不論是否可能或可以做到什麼樣的地步，這幾乎等於說，總是變成在中國人當中完全的中國人──而我仍然是德國人而且沒有失去德國人的周遭世界。[32]

---

[32] 同前註，頁 162。

　　總而言之，對於一般人來說，世界總是以世代的我群世界（generative Heimwelt）的型態出現，所以其他文化的世界是另一個我群世界。[33] 活在該世界中的人，總是活在產生目的以及實現目的的交替情況裏。周遭世界可說就是他們整個行動的普遍範圍（Universalfeld），也可說是熟悉的可用資源的領域，而他們本身作為「人」（Person）也是構成這個世界的一個部份。胡塞爾問，作為這樣的人能夠突破限制嗎？胡塞爾不是文化相對論者，在知識問題上尤其如此，他不認可文化本身在知識問題上擁有最終發言權。當胡塞爾問，我們如何突破我群世界的封閉性時，無非是問，是否有一種科學的文化讓我們能夠活在其中？

　　胡塞爾並不否認，透過宗教，人們也具有突破限制的可能性，特別是「絕對宗教」（absolute Religion）也具有「普遍世界的意向」（universale weltliche Intentionen），但作為哲學家的胡塞爾畢竟不能肯定將宗教的啟示當作最後的歸宿，特別是不能接受將科學奠定在宗教的基礎上，對他來說，這只會造就出神學來，這不是胡塞爾所能接受的。[34]

　　如何從我群世界的統覺過渡到他群世界的統覺，以便能夠理解他群世界？人們可以說，是從自己所熟知的統覺模式轉移到他人身上。所有的確定性（Geweissheit）都是從我群的統覺而來的。我們所認為的他群世界究其實僅僅是我群世界的改造（Umbildung）而

---

[33] 同前註，頁 163。

[34] 這不表示胡塞爾不談上帝或信仰的問題。他指出，哲學家就算走向上帝也必定是一條無神論者的道路，也就是說，不是基於啟示經驗的道路（Husserl, *Lebenswelt*, p. 167）。

已。[35] 問題在於：我對他人如何經驗世界的理解，與他人自身對其經驗世界的理解，兩者之間的落差有多大？

對於胡塞爾來說，理解異文化最大的困難在於如何理解其神話性（das Mythische）的部份。世俗化之後的歐洲人如何才能理解這些神話的統覺（mythische Apperzeption）？胡塞爾問：是不是在所有的統覺之中都有個核心，甚至於神話性的知覺模式也不能不預設這個核心？也就是說，在所有的世界統覺（Welt-Apperzeption）當中是不是有個核心，令所有的相互理解都成為可能，令共同的世界成為可能，更令理解神話性的知覺模式成為可能？

胡塞爾認為，這個問題與下列的問題是息息相關的：究竟是誰在提供科學的理論去討論我群世界與他群世界之類的問題？答案無非是繼承希臘科學精神的歐洲人，而不是未經希臘化的羅馬人或是未經歐化的中國人。[36] 胡塞爾進一步指出，只有歐洲人擁有關於野蠻人的知識，人們的知識反省分析等等都是歐洲人的反省分析。在此胡塞爾剖析自己的文化背景，指出他自己雖然不能脫離自身的成長背景，例如他出生於現今位於捷克境內的莫拉維亞；而當他思考人的問題時也不能離開作為眾人一份子的身分去進行，也就是說只要身為凡人，他便免不了必須從自身熟悉的周遭世界的類型來思考世界，這些都是他在生命過程中學習獲得的，甚至科學的習慣（wissenschaftliche Habitualität）以及普遍的思義（universale Besinnung）也不例外。然而這是否就意味着，真理有歐洲與非歐

---

[35]. Husserl, *Lebenswelt*, pp. 167–168.
[36] 同前註，頁 169。

洲的區分？胡塞爾自問，難道說他所作的一切說明都只能算是對他個人而言的自明真理而已嗎？胡塞爾的質疑是，假如說我所獲得的真理之普遍性與他人的普遍性相衝突，這不是極為背謬嗎？[37]

只要我的信念確實為真，則就算到原始部落那裏也會被承認為真，這就是胡塞爾所堅持的理念。現在問題是，他所可肯定的最終道理是什麼？無非是，同一的世界對任何周遭世界中的人都展現，這個唯一的世界將使所有的周遭世界都成為僅只是這個世界的一個側面而已。[38] 而這個世界也正是被原始部落的神話—宗教執態所預設的世界。換句話說，胡塞爾的真正方案是，把歐洲文化與其他文化嚴格區分開來，如前所言，其他文化都只能看到內視域，未能看到外視域（Aussenhorizont），未能如歐洲文化樹立起共同普遍的世界理念（所謂「一個世界」的理念），而囚禁在封閉的周遭世界裏。另一個方式是把其他文化都看成帶有宗教—神話執態的文化，而歐洲則是唯一能夠克服這種執態的文化，它為真正的科學精神豎立典範。古代羅馬人之所以向古希臘人看齊，近代的中國人之所以向西方的歐洲文化看齊，無非都是因為古希臘文化或近代的歐洲文化皆為具備理論態度和科學精神特質的文化之緣故。

胡塞爾指出，在前科學世界，他與其他世界之中的人（例如中國人）之間的距離很大。但一旦人們以科學家的角色現身，情況便大不相同，他能夠確認這些不同世界中的人所經驗的事物之類型為何。胡塞爾着手進行的是「對於周遭世界的描述科學」（deskriptive

---

[37] 同前註，頁 170。
[38] 同前註，頁 171。

Wissenschaft von der Umwelt），除了涉及無生命之物、有生命之物，也涉及作為周遭世界的被給予者（umweltlich Vorgegeben）的人。這是一門有關於個別對象的性質的科學，也就是關於經驗世界的科學（Wissenschaft der Erfahrungswelt）。藉由這門科學，人們就能夠在遭遇異文化時，看到共同於所有文化的那個普遍的經驗世界。作為統覺活動的核心，它也是神話性思維或知覺模式所不得不預設的。

四、當代現象學家的評述

關於胡塞爾的歐洲及文化差異論述，當代的現象學界評價不一。黑爾德（Klaus Held）以及瑟普（Hans Rainer Sepp）採取認同的看法，為胡塞爾作深入的闡述；相對而言，霍倫斯坦（Elmar Holenstein）及瓦登斐爾斯（Bernhard Waldenfels）則對該項論述不以為然。

（一）黑爾德與瑟普的闡述

黑爾德以對胡塞爾的文化觀點幾乎不作任何批評的方式，闡述胡塞爾的歐洲論述。[39] 在他看來，胡塞爾的歐洲論述是無罪的，我們不該將胡塞爾看作歐洲中心主義的支持者。他認為，歐洲化（Europäisierung）與文化帝國主義無關，兩者不能混為一談，前者是

---

[39] 例見 Klaus Held, "Husserls These von der Europäisierung der Menschheit", in *Phänomenologie im Widerstreit*, ed. Christoph Jammer and Otto Pöggeler (Suhrkamp Taschenbuch Wissenshaft 843) (Frankfurt am Main: Suhrkamp, 1989), pp. 13–39; "Intercultural Understanding and the Role of Europe", in *Phenomenology: Critical Concepts in Philosophy*, vol. IV: *Expanding Horizons of Phenomenology*, pp. 267–279。

各個我群世界（Heimwelt）之間聯盟合作的結果，而不是歐洲同化其他文化的結果。為了支持這項論點，黑爾德為胡塞爾做了一項區分：變質後的歐洲精神與原初的歐洲精神。

　　變質後的歐洲精神乃是基於科技發展而形成的同質化文化擴張主義，這是近代歐洲實際上的表現，但也是違反原初歐洲精神的結果。黑爾德批判變質後的歐洲精神，他指出，變質後的歐洲精神自認為是全球人性（planetarische Menschheit）的化身。對這種精神而言，只有一種我群世界可以存留，結果導致這種我群世界目中無人，不把其他我群世界看在眼裏，換言之，形成所謂沒有任何外視域（Aussenhorizont）的情況。[40] 黑爾德不以為然地指出，這麼一來，這個我群世界跟以往封閉的我群世界的差別，僅僅在於舊的神話被新的「進步」神話取代而已。[41]

　　這種科學所重視的乃是具有同一性的「在己」對象（der Gegenstand in seiner Identität „an sich“）。這時理論變成專業，其他的視域性（Horizonthaftigkeit）通通被排除在外，對象經驗（Gegendstandserfahrung）也跟着被窄化了。人們滿足於某一面向，而無視對象經驗的豐富性。[42]

　　相對於此，根源於古希臘哲學的原初歐洲精神，則是一種讓人性獲得普遍提升、而不是讓所有人性被同質化的精神型態。首先，黑爾德指出，每個特殊的個別世界（Sonderwelt），都必然關涉到其他的界

---

[40] Held, "Husserls These von der Europäisierung der Menschheit", p. 28.
[41] 同前註，頁 29。
[42] 同前註，頁 31–32。

域（Verweisungen auf andere Horizonte），而一個世界（eine Welt）則把所有的界域都統合起來。讓「一個世界」得以出現的條件乃是在於採取開放（Offenheit）的執態，而讓開放性得以出現的基礎條件則是理論上的好奇（theoretische Neugier）。並且，只有在此情況下，真理才得以出現。[43]

黑爾德對特殊的個別世界做了區別，一種是「文化上穩定的範域」（kulturelle, feste Umkreise），另一則是普遍而共同的文化（universale, gemeinsame Kultur）。前者就是前文曾經提到的世代與傳統扮演着重要角色的我群世界（Heimwelt），其根本特質乃是神話執態（mythische Einstellung），這個執態既非「不帶興趣的」（interessefrei），也不對整體的世界採取開放性的執態（weltoffen für das Ganze）。神話（Mythos）所具有的特定興趣在於「趨吉避凶」。在胡塞爾的認知裏，這是所有非歐洲地區思想的共同特色，也是為什麼它們都不夠資格被稱為哲學的原因。[44]

能夠把各個我群世界內部整合起來的力量，往往就是起源神話。但這類的神話雖然對於各個我群世界具有普遍視域（Universalhorizont）的效力，但往往也只對這個我群世界有效而已，其效力在其他的我群世界就不見得被接受了。我群世界畢竟只是特殊的個別世界而已。[45]

我群世界具有內界域（Innenhorizont）的特性，它所擁有的正常

---

[43] 同前註，頁 15–16。
[44] 同前註，頁 18–19。
[45] 同前註，頁 20。

風格（Normalstil）往往排除了外視域（Aussenhorizont），也就是被黑爾德界定為「一個世界」的存在。根據胡塞爾，只有透過理論（Theorie）才能夠發現超越各個我群世界的「一個世界」（die eine Welt）。這個透過理論所開展出來的外視域或「一個世界」乃是歐洲文化對人類文化的貢獻。與神話傳統不同之處在於，它是前瞻性的，而不是回顧性的。「一個世界」不僅是各個部份的總和而已，它乃是帶有視域特性的指涉關連網（ein horizonthafter Verweisungszusammenhang）。[46]

理論執態是經由前理論執態轉變而來的，藉由這項轉變，原本活在前理論世界中的人也可以經驗到透過理論所開展出來的普遍性（Universalität）。[47] 換言之，如前所述，理論上的好奇使得開放性得以出現。[48] 黑爾德強調，「一個世界」雖然不只是眾多個別的特殊世界的總和而已，但「一個世界」這個理念卻又不能不在一個特定的特殊世界之內視域中出現。對胡塞爾來說，這個能夠顯現「一個世界」的特殊世界正是古希臘。[49]

古希臘的文化創建並不是要讓所有的文化都變成同質性的一體，「好奇的驚異」（das neugierige Staunen）反而是蘊含了對顯現同一世界之多樣方式的尊重。而且它帶來另外一種效果，亦即讓每個原本只知向內看的特殊個別世界都能夠開展視野，彼此相互開放，但又不影響各自建立在神話之上的生活正常風格（Lebensnormalstil）。

---

[46] 同前註，頁 20–22。
[47] 同前註，頁 22。
[48] 同前註，頁 15。
[49] 同前註，頁 23。

　　黑爾德指出，儘管當代討伐歐洲中心論的聲浪四起，但回頭看胡塞爾 1935 年的演講「歐洲人的危機與哲學」仍是饒富意義的。[50] 假若人類的科學能夠依照古希臘所創建的模式去發展，則將不至於產生歐洲化有何不良後果的疑慮。黑爾德深信，所有人類都將不排斥地樂於接受這個源自古希臘理想的文化。如此一來，歐洲中心論的疑慮自然化於無形。總的來看，黑爾德主張，歐洲精神是無罪的，全人類的歐洲化乃是可欲的。[51]

　　另一位當代的現象學學者瑟普也針對胡塞爾的觀點做了闡釋。[52] 瑟普所提出的問題是：在文化間際（interculturality）問題上，超越論的現象學可以被應用到什麼程度？假定超越論的元素（transcendental components）非得用某種特定的世俗語言表現出來的話，那麼該有那一個語言或哪一個文化最有資格去表現它？

　　為了回答該項問題，瑟普做了一項區分：「超越論的原我群世界」（transcendental primal homeworld）不同於「事實上存在的歐洲我群世界」（the homeworld Europe）。[53] 根據這項區分，胡塞爾雖然指出，「一個世界」理念的開展是位於某種事實上存在的位置——

---

[50] 同前註，頁 13。

[51] 莫倫（Dermot Moran）認為，相對於在 1930 年代德國哲學界與人類學界（例如 Ernst Krieck 及 Alfred Kremmt 等人）瀰漫反對普遍主義的聲浪，胡塞爾對普遍主義理想的堅持相當難能可貴（見 Dermot Moran, "'Even the Papuan is a Man and not a Beast': Husserl on Universalism and the Relativity of Cultures", *Journal of the History of Philosophy*, vol. 49, no. 4 [2011], pp. 463–494）。雖然如此，莫倫卻未進一步省思胡塞爾對於歐洲與非歐洲之間的差異所作的論述。

[52] 例見 Sepp, "Homogenization without Violence? A Phenomenology of Interculturality following Husserl", pp. 292–299。

[53] 同前註，296。

—歐洲，特別是古希臘，但我們應該以超越論的意義而非以世俗意義來理解胡塞爾的説法，也就是古希臘在這裏意味着「超越論的原我群世界」，而非事實上存在着的某個我群世界。[54] 據此我們可以説，它根本就是不在任何空間位置上。如此一來，均質化（homogenization）的危險自然而然也得以避免。[55]

瑟普強調，對文化間際所做的現象學分析，目標應該在於用這種方式揭示：實際出現在各個不同文化歷史中的不同「意向─實現系統」（intention-fulfillment system）型態，均表現出相對應的「超越論的原我群世界」之超越論的結構。換句話説，「原我群世界」在各個特定的質料性當中被明顯化。[56] 現象學借助「原我群世界」所做的分析，特點在於，雖然它是一項特定的觀點，但卻不會只和某個特定的我群世界有所關連而已。此一情況就好比現象學雖不能脱離世俗語言，但也不該被世俗語言所限定一般。[57]

就上述黑爾德的看法來説，個人認為他深入闡述胡塞爾的觀點，十分有助於吾人清楚認識胡塞爾的歐洲論述與文化論述。然而，就在他不帶批判性地進行闡述之中，是否也意味着他對胡塞爾的文化觀點，特別是歐洲文化與非歐洲文化（例如胡塞爾本人常舉的印度及中國）之間的關係也完全表示贊同？黑爾德的時代背景迥異於胡塞爾，對其他文化的接觸與認識也大為不同，難道説他會接

---

[54] 同前註，頁 297。
[55] 同前註，頁 297–298。
[56] 同前註，頁 297。
[57] 同前註，頁 297–298。

受古代印度或中國的思想只是神話—宗教的執態表現嗎？

瑟普的觀點是值得注意的，他呼應胡塞爾的哲學理念，認同哲學所追求的真理是跨越文化差異的，文化對他來說只是走向哲學真理的階段過程而已。如此一來，根源於古代希臘的無限理性理念不僅對歐洲人有效，更值得其他文化學習效法。問題是，文化的問題在他的詮釋裏變得完全不重要了。歐洲不是事實上的歐洲，而是哲學真理在地球上自我顯現的化身，其他文化認同的既然不是歷史上實際上存在的歐洲，則也就不存在歐洲化與否的問題。這種讓歐洲化等同於普遍化的想法難道不正是不折不扣的歐洲中心主義嗎？

（二）霍倫斯坦及瓦登斐爾斯的批判觀點

首先，霍倫斯坦指出，胡塞爾對歐洲文化的沈思有其特殊歷史背景。1930 年代，歐洲知識份子普遍關心軍事上、政治上互相敵對的各國之間的共同文化根源，以及歐洲面對美國崛起的憂心。雖然霍倫斯坦肯定胡塞爾的基本態度，畢竟在各國競相聲張本國特色而陷入衝突矛盾之時，胡塞爾對於歐洲共同特色的思考是顯得特別有價值；但是就內容而言，他對於胡塞爾的歐洲論述幾乎無一贊同之處。

胡塞爾主張，哲學只在古希臘出現，這是獨一無二的，古代中國與印度不能相提並論。霍倫斯坦對此有所質疑。[58] 他認為專屬於希臘人的成就實際上在古代中國也找得到，例如莊子道通為一的

---

[58] Elmar Holenstein, "Europa und die Menschheit. Zu Husserls kulturphilosophischen Meditationen", p. 235.

想法。[59] 換言之，霍倫斯坦想要相對化古希臘人的成就。

其次，對胡塞爾而言，歐洲表現在古希臘時代的精神特質是：對周遭世界採取一種新的執態。跟這種新的執態比較起來，其他都只能算是跟價值有關的實踐執態而已。[60] 只要能夠接受這種新的執態就是歐洲化，也可以稱作普遍化。之所以是歐洲化，原因在於它首先出現在歐洲，之所以是普遍化，則是因為它發展出超越國族（Übernationalität）的特性。每一個文化都可以去追求這個在己的真理（an sich Wahre）。或者，後者可以表現在各個不同的文化裏。

霍倫斯坦說，不容否認，近代科學是由歐洲人率先發展出來的，因此科學家所使用的語言自然是歐洲的語言。但人們不能因此就得出「世界被歐洲化」的結論來。霍倫斯坦進一步指出，有些科學的早期成就來自非歐洲地區，只不過經由歐洲人的改造才讓它們變得更有效率而得以普遍化。因此若要論述科學成就，歐洲人的貢獻毋寧在於改良，而非原創。[61] 換言之，一味強調歐洲科學或哲學的原創性其實是有待商榷的。

此外，霍倫斯坦也特別批評胡塞爾的文化觀點。胡塞爾所接受的是赫德式的文化概念。這種文化觀點，強調文化的各個部份之間彼此相互緊密連結，宛如有機體或是球體一般。霍倫斯坦則予以批判，指出這種文化概念在經驗上站不住腳（empirisch unhaltbar），作為理念

---

[59] 同前註，頁 232。
[60] 同前註，頁 231。
[61] 同前註，頁 235–236。

型則又是一種誤導（idealtypische Vorstellung allzu irrführend）。[62] 當代的文化人類學及生物學都傾向於採用拼湊體（Bastelwerk）來取代球體型（Kugelgestalt）的想法。在拼湊體之中的各個部份只具有鬆散的銜接關係，彼此之間的聯繫總是不盡完美的。它的各個部份也不會藉由朝向一體的中心（einheitliches Zentrum）而凝聚，反而往往需要外在的支撐力才能將各個部份之間的關係維繫起來。

霍倫斯坦反對赫德所說，一個文化體只能吸收與它相同的元素，而對異質元素則缺乏感覺，甚至反感。事實正好相反，當一個文化體的特殊興趣無法在自己圈內得到滿足時，便會向外尋求補充資源。文化跟人一樣，都不會是不具有內在異質性的同質型態（homogene Gestalten）。正如同人透過學習可以使用多種語言，每個文化也都擁有向其他文化學習的天性。[63]

針對胡塞爾的「我群世界」、「他群世界」與「一個世界」等概念，瓦登斐爾斯指出胡塞爾一方面提出「我群世界」和「他群世界」之間的差異，但另一方面卻又藉由「一個世界」來泯除兩者間的差異。此「一個世界」既是首要的基礎（erster Grund）又是最終的視域（letzter Horizont），而確立它的手段則是理性。歐洲對於胡塞爾來說無非就是這個理性的化身，也是具有普遍性的共同世界之護衛者（Vorhut einer Gemeinwelt），因為歐洲已經為所有文化創立了規範與理念。以此規範為準，其他文化的成就可說都只是達到前理性、前邏輯或直接可說未成熟或原始的階段而已。在理性發展的歷

---

[62] 同前註，頁 241。
[63] 同前註，頁 242。

史上，非歐洲人都應該向歐洲人看齊才是。瓦登斐爾斯直接將這種觀點稱作「歐洲中心主義」（Eurozentrismus），它乃是以犧牲「他異性」（Fremdheit）為手段所達到的全體性（Totalität）。[64] 對此瓦登斐爾斯深深不以為然，追根究柢，對「他異性」問題的忽視是歐洲思想發展歷史上的一大盲點，這個盲點也導致了胡塞爾文化論述上的偏失。

霍倫斯坦的說法特別值得一提之處在於，文化不是封閉的球體，也不是有機體，更非獨立發展而緊密的個體，而是在發展過程中不斷吸取其他文化的元素而將它轉換成自身的資源。根據這點來看，胡塞爾雖指出歐洲創造出具有開放特質的「一個世界」理念，但相對來說，歐洲卻被胡塞爾本人看作不假外求的文化個體，赫德式的文化概念是否無形中為胡塞爾所預設，這點是值得深思的。與此相關，如同瓦登斐爾斯所言，胡塞爾對歐洲的理解本身早已將「他者異性」排除在外，這也是胡塞爾的歐洲理念和文化論述有失偏頗之處。

五、結論

胡塞爾曾指出，只有基於歐洲古希臘所發展出來的哲學理性才是值得所有人類共同追求的普遍理性，這種理性在其他文化例如印度或中國都未曾出現過。所以胡塞爾曾說，所謂「印度哲學」或是「中國哲學」等都不是恰當的說法。胡塞爾甚至認為，歐洲以外的

---

[64] Bernhard Waldenfels, "Verschränkung von Heimwelt und Fremdwelt", in *Philosophische Grundlagen der Interkulturalität* (Studien zur interkulturellen Philosophie, Bd. I), ed. R. A. Mall and D. Lohmar (Amsterdam/Atlanta: Rodopi, 1993), p. 61.

文化只產生過追求現實利益的神話—巫術思想而已。如前所言,這項觀點已經在當代現象學學者之間引起爭辯,捍衛者有之(黑爾德、瑟普、莫倫,強力批評者也不少,如霍倫斯坦、瓦登斐爾斯。對照之下,東亞學者對此提出反思批判的並不多見。[65] 個人以為,東亞學者無論贊成或反對胡塞爾,都無從迴避這個問題。

讓我們先思考這個問題:身為非歐洲人的東亞學者,該如何從事現象學研究?對於某些人來說,他們的工作應該跟歐洲或歐洲以外的廣義西方(包括北美、澳洲、東歐、南美等)的學者沒什麼差別。大家都是專注於胡塞爾思想或進一步發展的討論,唯一的差別在於他們使用的是東亞的語言如中文、韓文或日文等等。假如他們所發表的論文用的是西方語言如英文、德文或法文,則這項差別就微乎其微了。

站在全球學術發展的觀點,這項看法無可厚非,畢竟這能夠為現象學提供更多的人力資源,以促進現象學的發展。但個人深信,東亞學者除了從事與一般西方學者無所差別的現象學研究外,似乎有必要進一步反思,他們從事現象學研究的立足點何在。一旦觸及

---

[65] 劉國英曾指出,胡塞爾有關於歐洲與非歐洲之間的強烈對比論調,不免令人想起黑格爾批評印度與中國哲學停留在低下水平的論調(見 Kwok-Ying Lau, "Husserl, Buddhism and the Problematic of the Crisis of European Sciences", in *Identity and Alterity: Phenomenology and Cultural Traditions*, ed. Kwok-Ying Lau, Chan-Fai Cheung, and Tze-Wan Kwan [Würzburg: Königshausen & Neumann, 2010], p. 224)。另一方面,張汝倫則強烈質疑胡塞爾尋找生活世界結構作為所有文化共同基礎的可行性(見 Zhang Rulun, "Lifeworld and the Possibility of Intercultural Understanding", in *Phenomenology of Interculturality and Life-world*, ed. Ernst Wolfgang Orth and Chan-fai Cheung [Freiburg/Muenchen: Verlag Karl Alber, 1998])。

該問題，文化的課題便浮現，而從現象學本身出發思索文化與文化之間關係的問題便也顯得重要了。為此，胡塞爾的文化論述無形中成為我們反思現象學研究的立足點之重要憑藉。

黑爾德曾經指出，殖民主義絕非歐洲人與其他文化接觸的唯一模式，猶如近代科學的發展絕非科學精神的唯一表現，因為近代殖民主義乃是古希臘「一個世界」理念遭到扭曲變形後的產物。假若該理念得到正確的發揚，則人類世界大同的理想當不難實現。對於黑爾德這項忠實於胡塞爾的想法，東亞現象學研究者該如何回應？

個人以為，關鍵在於吾人看待歐洲中心主義的方式。文化人類學指出，任何文化，無論大小，免不了都有族群中心論（ethnocentrism）的傾向，這種傾向讓每個文化認為自己處在世界的中心，外圍環繞著陌生的族群和陌異的世界，這種情況好比胡塞爾所言，每個人都是空間上的絕對中心點，上下左右前後的方向以及遠近的距離莫不是依此中心點而展開。據此而言，假如我們不該問究竟是誰站在世界的中心點，則在文化問題上同樣沒有必要去問哪一個文化才是中心文化。進一步想，假如所有被當作中心的空間點都可以被別的空間點相對化為邊緣，則同樣任何一個自以為中心的文化，也不免有被邊緣化的時候。所以當我們批判歐洲中心論的同時，其他的中心論便也不該獲得豁免；反之，要是支持歐洲中心論，則何不以同樣的方式對待其他的文化中心論？

再者，胡塞爾倡言的歐洲科學與哲學的理性理念，期許所有人能夠抱持理論的執態，從自然的狀態轉變成理論思考的狀態，採取理性的態度去面對各種事物。胡塞爾或許認為，任何人只要這樣做，就是成為「歐洲人」。讓我們延續瑞士學者霍倫斯坦的思考來

回應這個說法。個人認為，歐洲以外的文化不是不能向歐洲學習而擁有科學及哲學，如同人可以學習很多種語言一般。其他文化由於未曾獨立產生過科學與哲學而不得不向歐洲學習，這是事實，胡塞爾並沒說錯，問題在於「向歐洲學習就是歐洲化」這個說法。我們為何不說，這是每一文化在發揮向其他文化學習的天生潛力？就像某種語言原本可能欠缺某些特定的詞彙，而必須向外學習以便擁有相關的詞彙那般。面對這樣的情況，我們似乎沒有必要去強調這個語言失去了它本身固有的特性，甚至變成另一種語言了。毋寧說，這個語言將一些表達方式內化成該語言的一部份而豐富了該語言。據此觀點，其他文化向歐洲學習，不是造成歐化的結果，反而是將歐洲文化的元素注入原來的文化而使自身文化變得更加豐富而多元。

針對胡塞爾重建歐洲人性和科學之方法論的反省——觀念化（Ideierung）或理念化（Idealisierung）？

羅麗君

台灣國立政治大學哲學系

摘要：本文嘗試針對胡塞爾有關當代歐洲人性和科學之重建的方法理論提出反省與批判。全文將分三部份進行：首先說明胡塞爾對當代歐洲人性和科學之危機的分析；其次闡釋其所提出之重建歐洲人性和科學的現象學方法論，亦即「本質直觀」之觀念化方法；最後指出前述現象學之觀念化方法論內部的限制與問題。

關鍵詞：歐洲人性、科學危機、生活世界、本質直觀、觀念化、理念化

一、前言

胡塞爾（Edmund Husserl, 1859–1938）於 1935 年的「維也納演講」系列[1] 中，明確地提出了對所處時代之歐洲人性（das europäische Menschentum）的反省，隨之又在其整理布拉格系列演講而完成之著作《歐洲科學危機與超驗現象學》（*Die Krisis der europäischen*

---

[1] 胡塞爾於 1935 年 5 月 7 日和 10 日應維也納文化協會（Wiener Kulturbund）邀請進行系列演講，故一般稱之為「維也納演講」。此德文講稿最後以〈歐洲人的危機和哲學〉(„Die Krisis des europäischen Menschentums und die Philosophie") 為篇名編入《歐洲科學危機和超驗現象學：現象學哲學導論》一書（見註釋 2）的第三篇附錄論文。

Wissenschaften und die transzendentalen Phänomenologie, 1936）[2] 一書中，批判了近、當代歐洲的科學危機。若將兩次前後針對人文科學（Geisteswissenschaften）和自然科學（Naturwissenschaften）的思考加以相應對照，已可見胡塞爾對人之精神（die menschliche Geistigkeit）的發展歷史、特色及內部問題之看法的梗概。整體而言，胡塞爾對人之精神內涵——或更精確地說，歐洲人性——的建構有一種以歷史哲學之觀念（die geschichtsphilosophische Idee）為導引和目的（Telos）的理想，[3] 並且認為，成就此理想的場域根本上即是全體人類所寓居之「生活世界」（Lebenswelt）；[4] 換句話說，人之精神的發展乃奠基於對生活世界之諸般存有樣態之有目的性的意義建構之上。然而，胡塞爾為了成就此理想而提出的方法理論卻隱含着某種雙重性格：即一方面造就了重建（Rekonstruktion）人之精神或生活世界之本質意義的可能性，另一方面卻也同時可能將人之精神或生活世界之本質意義

---

[2] 胡塞爾在維也納演講後六個月於布拉格（Prag）進行另一系列演講，後於 1936 年整理成其生前最後出版之著作；此著作即為現今《胡塞爾全集》第六卷《歐洲科學危機和超驗現象學：現象學哲學導論》一書之第一和第二部份。相關出版緣由與資訊可參考：E. Husserl, *Die Krisis der europäischen Wissenschaften und die transzendentale Phänomenologie. Eine Einleitung in die phänomenologische Philosophie*, Husserliana VI, ed. Walter Biemel (The Haag: Martinus Nijhoff, 1962, XIV)（本文簡稱此書為 *Krisis* 或《危機》）。

[3] 胡塞爾將「歷史哲學的觀念」與「目的論意義」（der teleologische Sinn）視為等同（Husserl, „Die Krisis des europäischen Menschentums und die Philosophie," in *Krisis*, p. 314）。另外，根據《危機》一書的編者言，胡塞爾於 1935 年給英迦登（R. Ingarden, 1893–1970）的書信中提及「維也納演講」，其中表明：演講的第一部份是要「從目的論的—歷史的起源（aus teleologisch-historischen Ursprüngen）（從哲學）中解釋歐洲人性的哲學觀念」（*Krisis*, XIII）。

[4] 胡塞爾指出，人類之精神活動的產物，不外乎就是對呈顯於日常生活中之周遭世界（Umwelt）的各種現實性（Wirklichkeiten）的構造（Husserl, „Die Krisis des europäischen Menschentums und die Philosophie," in *Krisis*, p. 317）。

的重建推向宛如自然科學之精確理念（die exakte Idee）[5] 一般的僵化困境；而這點也許會開啟另一層面的科學危機。

　　到底胡塞爾所提出的方法理論於義理上隱含着何種內在謬誤，以至於可能會使人之精神或生活世界之本質意義的重建陷入危機？本論文的目的即在嘗試釐清此問題。全文主要分三部份進行：首先說明胡塞爾對當代歐洲人性和科學發展的批判；其次分析其所提出的重建歐洲人文精神和科學的現象學方法論；最後指出上述方法論內部的限制與問題。

二、胡塞爾對當代歐洲人性和科學的批判──近代科學理念化（Idealisierung）的危機

　　在〈歐洲人的危機和哲學〉（„Die Krisis des europäischen Menschentums und die Philosophie"）這篇演講論文中，胡塞爾開宗明義地指出，欲藉着發展一種符合歐洲人性[6] 之內含目的論的（teleologisch）意義之「歷史哲學的觀念」來引起世人對於當代歐洲科學危機的反省。[7] 所謂「歐洲科學危機」，在其眼中乃意謂着：自文藝復興時代以來，基於科學之研究方法的內部問題而凸顯出來的歐

---

　　[5] Idee 一字基於相應概念內涵的差異而有「觀念」和「理念」二種可能的翻譯。後文中將有說明。

　　[6] 所謂「歐洲人性」（或「歐洲人」），並非指地理意義或生理意義上的歐洲人種及其自然天性，而是指具有統一之內在精神與文化、共同之社會生活和生命目的的歐洲人格（Persönlichkeit）（Husserl, „Die Krisis des europäischen Menschentums und die Philosophie," in *Krisis*, p. 318f.）。

　　[7] Husserl, „Die Krisis des europäischen Menschentums und die Philosophie," in *Krisis*, pp. 314, 319.

洲人之世界觀的扭曲；或更精確地說，即是歐洲人自古希臘時代以來
所開展的針對宇宙存有全體之理解的千年文化內涵——歐洲人文精
神——的喪失。然而，到底歐洲人文精神有何特色？又發生了何種負
面的內在變化？為甚麼會發生這種精神的內在變化？然後，它又如何
可能通過一種歐洲文化內含的「歷史哲學之觀念」的根源回溯而獲得
重建的可能性？針對以上種種問題，胡塞爾的說明可簡述如下：

首先，根據胡塞爾的看法，歐洲人文精神的特色主要表現在歐洲
文化內部所蘊涵的一種「歷史哲學之觀念」，亦即：歐洲人於千年的
歷史過程中所養成之面對其所處的周遭世界（Umwelt）——更精確
地說，即世界全體（Weltall）或存有者全體（Alleinheit alles Seienden）
——所採取的一種哲學態度 （Einstellung）[8] 或一種具有內在目的論
（immanente Teleologie）之哲學觀念（die philosophische Idee）；而如
此之目的論的哲學態度或觀念實則源生於歐洲人性天生的生命圓極
（Entelechie）傾向，此傾向始終趨使着歐洲人以發展一種理想之生命
和存有的完形（eine ideale Lebens- und Seinsgestalt）為其精神活動的
永恆核心。[9] 這種在歐洲文化中特有的世界觀早在西元前 6、7 世紀
的古希臘時代即已發生和建立，[10] 是古希臘民族開始脫離素樸之有關
生活世界的經驗和實踐活動，而改以一種理論（theoria） 的興趣去探

---

[8] 同前註，頁 321。

[9] 同前註，頁 320。胡塞爾描繪歐洲人之精神活動的終極目的（Telos）:「它存在於無限之中；它是一個無限的觀念，整體的精神變易可說是無聲無息地向它逼近。因為它在發展中成為一種自覺的終極目的，它也必然像意志的目標那樣成為現實的、從而被引向一種新的、更高階段的發展，這一發展受準則與規範性的觀念引導。」(同前註，頁 321)

[10] 同前註，頁 321。

討於此一無限視域（Horizont）之世界中的存有自身（Sein）所產生的結果。古希臘人的這種有關世界的理論興趣具有以下內涵：第一，就發生起源而論，它乃奠基於每個個體之人對周遭世界的主觀的、素樸的生活經驗之上；儘管如此，第二，它卻以探究普遍宇宙之存有者的存有「規範完形」（Normgestalt）——即指作為觀念構造（Ideenbildung）之「理想者」（das Ideale）——為純粹目的，因此其研究是為了追尋有關全體存有的客觀的、普遍的真理；而為了達到此目的，第三，研究者必須採取一種理性之科學的（wissenschaftlich）操作方法，試圖從有關事物之層出不窮的、不同層級的觀念性（Idealitäten）[11] 中掌握最高價值的理想觀念——故稱此科學方法為理念化（Idealisierung）[12]；而正因為理念化是關涉到在時間歷程中不斷多樣呈顯的現實存有全體的真相，因此，第四，藉由理念化方式去揭露的理想觀念是一種通過時間的洗鍊和沉澱而構成的結果——故

---

[11] 胡塞爾指出，"Idealität" 此概念是歧義的；它既可指與經驗個體之實在性（Realität）相對立之種、類的「觀念性」，又可以意謂規範個體意義之「理想性」（Husserl, *Logische Untersuchungen, zweiter Band, erster Teil*, Husserliana XIX/1, ed. Ursula Panzer [The Haag: Martinus Nijhoff, 1984] [簡稱 *LU II/1*], §32）。在《危機》一書中，胡塞爾使用此概念偏向後者。相關思考將於下文中說明。

[12] Husserl, „Die Krisis des europäischen Menschentums und die Philosophie," in *Krisis*, p. 325. 對胡塞爾而言，Idealisierung（理念化）是理想之觀念或即理想的原構造物（das ideale Urkostituierte）的製作方法，早在古希臘時代之理論活動中即已作為一種科學特有的方法（Husserl, *Erfahrung und Urteil. Untersuchungen zur Genealogie der Logik*, ed. L. Landgrebe [Hamburg: Filex Meiner, 1964] [簡稱 *EU*], pp. 38ff.; *Krisis*, pp. 18ff., 26ff., 375f.）因此必須注意的是，「理念化」於此並不是指胡塞爾所批判的自文藝復興時代以降所形成而導致當代歐洲危機的科學方法。但是，不可否認的是，理念化方法學有其從古希臘時代至文藝復興以降的歷史淵源，因此，若此方法學在近代科學中之操作，導致了科學研究偏離古希臘時代的原初理論理想的結果，因而產生歐洲文化的內部危機，這似乎不是個純粹偶然的發展。這點將在下文說明之。

理想觀念或存有真理本身即具有歷史性（Geschichtlichkeit）。[13]

　　根據胡塞爾的分析，古希臘人基於他們面對周遭世界之理論興趣的發生，而引導了整個歐洲人文精神的發展方向，以及奠定了歐洲的基本文化形式——那就是哲學－科學的（philosophisch-wissenschaftlich）文化結構。這種文化結構的本質既然是基於理論興趣的要求，故其內在目的乃是意圖在諸般多樣的有關生活世界之經驗中觀察宇宙真相，並掌握其為一種帶有規範完形（Normgestalt）的觀念，進而構成自然宇宙全體存有之知識（episteme）——亦即造就了關涉自然宇宙中種種事物的各門「科學」（Wissenschaften）。[14] 必須注意的是，這種以理論建構為目的之哲學－科學的文化結構根本上是源出於一種由面對自然宇宙中之種種現象的驚奇（thaumazein）所引起的求知慾，因此與有關周遭世界之活生生的多樣經驗息息相關。[15] 換句話說，雖然歐洲文化的成熟形式是表現在理論體系的建構與完成之中，但是理論體系的發源地卻是人之生活世界的經驗。

　　正是因為歐洲人文精神是一種將「生活世界」之種種經驗理念化之後所建構而成的文化內涵，因此當胡塞爾指出當代歐洲的危機是出自於對「生活世界」之遺忘時，這點即表示了，在胡塞爾眼中，當代歐洲人的精神活動和科學研究已不再關注於與他們的存在息息相關

---

[13] *EU*, pp. 37–42; „Die Krisis des europäischen Menschentums und die Philosophie," in *Krisis*, pp. 324ff., 358f., 361f., 383, etc.

[14] 這是一種從一般素樸意見（doxa）轉向知識真理（episteme）的人文精神之發展。

[15] „Die Krisis des europäischen Menschentums und die Philosophie," in *Krisis*, pp. 331f.

的生活世界——亦即已切斷了與文化的「家園」（Heimatland）的關係。然而，當代歐洲人為何會失去其千年以來的文化內涵，以至於造成了人文精神的喪失和科學的危機？欲回答此問題，則必須先了解胡塞爾對當代歐洲（自然）科學發展的批判。

　　胡塞爾在《危機》中指出，當代歐洲科學危機的發生，是基於「哲學－科學」所依據之人之理性自身——即承自古希臘人性之構成歐洲人文精神（Geist）的理性——的崩潰；而理性之所以崩潰的原因則有二：第一，在近代科學哲學之自然主義（Naturalismus）和實證主義（Positivismus）的思想影響下，理性不再作為建構人性的全部，而變成了一種於二元世界觀中與「物質」（Material）相對立的、並受其牽制的人之心靈構造，因此，依此受限之心靈理性的思考方式去建構之人文精神亦連同失去了其自在自為的自主性。[16] 第二，自文藝復興時代之後直至康德哲學（Kantische Philosophie）時期的哲學－科學研究，在伽利略（Galileo Galilei, 1564–1642）之純粹幾何學（die reine Geometrie）研究的影響下，逐漸發展出一種對於自然宇宙之理想規範（idealer Norm der Natur）的錯誤理解，亦即通過自然科學方法的精確化操作，而將含攝全體存有之內涵的自然宇宙給數學化了，換句話說，整體自然宇宙變成了可用純粹數學公式量化、技術化和客觀化的

---

[16] 胡塞爾對「精神」的解釋是：「精神，而且只有精神，才是自在自為的存在。它是自主的，並且能夠在這種自主性中，也只有在這種自主性中，以一種真正合乎理性的、真正而且嚴格科學的方式被探討。……諸多無限的任務不可分割地統一在這樣一個任務之中：僅當精神由外在形態轉向自身、……且僅僅附著於自身時，精神對於自身才能是充分的。」（„Die Krisis des europäischen Menschentums und die Philosophie,“ in *Krisis*, pp. 345f.）

封閉世界；而相應地，人之理性即不再具有實踐的要求——不再被應用於追求存有自身之理想形式的完善化之中，而僅被視為構造人之科學知識的認知理性。[17]

對胡塞爾而言，歐洲人之理性在近代歐洲的普遍哲學－科學研究中的轉變，並非是自主之理性自身的根本瓦解，「而僅僅在於它的外化，在於它在『自然主義』與『客觀主義』（Objektivismus）中作繭自縛」。[18] 儘管如此，這種「理性主義的表面上的崩潰」卻為歐洲文化構造出與古希臘人不同的新的人性。古希臘人之人性本質在於依據哲學的存有方式，去建構有關存有者全體的科學，而存有者全體——即自然宇宙或世界——本身正是此科學的發源地。然而，近代新的歐洲人性卻受限於純粹自然科學之物質與精神二元的對立，根本上脫離了其與自然宇宙的關係。如此一來，近代歐洲人不復再有古希臘人的人文精神或科學的理想，取而代之的是純粹自然科學支配下的二元世界觀。[19]

必須注意的是，近代歐洲人文精神的內在變化並非是一完全偶然的歷史事件，而是出自於對於古希臘人掌握存有全體的理想規範之理論方法的過度運用。誠如前文所言，古希臘人從有關生活世界之一般素樸意見脫離，轉而以一種理論興趣的態度去領會一切存有事物之價值、目的和意義，並建構出作為一切事物之規範性關係的

---

[17] 胡塞爾針對「自然數學化」的批判與說明，請參考 *Krisis*, §9, pp. 20–60。

[18] Husserl, „Die Krisis des europäischen Menschentums und die Philosophie", in *Krisis*, p. 347.

[19] 同前註，頁 341f。

觀念，而這種過程是理性對存有自身的理念化。至於近代歐洲人在經歷過中世紀之神學存有論對人之理性的長期壓抑之後，於文藝復興時期重新思考人之理性的本質問題，因此掀起一股回歸古希臘文化的風潮。近代歐洲人不僅以古希臘人與其普遍哲學的理想為典範，亦採用了他們面對存有自身的理論態度與方法。只不過，理念化的方法學在近代科學研究成果的影響下——尤其受純粹幾何學的影響，有了一種本質上的變化，那就是對於存有之理想規範觀念的「精確化」。換句話說，古希臘人運用理念化方法嘗試掌握的有關存有之規範性的「理想完形」，乃被近代歐洲人運用數學式、公式化的方法陳構為具有精確性的客觀概念。對近代的歐洲人而言，他們仍信守着古希臘人對於存有之理念化的哲學態度，只不過其結果是：由科學理念化的方式所製造出來的，不再是與我們的生活經驗世界相關的存有理念，而是一個自在存在的、被精確規定的、封閉的概念世界。

據之，當代歐洲人自近代文藝復興時期以來通過自然科學研究而發生的自然主義式和客觀主義式的世界觀，其實是古希臘人之面對存有的理念化理論態度的誤用結果，所以對胡塞爾而言，通過一種針對理念化方法論之批判而解除當代歐洲科學危機，這點並非沒有根據。然而，欲扭轉理念化方法在科學研究中的誤用，必須先讓人之理性本質（心靈／精神本質）脫離自然（物質）的操控，並且重新恢復人與自然宇宙之全體存有之間的內在關係，亦即重新拾回被遺忘的「生活世界」；換句話說，也就是必須重新回到自古希臘時期已建立之歐洲人性和人文精神之中。

三、重建當代歐洲人文精神和科學的方法及其目的

　　若當代歐洲科學危機是出自始於近代時期之純粹自然科學對古希臘人之理念化方法論的誤用，而理念化的方法論之被誤用又是基於人之理性的崩潰，以及人之理性與自然宇宙的內在關係的破壞之上，那麼使人得以恢復與自然宇宙的關係和重建歐洲人文精神和科學的可能性，就應該奠立於重探人之理性本質和自然宇宙的真相之上，亦即應該奠立於人與其生活世界二者之內在關係的重建之上。胡塞爾認為，此內在關係的重建涉及到揭露生活世界之意義真理的問題，因此相關之方法論，應於本質上有助於作為理性主體之人回溯和理解關涉生活世界中之諸般多樣經驗的存有的實事本身（die Sache selbst）。然而，此方法論具體的特徵和操作又是如何呢？

　　在《危機》一書中，對治近代以降之歐洲哲學—科學的理念化危機，胡塞爾明確指出兩條現象學式之超驗哲學的（phänomenologisch-transzendentalphilosophisch）的思考進路：其一反省生活世界的本質界定，其二分析在世存有之人的認知心理和世界經驗；前者意圖翻轉傳統哲學中對認知客體（Objekt）的設定，[20]

---

[20] 針對傳統哲學對認知客體的設定，胡塞爾的批判主要有二：其一，有關認知客體之實在性（Realität）未經反省的、素樸的自然設定，亦即自然態度（die natürliche Einstellung）下之總命題（die Generalthesis）；其二，有關認知客體之本質客觀性（Objektivität）的設定。針對前者，胡塞爾藉由現象學懸擱（die phänomenologische epoché）的操作來排除，針對後者，則以超驗主體之絕對意識的意向性建構活動（die intentionale Konstitution des absoluten Bewusstseins）來說明。此論題的相關討論可參考：Husserl, *Ideen zu einer reinen Phänomenologie und phänomenologische Philosophie, erstes Buch*, Husserliana III/1, ed. K. Schuhmann (The Haag: Martinus Nijhoff, 3. Aufl. 1976)（簡稱 *Ideen I*）。

後者則為了揭示在世存有之認知主體（Subjekt）的心靈（意識行為）結構。通過此二思考進路的引導，可以開啟理性之人通過現象學還原的方法（die Methode der phänomenologischen Reduktion）──首要方法為現象學懸擱（die phänomenologische epoché）或超驗懸擱（die transzendentale epoché）──重新考察其生活世界的諸般多樣的原初經驗（die ursprünglichen Erfahrungen）及其本質形式（Wesenformen）的可能性，並藉之反省自身在世存有的真相與意義。換句話説，通過超驗現象學之思考進路，可以建立一門有關於生活世界的純粹本質之學（eine reine Wesenslehre），亦即對於生活世界之本質（Wesen）提出一種正確的理解，而相應於此理解則可以建構出一種有別於客觀科學性（die „objektive" Wissenschaftlichkeit）之科學理念。[21]

　　根據現象學的考察，在懸擱之後，生活世界被還原為純粹之絕對意識（das absolute Bewusstsein）的體驗（Erlebnisse）內容，因此其整體之本質結構或本質形式即必須相應於絕對意識之先天的（apriorisch）建構活動而被理解；這點關涉到生活世界與超驗主體性（die transzendentale Subjektivität）的本質關連性（Wesenzusammenhang）。基於此本質關連性，生活世界中之具體的經驗實事──涉及個別存有物與事態（Sachverhalt）的呈顯──的發生與本質形式（Wesenform）亦應通過超驗主體（das transzendentale Subjekt）對自身體驗之反省而被掌握。[22] 然而，超驗主體應如何從對自身之反省而去掌握實事之本質？此實事之本質又應具有何種特徵呢？

---

[21] *Krisis*, pp. 126, 144.
[22] 同前註，頁 177。

何謂「實事」（Sache）？胡塞爾使用此概念主要指稱與意識之主體性（Subjektivität）相應的對象性（Gegenständlichkeit）或即客體性（Objektivität），包含雙重涵義：第一，實事指在意識活動中直接呈顯的對象——即被給予之物（das Gegebene）、被直觀之物；第二，指前述作為被給予物之對象自身於意識中被直接而現實地（wirklich）呈顯的方式。換句話說，「實事」意指相應於意識現實發生之意向活動的方式而直接呈顯的被給予物；此被給予物不僅指向一個被課題化（thematisiert）之具體的意向客體（das intentionale Objekt），也指向關連於此意向客體之呈顯而未被課題化之各種視域（Horizont）的意義脈絡——後者關涉到意向客體所呈顯的事態。[23]

對胡塞爾而言，實事作為對象性根本上是相應意識的直接顯現（Erscheinung）——不論它是指涉意識外之自然事物（Naturding）或是意識之內在行為的事件（比如評價行為或意願行為等），具有絕對的明證性（die absolute Evidenz）；它一方面揭示了作為具體人格（Person）之超驗主體所經驗之生活世界的真正樣態，另一方面也提供其針對生活世界之真相進行認知判斷的「基質」（Substrat）。因此，所謂「回到實事本身」（zu den Sachen selbst），不外乎就是超驗主體就其意識活動本身去理解意識體驗——涉及意向對象或客體——的本真形式。

對於意識體驗中作為被給予物之實事的本真形式進行全面的掌握，其目的即在探究實事的本質。所謂「本質」（Wesen），意指

---

[23] *Ideen I*, pp. 41ff.

規範實事在其個體之自身存有中作為某物的內在形式（Form），具有絕對的（absolut）和必然的（notwendig）的特性；胡塞爾又稱其為 *Idee*。[24] 從哲學概念的發展史來看，*Idee* 此概念可指一種精神的「構想」或「想法」（一般譯為「觀念」），亦可指「普遍對象」（譯為「觀念」或「理念」）；[25] 後者有時承載着自柏拉圖（Plato）以降、至康德（Kant）、黑格爾（Hegel）所代表之「觀念論」（Idealismus）內涵。胡塞爾稱「本質」為 *Idee*（觀念），實則兼具前述兩種意義，是指可以通過意識（精神）之直觀而從諸般多樣之經驗實事之中把握到有關意向客體──比如個別之自然事物──的普遍對象，而此普遍對象是所有客觀認識的可能性條件。然而，必須注意的是，胡塞爾所欲把握的普遍對象或本質，不應被理解為一種與事物之顯相無關的「完善的原型」之形上學預設。[26]

---

[24] 胡塞爾指稱實事之如此存有的本性為 "Idee"。但鑑於 "Idee" 一詞常被誤解，因此啟用 "eidos" 或 "Wesen" 來取代之。詳見 *Ideen I*, pp. 8–9, 13。

[25] 胡塞爾於 *Logische Untersuchungen* 和 *Ideen I* 二書中說明 *Idee* 的兩種概念義涵；一者強調普遍對象之本質意義（*LU II/1*, pp. 113ff.），二者強調本質作為意識之構造物（*Ideen I*, pp. 153ff.）。

[26] 不可否認地，於概念史的承繼脈絡上，胡塞爾使用 "Idee" 一詞──具有 "Wesen" 或 "edios" 作為「普遍對象」的意義（*Idee I*, p. 8; *LU II/1*, pp. 112ff.）──的確與柏拉圖和康德的思想有關。也因此胡塞爾的超驗現象學──就其探究觀念之構成和主張觀念作為客觀認識的可能性條件而言──可被歸為觀念論（Idealismus）之下；然而，仍不應將胡塞爾和柏拉圖或康德的 *Idee* 之理論意義混淆。簡言之，柏拉圖的 *Idee* 是指稱「無時間性、完美、不變動性、非物質性和永恆的形式」（timeless, perfect, unchanging, immaterial, eternal forms），是一種由形上學設定而成的存有基礎，而且僅作為理智的對象；胡塞爾則從未將觀念界定為超離現象世界、作為現象之意義來源的存有原型。康德的 *Idee* 並不具有本質（Wesen）的意義，而是指於純粹理性（reine Vernunft）運作下所統攝的「超越經驗」和「無條件性」的悟性概念，具有作為理想者的精確意義；胡塞爾的 *Idee* 則是與經驗相關的描述性本質。鑑於主題和篇幅的限制，本文並不針對胡塞爾與柏拉圖、康德二者有關 *Idee* 之概念意義的異同關係進行比較，亦不分析三者之不同的觀念論特色。

　　若本質被掌握為一種關涉意識之意向客體的普遍對象，是否即意味：本質是作為意向客體之存有物的存有規範形式？而就此意義而言，它應被理解為一種理想本質（Idealwesen），故而可以相應於近代歐洲哲學－科學所追求的「理想觀念」呢？以上問題涉及到與 *Idee* 相關之 Idealität 此一概念的義涵。"Idealität" 一詞亦具歧義，可意謂「觀念性」或「理想性」二者；胡塞爾使用此概念，若意指與實在的（real）個體相對立之種、類概念時，是指「觀念性」義涵，另一方面，若意指規範意義上的本質時，則偏向「理想性」義涵──「理想性」並不排斥個體的實在。[27] 然而，在《危機》一書中，胡塞爾使用此字常指涉相應於近代科學之「理念化」方法所得到之具高度抽象化、數學化之精確性（Exaktheit）的數理概念。[28] 就此而言，相應於生活世界之經驗而被掌握的實事之本質即使具普遍對象或理想本質之意義，亦有別於近代哲學－科學所追求的「精確概念」或即「理念」。[29]

　　總之，對胡塞爾而言，實事之本質作為觀念性的構造物，基於其所具有之絕對性、必然性和普遍對象的意義，而可被理解為一種對作為意向客體之存有物的存有本性的理想規範形式，但是，它並非是近代客觀科學所欲追求的精確性理念。而實事之本質之所以不能被界定為具精確性的理念，原因在於：關涉到意向客體之實事根

---

[27] 見註釋 11。另外，有關 Idealität 一詞兼具「理想的－實在的」（Ideal-Real）雙重意義之分析，可參考 G. A. de Almeida, *Sinn und Inhalt in der Genetischen Phänomenlogie E. Husserls* (The Hague: Martinus Nijhoff, 1972), pp. 136ff。

[28] *Krisis*, pp. 24, 32f.

[29] 於後文中，*Idee* 一詞將基於不同義理的脈絡而分別採用「觀念」和「理念」二種中文翻譯，前者指胡塞爾現象學中所欲探究的普遍對象或本質，後者則指近代歐洲科學所欲追求之自然數學化的精確概念。

本上是通過意識之諸般多樣的生活原初經驗而被顯現的，因此，意向客體的表象亦將隨超驗主體之各種不同意識體驗的發生而不斷變樣（modified），如此一來，其本質內涵亦將相應地於主體的描述中被不斷修改，據之，本質作為普遍對象即使具有規範作為意向客體之存有物成為某物自身的理想性，仍只能被理解為無法精確化的觀念──本質觀念只能被理解為趨近於理想。[30]　然而，如此之本質觀念應如何被掌握？針對掌握實事本質的方法論，胡塞爾於《危機》一書中並未特別指稱，然而，提示此方法論乃是針對世界之諸般多樣流動的意識體驗而進行的一種「直觀」（Anschauung）理解。[31]　而就其分析的內容看來，此掌握實事之本質的「直觀」方法不外乎就是現象學的「本質直觀」（Wesensschau）。

　　本質直觀又稱為觀念直觀（Ideation）或觀念化的抽象（ideierende Abstraktion）。[32]　此方法被界定為作為描述科學之現象學對於純粹意識體驗之形態本質（die morphologischen Wesen）的把握方法，其操作為：在有關個體存有物（Seiendes）之感性直觀的基礎上，純粹的絕對意識通過觀念化的抽象作用而掌握到關涉此個體存有物之存有的普遍性意義，進而將此普遍性意義構造成一種新型態的普遍對象，並規定其存有方式為觀念性──相對於個體存有物之實在性。[33]　更精

---

[30] 胡塞爾於 *Ideen I* 一書之第 74 節中論及描述科學（即現象學式的描述科學）和精確科學對於本質觀念的區分。

[31] 胡塞爾於《危機》一書之第 45 節開始逐步說明，如何從有關生活世界之諸般多樣的意識體驗內容之中直觀通過實事呈顯的事物之本質意義。

[32] 胡塞爾於其早期著作 *Logische Untersuchungen* 中提出此方法概念，而且從一開始即確定本質直觀為其現象學方法論中的重要概念。

[33] *Ideen I*, pp. 139–140; *EU*, p. 313.

確地說，本質直觀的操作有以下重要的相關項：第一，本質直觀的基礎是意識體驗，後者關涉到作為意向客體之實事的諸般多樣的直接呈顯；第二，本質直觀是絕對意識在描述其有關作為意向客體之實事的諸般體驗之後，而對此意向客體之普遍同一的形態的直接把握，進而構造出相應的「普遍對象」之觀念；第三，本質直觀對普遍同一之形態的直接把握不同於一般科學的純「抽象」作用，而是一種對意向客體作為個體存有物之類屬（Gattung）的想像（Phantasie）構造活動；第四，本質直觀作為一種想像的構造，並非是純粹的虛構（Fiktion），而是對諸般意識體驗中之被給予物（das Gegebene）之意義進行「接近」（annähern）的理解；第五，本質直觀將隨意識體驗的不斷發生而一再反覆地（und so weiter）被操作，用以修正本質觀念的內涵。

　　通過本質直觀所把握的結果——即關涉到實事或作為意向客體之存有物的本質（觀念）——相應以上的操作環節則應具有以下特性：第一，本質源起於諸般多樣之意識體驗中直接被給予之實事，故而實事是其構成的基質；[34] 第二，本質是絕對意識的意向性構造物，是一種有關普遍對象的觀念，涉及作為意向客體之存有物的存有普遍形態，但不能以符號概念標示之，而正是因為本質直觀以構造普遍對象的存有形態為目的，所以它是以「理想的同一性」（die ideale Identität）為指導原則；第三，本質作為普遍對象之想像構造，會隨着意識體驗之流動而不斷修改變樣——亦即具有歷史

---

[34] 胡塞爾認為，本質直觀賴以運作之最根本的意識體驗是感知活動。

性的構造過程，因此不具有精確性；第四，本質基於意識體驗流時而明晰、時而晦暗的變動性而無法被完全固定，因此不應被理解為「完善的原型」。

根據上述可確定，通過本質直觀而把握到的有關作為意向客體之實事或存有物的本質既不是近代客觀科學家通過理念化操作所得的精確概念，也不是柏拉圖式觀念論中所設定的作為存有之完善原型的理念，而是從人所存活之生活世界的諸般經驗中所直觀到的存有物的普遍形式。據之，對胡塞爾而言，若重建歐洲人文精神的目的是欲重新回溯至有關人所處之生活世界的原初經驗之中去直觀自然宇宙事物的存有真相，並給予其一種理論的說明，那麼對生活世界之原初經驗進行本質直觀——作為一種觀念化（Ideierung）或即觀念化的抽象（ideierende Abstraktion）方法，將對治近代科學之理念化（Idealisierung）而成為重建歐洲人文精神的法門。

四、*Idee* 的歧義：觀念化和理念化之間的理論關係

胡塞爾欲通過現象學及其各種方法論去化解當代自然主義和客觀主義對歐洲文明發展的威脅，尤其是在《危機》一書中，嘗試以超驗懸擱和對生活世界的原初經驗之本質直觀去對治近、當代科學之理念化所引起的人文精神僵化的危機，其意圖和分析說明並非不清楚，然而，胡塞爾於此課題上的思考——尤其在方法論上的操作——是否毫無問題呢？

不可否認地，胡塞爾的確明白區分現象學之本質直觀或觀念化和近代自然科學之理念化二種方法論；前者能使寓居於生活世界之原初經驗中的實事存有真相被揭露，後者則使其被遺忘。儘管如此，

基於字源學上和概念演進史上的蘊涵關係，觀念化和理念化二者之間似乎會出現義理和實踐雙重層面上的糾纏而應該被進一步釐清。

就字源而言，Ideation（Ideierung）和 Idealisierung 皆關涉到 *Idee* 此一概念。*Idee (Idea)* 源自於古希臘字 ιδέα，原義有三：第一、指「看」（to see）或「概念地把握」（to grasp conceptually；此義涵與動詞 idein 有關）；第二、指「類」（sort）、「種」（species）、「模式」（mode）、「本性」（nature）等概念；第三、指「形式」（form）、「表象」（appearance; Vorstellung）和「原型」（Urbild）等概念（此義涵與名詞 *eidos* 有關）。綜合以上三種義涵，*Idee* 應被理解為「通過某種觀看而得之心靈或精神的構造物，此構造物標示着物種的本性或原型」。沿用以上字義，*Idee* 一字於哲學史演變歷程中——儘管各哲學家有不同的理論詮釋——基本上的含義有二：一方面，*Idee* 指認知主體通過心靈意識的活動而構造出來的概念（concept），亦即「觀念」；另一方面，因為 *Idee* 包含了「本性」或「原型」的義涵，所以亦常被標示為關涉存有之「完善的原型或本質」，就此而言，*Idee* 涵蓋了「理想的」（ideal）典型之義（此義涵常具有形上學設定的傾向），而可稱為「理念」。

胡塞爾於其現象學研究中主要是以「觀念」或即心靈（意識）之構造物的義涵來使用 *Idee* 此一術語，亦在此意義上將現象學理解為「觀念論」（Idealismus）。[35] 而既然觀念之物的被構造（gebildet）是意識運作的結果，因此胡塞爾着力於分析超驗主體的絕對意識之

---

[35] 胡塞爾早於著作 *Logische Untersuchungen* 一書中，即已確定「觀念」此一中心概念的義涵，並嚴守此義去論述「現象學的觀念」。

先天結構及其意向性的建構活動（die intentionale Konstitution）——
亦即「能識」（noesis）和「所識」（noema）之對應關係，藉之說明
觀念被構造的基礎或主體認知之先天的可能性條件，就此而言，觀
念本質上具有「主體性」（Subjektivität）的意義。然而，觀念之質料
卻非由意識自身所創造或虛構，而是主體通過感知（Wahrnehmung）
而直接獲取的感性素材——關涉到明證的、不可懷疑之絕對被給予
的對象性（Gegenständlichkeit）；而就對象之非屬主體之被給予性
（Gegebenheit）這點來看，觀念亦具有客體性（Objektivität）的來
源。只不過必須強調的是，承認觀念的「客體性」來源，並不等同
於去宣稱觀念具有存有之「實在性」（Realität）意義；[36] 前者只意
味着觀念的質料內容有非創生於主體意識而卻又能在意識中「現實
地」（wirklich）呈顯的明證性。

　　基於客體性此一來源，觀念之物的被構造似乎亦應具有某程度
的客觀性，換句話說，觀念的內涵或多或少是在表徵和符應其所指
涉之作為意識之意向客體的個別存有物之本性或形式；因此，胡塞
爾亦在「理念」的意義上使用 *Idee* 此一術語。然而，這不同於形
上學上僅僅為了存有之統一性系統去預設理念。對胡塞爾而言，若
謂觀念具有「理想性」，此理想的義涵是表現在意識的意向性建構
活動與被意識或於意識體驗中被直接給予的實事之相應關係上，是
可以通過於時間流之中反覆體驗和反省之認知意義上的理想，而非
存有意義上的理想。[37]

---

[36] 存有的實在性已於現象學懸擱的操作下被懸而不論了。

[37] *LU II/2*, pp. 589f.; *Ideen I*, p. 157.

　　觀念就其具「理想性」而可被理解為「理念」，此意義在胡塞爾對本質直觀的思考上更加明確。誠如前文所述，本質作為理想構造物（das Idealgebilde）是意識對有關意向客體的種種體驗中之被給予物（die Gegebenen）進行直觀抽象所把握到的普遍對象。普遍對象之內涵固然基於意識體驗的多樣性而可變樣和不精確的，但是就其被直觀把握的當下而言，卻是超過意識體驗之變化、而以「理想之同一性」為目的地去統攝出作為意向客體之存有物自身的完善理想之存有本性，或即所謂的「理想本質」。[38]

　　觀念被稱為理想本質，此理解當然不同於《危機》一書中所提及之通過理念化而構造出來之近代科學所追求的理念的理想本質；後者是脫離生活經驗的世界而被設想為自在自存之精確概念。但問題是：不論是本質直觀或是理念化，二者操作的實踐目的皆在嘗試揭露自在（an sich）存有的理想同一之本質，並也都關涉到存有真理的理論界定。因此，縱然於本質直觀中，這種對於存有本質和真理的理論界定乃源出於生活世界的存有經驗，但實質上已於某種程度脫離現實呈顯的存有多樣性而去成就一種關涉「種類」概念的典型（Typus），由之已可以產生出有關判斷「真理自身」（Wahrheit-an-sich）的辯論。[39] 因此，這種典型代表的，到底只是根據意識之直觀而被直接把握的知識論意義的形態本質（das

---

[38] *Ideen I*, pp. 154f. 有關「理想同一性」概念於胡塞爾之建構問題中的爭議性分析，可參考 de Almeida, *Sinn und Inhalt in der Genetischen Phänomenlogie E. Husserls*, pp. 142ff.

[39] de Almeida, *Sinn und Inhalt in der Genetischen Phänomenlogie E. Husserls*, pp. 151ff.

morphologische Wesen），還是標示着有關個別存有根本原型的形上學意義的「範型」（Archetypus）？這點其實是可爭議的。[40]

　　胡塞爾堅持，本質直觀所掌握到的是可隨意識之直觀經驗而流動的、具模糊性的形態本質，[41] 並批判近代科學之理念化方法是採用與直觀無關之精確的數學概念、幾何學概念去標示典型的本質；後者其實是一種遺忘了寓居於生活世界之存有根源而對範型的精確規定──這已不同於古希臘人運用理念化方法論的原初理論理想。但問題是：因為不管是形態本質、範型或科學理念，三者皆有接近「完善的」（vollkommen）、「理想的」、「本真的」（eigentlich）原型之內涵，所以若認知主體嘗試用準確的語言去進行描述，那麼很容易脫離意識之直觀、脫離生活世界之經驗的流動性，而陷入純粹形式抽象、精確化的本質界定之中。換句話說，從現象學之本質直觀的理論原則轉變為近、當代科學之數學式的理念化的方法操作並非不可能；而這種可能性實際上已從兩種方法論的字源和概念內涵的關連性中可見端倪。[42]

五、結語

　　胡塞爾之所以批判當代歐洲科學的危機，是為了挽救歐洲人性的喪失和重建與生活世界緊密相連的科學觀。因此，從現象學之描

---

[40] 這種爭議關涉到的是傳統哲學中的「共相」（Universal）問題。

[41] *Ideen I*, pp. 154f.

[42] 胡塞爾有時將 "Idealisierung" 和 "Ideierung"（Ideation）這兩個概念等義使用。因此在解讀其著作文本時，會出現義理混淆的情況。

述科學的本質直觀落入近代精確科學之理念化的可能誤失，並不是其所樂見。事實上，胡塞爾認為，現象學不僅不應該產生如同近代科學的理念化危機，就其研究的本質而言，也不會出現這種錯誤；因為現象學的哲學態度是一種奠基於生活世界之原初經驗之上而不斷進行實事回溯的反省態度，並且整個反省的導向和進程實際上乃取決於能夠不斷操作現學還原的主體自身。因此，方法學的討論和操作固然重要，但是真正能重建生活世界之意義和人文精神的關鍵仍在作為反省主體的理性人性之中。

胡塞爾與生命哲學

汪文聖

台灣國立政治大學哲學系

摘要：本文先以胡塞爾的《作為嚴格科學的哲學》看其對於生命哲學的批評，同時觀察胡塞爾在《觀念二》中對於生命概念的重視；繼而探究米緒在《基於生命哲學的邏輯建構》的哥廷根講義中，所述及之作為邏輯淵源的生命性實有基督宗教的背景；最後，再從胡塞爾現象學中如何以希臘哲學為背景，如何將曾一時轉向的基督宗教再納入與綜合在希臘哲學的理念裏，以重新對於胡塞爾現象學與米緒的生命哲學做比較。這樣我們就可以從胡塞爾對於生命哲學的立場，去深刻瞭解其現象學根本上是以基督宗教哲學還是以希臘哲學為背景；並且就當時現象學接續生命哲學的歷史發展觀點，來論證生命哲學可以作為從基督宗教哲學為背景過渡到以希臘哲學為背景之胡塞爾現象學的橋樑。

關鍵詞：胡塞爾、米緒、現象學、生命哲學、希臘哲學、基督宗教

一、前言

對於胡塞爾與生命哲學之間關係的討論已不是個新議題。生命哲學範圍甚廣，本文關注的是與胡塞爾同時代的幾位生命哲學家，特別是喬治米緒（Georg Misch, 1878–1965）。米緒是狄爾泰

（W. Dilthey, 1833–1911）的學生、女婿，其思想當然受乃師的影響，其著作也常為乃師辯護。米緒的哲學似有被學術界遺忘之嫌，但他從生命哲學的立場討論邏輯的構成，實可和胡塞爾從現象學的立場處理邏輯，相互比較。

就此議題而對於米緒與胡塞爾之間做比較者已不乏其人。在 1997、1998 年間出版的狄爾泰年刊（*Dilthey-Jahrbuch*）卷十一就以「哲學家喬治米緒」（Der Philosoph Georg Misch）為主題。這是 G. Kühne-Betram 與 R. Rodi 在 1994 年出版了米緒關於「邏輯與知之理論導論」（Logik und Einleitung in die Theorie des Wissens）的哥廷根授課講義（書名為《基於生命哲學的邏輯建構》）[1] 後，於 1996 年 10 月舉辦的研討會的論文集。《基於生命哲學的邏輯建構》是該研討會討論的對象，而米緒早於 1930 年出版的《生命哲學與現象學》[2] 則成為與會學者討論的依據；《基於生命哲學的邏輯建構》擴延到米緒與海德格哲學間關係的討論。

比較胡塞爾與米緒對於邏輯構成的觀點，一般來說，米緒對於胡塞爾現象學的瞭解常被批評為不夠周延。例如哈爾特（Alexander Haardt）曾反駁米緒對胡塞爾的兩點批評：（一）胡塞爾在發生現象學的構成分析中仍堅持理論的態度，（二）胡塞爾在晚期仍對其超驗

---

[1] Georg Misch, *Der Aufbau der Logik auf dem Boden der Philosophie des Lebens—Göttinger Vorlesungen über Logik und Einleitung in die Theorie des Wissens* (Freiburg/München: Alber, 1994).

[2] Georg Misch, *Lebensphilosophie und Phänomenologie. Eine Auseinandersetzung der Dilthey'schen Richtung mit Heidegger und Husserl. Mit einem Nachwort zur 3. Auflage* (Darmstadt: Wissenschaftliche Buchgesellschaft, 1967).

主體性的原理設定為笛卡兒主義的純粹我思。哈爾特表示二者其實共同指出了論述思維的邏輯範疇起源於前理論的經驗或前論述的生活行為，但他以為胡塞爾在注意如手動與眼動的身體經驗方面，仍少了表情與姿勢的表達部份；這顯示胡塞爾主要以認知性期待的充實為研究主旨，而非如米緒般以感情來評價一個對象為研究主旨。哈爾特又以為，根本上胡塞爾與米緒對於理解他者的處理的過程有所不同：胡塞爾從笛卡兒的立場出發，反省我思，又從認知的穩固基礎出發，重新身體性地去理解自己以及自己和他者的關係；米緒卻一開始便將個體納入到主體際的表達世界裏，認為個別的生命從開始即和他者息息共存。[3]

另外，絲特若克（Elisabeth Ströker）瞭解米緒欲重新恢復狄爾泰哲學方向的地位。[4] 但她首先批評米緒誤以為胡塞爾欲放棄「哲學作為嚴格科學」的理念，又認為米緒對於現象學問題的理解過於簡化，時而扭曲，時而混淆不清。她以為米緒瞭解的現象學取自於 1920 年代流行的看法，不時將胡塞爾的還原（Reduktion）概念誤解為演繹（Deduktion），未注意胡塞爾的構成（Konstitution）概念以

---

[3] Alexander Haardt, "Lebensphilosophie versus genetische Logik—Differenzen und Affinitäten zwischen den Projekten von Gerog Misch und Edmund Husserl", *Dilthey-Jahrbuch*, 11 (1997–98), pp. 64–73.

[4] 見 Elisabeth Ströker, "Gerog Misch und die Phänomenologie", *Dilthey-Jahrbuch*, 11 (1997–98), pp. 145–146。因為胡塞爾領導的現象學運動成為當時的哲學風潮，胡塞爾 1911 年於 Logos 發表的〈作為嚴格科學的哲學〉（Philosophie als strenge Wissenschaft）讓狄爾泰成為敏感的箭靶，但其後二人在來往的信件中，彼此評價極高，這本可讓現象學與生命哲學建立起溝通的橋樑；卻因狄爾泰 1911 年去世，以及 1927 年海德格《存有與時間》（*Sein und Zeit*）的問世，以致狄爾泰的哲學更為時人所忽略。米緒的企圖與努力，因他被捲入納粹的種族主義以及第二次大戰後的學術氛圍而受阻。

及後來胡塞爾處理的歷史與生活世界問題。但她指出，米緒的特色，在於他認為從傳統邏輯回溯的生命不是所謂的基礎（Basis; Grundlage），而是不可測的深淵（Untergrund）；它不可被認知，但讓一切科學成為可能。米緒對這回溯與構成過程的說明，是其在哥廷根講義的貢獻。絲特若克也指出，米緒曾對於胡塞爾現象學有所肯認，但始終未能對胡塞爾晚期的發生現象學做進一步的探究，否則可重新檢討生命哲學與現象學之間更深刻的關係。[5]

　　惟本文並不局限於從邏輯基於生活或生命構成來看二者的異同，而欲從他們在同樣重視生命性、但仍保有細微的差別下，來看胡塞爾與生命哲學的差異是否有更深厚的淵源。筆者近來處理了胡塞爾現象學與古希臘及基督宗教之間的關聯，結論是：胡塞爾早期以希臘的理性思維作為其現象學的根源，第一次大戰後他曾一度重視非理性的基督宗教，其後重回希臘的理論（觀視）立場，但這也未嘗不是對於前二階段的綜合。[6] 胡塞爾之哲學作為嚴格科學的立場，即顯示其希臘思想的淵源。但他自始即視經驗生活為理論的前提，與米緒的生命哲學相比，關鍵在於：二者提出的經驗生活或生命的概念究竟所指為何？例如是從希臘的亞里斯多德所重視的經驗，或是從基督宗教裏的生命意義來理解？筆者的看法是，假若胡塞爾哲學的基調畢竟為希臘式的，那麼米緒的「生命」一詞可和基督宗教的「上帝」觀念關聯在一起來談，

---

[5] Ströker, "Gerog Misch und die Phänomenologie", pp. 145–159.
[6] 汪文聖：〈從希臘走向希伯來的人文義涵？——從胡塞爾晚期「愛」的概念來看〉，《國立政治大學哲學學報》，第 21 期（2009），頁 1–34。

或至少米緒以基督宗教和希臘哲學裏所談的神性籠統地去論述生命的深義。筆者提出一個可能的命題：「生命哲學可以作為從基督宗教哲學為背景過渡到以希臘哲學為背景之胡塞爾現象學的橋樑。」這是就當時現象學接續生命哲學的歷史發展來看的，本文即嘗試對此命題做論證。

在以下的討論中，筆者欲就較早的胡塞爾著作看其對於生命哲學的批評，但同時觀察胡塞爾本人對於生命概念的重視；然後看米緒在哥廷根講義中，所述及之作為邏輯淵源的生命性實有基督宗教的背景；最後，再從胡塞爾現象學中如何以希臘思想為背景，如何將曾一時轉向的基督宗教再轉化為希臘的思想，對胡塞爾、米緒二人再做比較。這樣我們就可以從胡塞爾對於生命哲學的立場，去深刻瞭解其現象學根本上是以基督宗教哲學還是以希臘哲學為背景。

二、胡塞爾早期對於歷史觀哲學的批判

胡塞爾之《作為嚴格科學的哲學》（*Philosophie als strenge Wissenschaft*）旨在揭發出真正讓哲學成為嚴格科學理念的可能性是甚麼。胡塞爾指名道姓地說出，當時對於此理念或弱化或扭曲的始作俑者，就是以黑格爾為主的浪漫主義。因為黑格爾主義一方面具系統化理念，但缺少了理性的批判所理解的嚴格科學，以致造成了自然主義與懷疑主義的反動；另一方面，黑格爾哲學就系統來看的絕對有效性，被後人視而不見，而讓人抱有不同時代有不同哲學合法性的偏見，從而產生了具懷疑主義色彩的歷史主義。在這種懷疑主義的氛圍下，胡塞爾批評當時所流行的世界觀

哲學（Weltanschauungsphilosophie）弱化或扭曲了哲學作為嚴格
科學的理念。[7]

基本上胡塞爾認為歷史觀是我們以內在的直觀（innerliche
Intuition）方式，對於精神生命體驗入裏（einleben）的一種生活態
度。精神生命被具統一性及歷史發展性的動機所支配，以直觀對之
體驗的意思即是對這些動機去體察（nachfühlen）、去理解
（verstehen）、去說明（erklären），即是不做描述（Deskription）。當
世界觀被要求以一種科學的形式展現，也就是被要求具客觀有效性
時，它就成為一種形上學或哲學（世界觀哲學）。胡塞爾特別指出狄
爾泰在 1911 年出版的一篇有關世界觀的論文，即為之代表。[8]

狄爾泰承認歷史性的生命形式本身只是相對有效的，任何一套
個別的生命結構形式不具備絕對有效性，只要它們在歷史發展的着
眼點下被觀察，這些包括科學本身，也包括生命結構、宗教、藝術、
哲學等等。但當從整體的系統性角度看（前面世界觀被要求具客觀
有效即以此角度來看），它們可具備客觀有效性；當從個別的角度
看，它們就只具流動的有效性。因此我們可區分宗教作為具歷史性
的文化型態與作為一種理念，藝術作為具歷史性的文化型態與作為
一種客觀有效的藝術，法律與哲學也是如此。其實這在柏拉圖即是
現象與理型之區別。[9]

---

[7] Edmund Husserl, *Philosophie als strenge Wissenschaft*, ed. Wilhelm Szilasi (Frankfurt a,M.: Klostermann, 1965), pp. 11–12.

[8] 同前註，頁 49–50。

[9] 同前註，頁 50–52。

　　胡塞爾質疑的是：一位歷史學家如何能對於哲學具備系統性的真理——也就是對於自身為絕對有效的哲學之科學——的可能性做決定？胡塞爾以為理念不能從事實去奠基或反駁，否則這是一種自相矛盾的論證方式。[10]

　　世界觀哲學雖是一種哲學，但其義涵卻相較於世界性科學更屬於一種世界觀，這在其懷疑性特強時尤其能顯示出來。它懷疑的是客觀有效性，故而這種哲學是一種歷史事實，並以隨着歷史發展最後所達到的最高生命經驗、教化、智慧為最高的哲學內涵。哲學就此而言是只一種習性的累積，具體化在個人或群體的人格型態中。生命經驗指的不只是理論的，更是實踐的，包括宗教、美學、倫理、政治、技術之義等等。這些經驗讓人格形塑、教化出來，使之擁有生命的智慧。故在不同的人格成長階段有着不同的哲學，其所成長的是從之前所累積的暫時結果。世界觀哲學對於生命與世界之謎提供相對完滿的解答，前提即在於隨着生命視域的擴展，它可持續提升哲學的高度。[11]

　　胡塞爾基本上將世界觀哲學置於成就人文性（Humanität）的層次來理解；它之所以又被視為具人格性（Persönlichleit）是有歷史淵源的。它更與具全方位的生命來相提並論，實有深刻的意義蘊涵於內。但要提升到世界觀哲學所指向的高度，就需要傳統上說的技藝論（Kunstlehre）作為教化的方法。[12]

---

[10] 同前註，頁 52–53。
[11] 同前註，頁 55–59。
[12] 同前註，頁 59–60；下文將對此做進一步說明。

世界觀哲學是致力於在有限時間內可達成的目的，作為目的之世界觀理念因應不同時代而有所差異；哲學作為嚴格的科學所致力於具科學性的理念則是超時間的、絕對的。這兩種理念源於人們不同的態度、甚至不同的天性，前者是實踐的，後者是理論的。在兩者爭論之下，特別是在要擺除世界觀立場之「含糊的直觀」（vage Anschauungen）動機下，卻出現了自然科學家以理論態度提出之「自然的直觀」（Natur-anschauungen）。因此而蔓延開的實證科學風潮，對於真正具科學性的哲學造成更大的威脅。這可說是世界觀哲學後續所形成之更大的負面影響。[13]

自然科學對胡塞爾而言也是一種世界觀，它是以精確的方式在計算世界的運行（Weltlauf）。建基於含糊直觀的世界觀，以理解（Verstehen）的方式面對世界；建基於自然直觀的世界觀，以計算（Berechnen）的方式面對世界。故胡塞爾說：自然主義者與歷史主義者為世界觀爭戰，它們實以不同的角度將理念轉換成事實（Tatsachen）。對於事實的迷信而言，二者皆是一丘之貉。[14]

自然科學與歷史主義對於科學性構成威脅，並造成真正科學的危機，而對其解除就需要靠真正科學的建立。以胡塞爾的立場而言，我們必須求得一種徹底的、從下開始的、在穩定的基礎之上建立的，以及根據最嚴格的方法所開展的科學。[15]

但胡塞爾對於世界觀哲學最介意的，應是某些新的世界觀哲學

---

[13] 同前註，頁 60–65。
[14] 同前註，頁 65–66。
[15] 同前註，頁 66–67。

以為既能滿足就內容來看的科學性——也就是以一些嚴格的個別科學來獲取材料，又能滿足就方法來看的科學性——也就是自認也執行着科學的方法。這些新的世界觀哲學勇於面對形上學的問題，並取得能和諧地滿足隨不同時空而有異的理智（作者案：就方法而言）及感情（作者案：就內容而言）的世界觀。這種世界觀哲學最易和真正的科學性哲學魚目混珠，胡塞爾對之是毫不妥協的。[16]

　　胡塞爾對具科學性的哲學與世界觀的哲學尚有數點的區別：前者是研究群世代的集體成果，後者是個人間的私傳；前者是清楚明白的，後者雖有深沉意義（Tiefsinn）但常不清晰明徹。[17] 要清楚明白，就不能依附於歷史上的哲學，而要直接從哲學的問題出發。建立具科學性哲學的先決條件，就是取得這個出發點，作為絕對明白的問題所在，也要使用正確的方法，這是最根本的工作。胡塞爾曾將之訴諸於一種直觀，指出這是一種現象學的本質領會（Wesenserfassung）。[18] 除此以外，在《作為嚴格科學的哲學》裏並未對現象學做更進一步的解釋。

　　但本文並不旨在闡釋胡塞爾現象學內部的某些意義，而是探究胡塞爾在批判歷史性，以及所關聯的生命概念時，其所處的哲學背景是甚麼。下文企圖將此背景銜接到胡塞爾當時對於宗教性的討論；但之前先看看胡塞爾在《觀念二》（*Ideen II*）中如何糾纏於生命及世界觀的概念裏。

16　同前註，頁 67–68。
17　同前註，頁 68–69。
18　同前註，頁 70–72。

三、胡塞爾在《觀念二》裏對於生命及精神概念的重視

眾所周知，狄爾泰區別了研究自然科學的說明方法與研究精神（人文）科學的理解方法。胡塞爾在早年，甚至終其一生都一直關心這個問題。他將狄爾泰尚未深入體察之對意識的意向分析，作為精神科學去獲取以及理解本質一般的方法。針對於此，在《觀念二》裏胡塞爾就以處理自然科學與精神科學的現象學構成為目的。

針對胡塞爾區分自然、身心與精神三個區域（Regionen）以探究其構成的問題，我們特別要將精神提出來討論。因為精神（Geist）也是世界觀以其體驗入裏的方式來掌握的對象；它固然被胡塞爾以現象學的方法來構成，而取代了洞見直觀的方法，但這本屬於經驗事實性的精神概念，卻曾在《觀念二》裏與屬於超驗（transzendental）層次的純粹意識（das reine Bewußtsein）混淆在一起，其中即顯示胡塞爾和生命概念的糾纏。

胡塞爾說，在自然科學的層次中，人們墨守成規，不能突破自我限制，因為他們遺忘了自己本具的人格我（das personale Ich），故而理所當然地將世界或自然絕對化了。經過現象學還原，世界或自然成為意識或純粹意識的對應項，人們從原有自然主義的（naturalistisch）態度轉為人格主義的（personalistisch）態度。在純粹意識所經驗的自然，不再是自然主義的自然，而是自然的副本（Widerspiel）。進言之，自然主義的態度是人為的（künstliche）態度，人格主義態度卻是真正的自然（natürliche）態度。[19]

---

[19] Edmund Husserl, *Ideen zu einer reinen Phänomenologie und Phänomenologischen*

　　這裏顯示了幾項要點：首先，精神與人格對胡塞爾而言是同個概念；其次，現象學旨在除去人為地干擾或扭曲事物對我們的呈現，以回到事物本身，而我們因此進入了自然的態度；再者，純粹意識所經驗的世界或自然是自然的副本，這表示現象學還原後的純粹意識得以讓世界呈現其自身——也就是其自然本性，並且不只是純粹意識所對應的世界，純粹意識本身也呈現為意識自身，也回復到其自然本性；最後，我們可下個結論：若就精神與純粹意識之回復到其自然本性而言，它們皆屬於我們在自然態度中的世界，如是純粹意識也可隸屬於更廣義的精神或人格的概念下。

　　在《作為嚴格科學的哲學》裏，我們看到胡塞爾毫不妥協地區分以事實性的精神或人格為探討對象的世界觀哲學，以及擺脫事實性的科學性哲學，惟後者要從絕對明白的底層出發。在書寫該文的時間，純粹意識已被胡塞爾表示為這個明白的底層，顯然它是擺脫於事實性與經驗性的；那現今為何純粹意識反與精神同屬於自然態度中的世界，甚至隸屬於一種精神概念之下？這是《觀念二》一向為學者所詬病之處，因為順著前面真正的哲學與世界觀哲學的區別，原本純粹意識是在超驗的層次，而精神或人格卻是在經驗的層次，二者如何能混而一談？

　　將《觀念二》視為胡塞爾提出「哥廷根的生活世界」（Göttinger Lebenswelt）的桑姆（Manfred Sommer），對於胡塞爾將超驗的純粹意識與經驗的精神或人格相混淆，曾嘗試解釋。他以為胡塞爾的精神或

Philosophie. Zweites Buch: Phänomenologische Untersuchungen zur Konstitution, Husserliana IV, ed. M. Biemel (The Haag: Nijhoff, 1952) (下稱 *Ideen II*), pp. 183–184.

人格的概念實繼承着阿凡納留斯（R. Avenarius）「自然世界概念」
（natürlicher Weltbegriff）的理念；但這個世界對阿凡納留斯是哲學的
起點，對胡塞爾而言卻是現象學構成的終點，純粹意識則是構成的起
點。故純粹意識與精神世界的層次不一樣：後者才屬於自然的態度，
前者則屬於超驗的態度。阿凡納留斯的理念是在超克笛卡兒二元論，
他在起點即建立了一元論的理念。胡塞爾受之影響，但從笛卡兒的二
元論出發，在終點處才建立起心物合一的世界理念，以超克笛卡兒的
二元論。桑姆以為胡塞爾未區別其世界理念與純粹意識是終點與起點
的不同，而反映在他將純粹我與精神或人格的混為一談。[20] 桑姆特別
提到的理由是[21]：（一）主動與被動的我究是純粹我或人格我，[22]（二）
純粹我的意向性與人格我的動機性是否相同，[23]（三）人格我像純粹
我一樣是反思的產物還是在自然態度下為不自覺的，[24]（四）具備個
別性的絕對性究竟為精神我或純粹我所有[25] 等諸問題。

的確，以整個世界做為現象學的構成，旨在建立人在世界上自
然（而然）的理想生活。超驗層次的純粹我處於自我反思中，它以
一個非反思之我的生活／生命為前提。借助反思而自覺地對於我及
對象構成，實沒有較我直接的生活來得確實。故胡塞爾曾說：原本

---

[20] Manfred Sommer, "Einleitung in Husserls Göttinger Lebenswelt", in *Die Konstitution der geistigen Welt*, ed. and intro. by Manfred Sommer (Hamburg: Mainer, 1984), pp. IX–XLII; pp. XVIII–XX, XXII–XXIII, XXXIV–XXXVI.

[21] 同前註，頁 XXXVI–XXXVII。

[22] *Ideen II*, pp. 212–215.

[23] 同前註，頁 215–216。

[24] 同前註，頁 182、223、247–252。

[25] 同前註，頁 297–302。

的我不是像物體一樣，當作經驗的對象單元來看待，我事實上是個生活／生命的主體；他更簡潔地說：「我原本不是來自經驗〔……〕，而是來自生活。」（Das Ich ist ursprünglich nicht aus Erfahrung [...], sondern aus Leben.）[26]

在《觀念二》裏，桑姆所謂的「哥廷根生活世界概念」至少在兩處出現，其中一次是在第 62 節的註腳處，這裏胡塞爾將人格世界稱作「生活世界」，他將自然概念歸於人格概念之下，也就是說自然科學研究者是人格以研究自然之態度自面對事物，精神科學者是人格以研究精神的態度面對事物。[27] 這裏的「人格」一詞是較寬鬆的用法，它就等於是說「人」（Mensch）；「生活世界」的意義也較寬鬆，就是指人所生活或所面對的世界。但是否反思的我亦歸於人格或人的概念，以至於生活包含了反思，或是反思以生活為其前提而二者並不相同，在此倒未明說。

「生活概念」的第二個出處在附文（Beilage）XIII 裏，它是比較狹義的，指的是研究精神科學的人格所生活或面對的世界。胡塞爾說，人格的生活世界從自然科學竄逸而出，因自然研究者的思想方向依循着一股理論的潮流，它在開始時就離開了生活世界，但藉着技術以及自然科學每次應用於生活的形式，才又回到生活世界。生活世界中主體與周遭事物——特別是價值對象與財物——之間的關係是建立在人的動機，而非物與物的因果律之上的，這裏不必細說，重點是生活世界為獨一無二的自然世界（die natürliche Welt），

---

[26] 同前註，頁 248、252。
[27] 同前註，頁 288。

在自然的直接生活中我們是活生生作用中的主體，和其他在開放領域內作用中的主體結合在一起。[28]

這種生活世界有其理想的意義，它被視為一個往無限擴展的理念。胡塞爾說：我們建立一個往無限發展並保持為同一的人格理念，與之相應也在構成一個往無限發展也保持為同一與真實的世界理念；這個無限理念本是在其自身而存在的世界理念，也是在其自身與絕對的有效真理之基底（Substrat）。[29] 理想或理念的意義更在於：各個主體已彼此在溝通交流中，形成了社群的主體聯盟（soziale Subjektverbände），這是精神世界（Gesiteswelt）的理念。[30]

故生活世界的理念，表現在人與人溝通所建立的社群主體聯盟，即是桑姆所指出的現象學構成的終點，它是以心物合一的世界去超克笛卡兒的二元論。胡塞爾曾提出包括社群主體與外在世界的具完整意義的「周遭世界」（Umwelt im vollen Sinne）概念，[31] 心物合一的世界似可朝着此概念去思索。

但不可否認的是，我們從前反思的自然態度——因它常受自然主義影響，故精確的說是「自然主義的態度」[32]——進入到反思的超驗態度，才能再往自然態度的現象學構成終點邁進。超驗態度的純粹意識與自然態度的精神或人格原可清楚劃分，二者被胡塞爾混

---

[28] 同前註，頁 374–375。

[29] 同前註，頁 372。

[30] 同前註，頁 196。

[31] 同前註。

[32] 胡塞爾除了用自然主義的（naturalistische）態度（再參考同前註，頁 173ff.）之外也用自然性（natural）態度（如同前註，頁 180）表示同樣的意義，此則別於自然的（natürliche）態度。

為同一層次，桑姆固有所解釋；但筆者曾將純粹意識視為意識的自然本性，故它與精神人格可同屬於自然態度下的概念，或更可屬於一個較廣義的精神或人格的概念之下。問題是，此時的精神或人格和之前胡塞爾批評的世界觀哲學探討的對象是否相同？或它是否已經透過反思的嚴格科學過程所構成，故不僅是憑着含糊的直觀，從而對於精神生命只進行所謂的體驗入裏而已？

　　事實上，《觀念二》的處理是否足以將狄爾泰等的生命哲學進一步做現象學的處理，這仍是個問題，因為當時胡塞爾尚未進入發生現象學（genetische Phänomenologie）的階段。若現象學的構成仍靜態地對自然、心身與精神三個區域做架構式的建立，實與對精神生命歷史發展的本質做直觀的掌握有所不同。胡塞爾在此時仍秉持「哲學為嚴格科學」的立場，以為不能依附於歷史內容，而要直接從哲學問題出發，從最底層之工作領域出發，這就是胡塞爾早期關注的「有效性奠基」（Geltungfundierung）[33] 的問題。但從後來胡塞爾現象學的發展來看，主要由於胡塞爾發覺探究該最底層領域的過程不是一蹴可幾的，要擱置的還包括歷史習性的沉積，歷史的概念即被納入到他晚期以「弗萊堡生活世界」（Freiburger Lebenswelt）概念來討論的問題內。

　　我們以對自然科學做現象學的重構為例，看在哥廷根與弗萊堡時期有何不同：

---

[33]　Edmund Husserl, *Die Krisis der europäischen Wissenschaften und die transzendentale Phänomenologie. Eine Eileitung in die phänomenologische Philosophie*, Husserliana VI, ed. W. Biemel (The Haag: Nijhoff, 1954), p. 191.

在《觀念二》對自然科學的現象學奠基工作，是讓自然科學研究者自覺到自然科學是建立在因果律的基礎上，因而與精神科學的研究建立在動機性上有所不同。至於自然科學家如何鑒於精神世界作為現象學構成的終點，而將自己的研究納入此歷程中，《觀念二》並沒有明確指示。

在胡塞爾晚期《危機》的現象學工作，一方面讓自然科學研究者自覺到除了科學研究的生活世界之外，尚有處在家裏、大自然界、娛樂場所等等的不同生活世界，並使自己能在不同的生活世界間自由轉換，而不至於局限於自然科學的環境，甚至將整個人格也局促於自然科學的研究態度中。[34] 另一方面，現象學工作讓自然科學的生活世界與更廣大的世界相關連，因為自然科學研究所依據的因果律是世界中普遍因果規則（universale kausale Regelung）所抽象出來的一部份，[35] 也因為目前自然科學的生活世界是源於歷史上伽利略作為代表人物的新發明，他將前近代人們建立在經驗上對於世界相對性的理解，轉變成建立在數學思維上的絕對性理解。[36] 這種轉變更透過許多科學技術的成果形態影響至今。

這樣的現象學分析讓自然科學家（也包括現代人們）能對於這些歷史習性的沉積有所察覺，讓為自然科學影響的生活世界更有效的脫離自我的絕對化，以納入到更廣大的世界裏，這個世界即可呼應《觀念二》裏的精神世界。故胡塞爾晚期鑒於人之歷史性更進行

---

[34] 同前註，頁 138ff。
[35] 同前註，頁 28ff。
[36] 同前註，頁 20ff。

所謂「發生的奠基」（Genesisfundierung）工作，這是在對於嚴格科學性的要求並不改變之下，對於求取哲學問題出發點方式的補充。

　　本着「精神生命是現象學構成的終點」，以及前述「生活中的我是反思的我之前提，並且『我』事實上是個生活／生命的主體」等見解，我們有理由主張：基於超驗態度才能建立的現象學作為嚴格科學之理念，根本上屬於上達自然態度的精神生命之過程，精神生命正也是世界觀哲學所探究的對象，只不過它以含糊的直觀為手段去達成，這是胡塞爾對世界觀哲學主要批評之處。

　　本文既提出了一個命題：「生命哲學可以作為從基督宗教哲學為背景過渡到以希臘哲學為背景之胡塞爾現象學的橋樑。」經過前面討論後，此命題的意義可更明確地表示為：生命哲學就研究對象或目的而言與胡塞爾現象學為一致，但就方法過程而言與胡塞爾現象學有所不同。惟本文的重點不欲就方法來看生命哲學與胡塞爾現象學的不同，雖然前面的討論已略為提及。本文主要欲就內容來看生命哲學與胡塞爾現象學之不同，這即涉及到他們各自的思想背景。

四、米緒的生命哲學義涵

　　本文將涉及《基於生命哲學的邏輯建構》，主要看米緒如何將生命哲學與基督宗教關聯在一起，如何視邏輯為上帝的表現，並由此觀點去瞭解他對胡塞爾的批評。

　　米緒將邏輯關聯到存有者的本質，而對於存有者思想上的規定是一種屬於大全理性（Allvernunft）的永恆規則，這個大全理性即是可稱為具神性的 logos，他引用黑格爾「邏輯是上帝的表

現」，故透過邏輯與神的關連，米緒實認為上帝在生命哲學中佔有根本的地位。[37]

直接將基督宗教與生命哲學關聯在一起的一段話，出現於他在《基於生命哲學的邏輯建構》授課講義的前言裏：

> 古典之相應着邏輯形式的存有者規則，和基督宗教對於不可見的，以及對於我們生命關聯的知之原理相對立，這種知不是對某事物的認知，也不是隨着宗教信仰後對存有者的認知，而是被納入在宗教倫理的信仰過程裏，被理解為「生命的知」。生命之知的原理和傳統邏輯相對立，問題是：我們不去注意這生命之知，只將它託付給信仰與直觀，而局限了邏輯的範圍；還是我們必須與能夠將生命之知納入到邏輯裏來，作為知的基礎學說？……其實若沒有「生命的真理與一般有效的認知，體驗的確定性與理性的必然性」二者對立造成哲學的不安，就不會引起我們在邏輯的開端就想到基督教之存在的事。這不為傳統邏輯之知性所消化的基於生命真理中生命之知的原理，正被要求成為一種知，它是對我們整個人類存在具決定性的知。[38]

米緒指出，狄爾泰以為精神（人文）科學的概念內容必須表達出時間的過程、作用、能量與事件的發生，它們把蘊含在生命裏的某些

---

[37] Georg Misch, *Der Aufbau der Logik auf dem Boden der Philosophie des Lebens*, pp. 64–65.

[38] 同前註，頁 70。

傾向、變化與不安表述出來，因而邏輯成為動態的邏輯。[39] 與上文對照，生命本身的變動不安，曾為基督宗教藉信仰來瞭解，它如何轉化成邏輯表述，是狄爾泰與米緒所探究的問題。故建立在生命性的邏輯即是從基督宗教信仰上的生命之知，轉化理性的邏輯之知。

　　仔細言之，深邃的生命常被一些神秘主義者（如老子）或生命哲學家（如柏格森）視為不可言說。但不可言說性（Unaussagbarkeit）是指某某不能為概念所規定，但它卻可為字詞（Wort）鎖定而直接表示出來，故「不可言說」與「不可表示出來」（unaussprechlich）並不相同。「可言說」主要指其具有傳達性，「可表示出來」則在於其透過聲調而開口。字詞可表達意義，若字詞為概念，就可具傳達性。米緒建立從開口表示出來到概念形成的過程。[40]

　　但鑒於需從字詞表示出來開始，米緒批評長久以來將字詞表達的意義觀念化了，就像是意義留在那裏，立基於自己，漂浮在生命與世界之上的觀念一樣。這種行徑被視為字詞與語言基礎的「觀念的意義單元」（ideale Bedeutungseinheiten）概念，也常出現於胡塞爾現象學。[41] 要防止這種觀念化，名詞的意義（Bedeutung）需被視為動詞的 bedeuten 所衍生，這個動詞就可將意義（Sinn）[42] 彰顯或產生出的精神活動指引出來。就語言的形成歷史來看，動

---

[39] 同前註。

[40] 同前註，頁 80–82。

[41] 至於米緒對胡塞爾的批評是否正確，下文將再討論。

[42] 米緒將 Bedeutung 與 Sinn 交替使用，但 Sinn 似較偏於從主觀感官出發攝取的意義，參考 Misch, *Der Aufbau der Logik auf dem Boden der Philosophie des Lebens*, pp. 95–96。又或許感官攝取的是一種整體的意義，故 Sinn 和句子相關連；反之 Bedeutung 和一個字語相關連，參考同前註，頁 102。

詞的基本形式實是較原始的。米緒要強調意義和表述皆是在表述
世界中共同生命的原始現象，這原始現象更延伸到動物的行為、
動物的肢體動作，對它們的理解需要素樸之前科學的直觀方式，
知識份子卻常失去了這種能力。[43]

　　語言表述源出於個別的字詞，個別字詞已是可辨識的
（artikulierte）聲調，它異於不可辨識的叫喊聲，它們皆起源於動
物與嬰兒的世界。[44] 故不只是語句與字詞，表情與肢體動作亦承
載着可在一特定社群中被理解的意義。意義經由許多語言與非語
言的方式而彰顯，它是透過某某而指向某意義，故米緒在此以現
象學的意向性（Intentionalität）概念來表示意義的特性，意義即
是意指（Meinung）。[45]

　　但這個意向性或許呈現出較現象學更深刻的義涵，因為米緒
將意義（Sinn）與言談（Rede）的整體關聯到希臘字 logos 的義涵
去。[46] 米緒固然不反對將 logos 譯為「理性」（Vernunft），但理性
不僅是就主體或主觀來看人的能力，而是就客觀來看屬於宇宙的
性質，它雖然深不可測（unergründlich）、不可言說（unsagbar），
但仍可被字詞表示出來（aussprechbar），這即如同赫拉克利特
（Heraklit）所言的 logos。[47]

　　赫拉克利特將 logos 從當時日常語言的意義提升到形上學的

---

[43] 同前註，頁 87–89。

[44] 同前註，頁 91–92。

[45] 同前註，頁 96–97。

[46] 同前註，頁 97–98。

[47] 同前註，頁 106–107。

層次，它是支配大全宇宙，蘊含於「一切皆流逝」的實在世界裏。當 logos 支配人的行為時，它即成為 ethos。米緒借赫拉克利特對 logos 的理解，認為 logos 不只是可思的、可認知的，更是深不可測的，這在於 logos 具有內在的創造性，如火一般至高的運動性，人的心靈因 logos 的內存而擁有具高度提升能力的生命性。[48]

對於赫拉克利特言，神明可掌握 logos；對於米緒而言，logos 是否與某某神性結合，或根本上與基督宗教的上帝相關聯，這是本文接着要探討的。

米緒曾經以約翰福音的「太初有道」和課堂學生分享 logos 的深義，但也提出哥德的詮釋，強調 logos 的行動（Tat）義涵。[49]卡爾‧洛維特（Karl Löwith）曾以一個徽章圖案周旋在黑格爾與哥德之間的故事說明兩人的不同風格：比之於黑格爾是個連繫理性與神學的天才，哥德則是個連繫人性（Humanität）與神學的天才；黑格爾提振了理性中的基督教，理性作為基督教的 logos 是絕對的，哥德則提振了人性中的基督教，而彰顯了純粹人性中的奧秘；黑格爾提倡哲學的基督教，哥德則提倡基督教的異教性；黑格爾寧願談精神，哥德則談自然……。[50]我們不要忘了之前提到：胡塞爾認為當時以黑格爾為主的浪漫主義弱化了哲學的科學性理念，世界觀哲學在於成就人文性。如果黑格爾較傾向基督教，

---

[48] 同前註，頁 108–110。

[49] 同前註，頁 127。

[50] Karl Löwith, *Von Hegel zu Nietzsche—Der revolutionäre Bruch im Denken des neuzehnten Jahrhunderts* (Hamburg-Wandsbek: Fischer, 1969), pp. 23–34.

哥德則較傾向希臘（前蘇格拉底的物活論），他們所源出的生命哲
學卻皆是胡塞爾所批評的。

米緒曾一方面介紹了謝勒（Max Scheler）的基督宗教背景，指
出謝勒關注的是：到底認知先於愛，還是人之所以能夠認知，因為
被認知的在愛裏推動着人去認知？過去奧古斯丁也曾提出類似的問
題，他的答覆是：知（Wissen）起源於人之有興趣的、和感受相關
聯的生命行動。[51] 其實海德格鑒於胡塞爾從意識出發來看意向性，
而將之從此在（Dasein）來說明意向性的衍生性時，同樣提到奧古
斯丁。他說：對於事實性的生活經驗，包括其後因此而對於此在的
重視，皆不是他的創舉，因為這是「奧古斯丁與特別是 Pascal 已經
注意的存有論基礎」；對奧古斯丁而言，意向性不是認知的，而是具
愛欲的（erotic），至少是呈現感受的（effective）；世界不只是被認
知的，更是被愛的——包括正確的愛（caritas）與錯誤的愛
（cupiditas）。[52] 米緒是否認同謝勒或這裏所說的海德格呢？

另一方面，米緒進一步討論知的型態時亦贊成謝勒的看法。謝
勒區別人固有之知與屬於動物、嬰兒，甚至精神病理狀態的一種知。
前者由自我意識與對象意識所伴隨，後者少了這種意識，謝勒卻將
後者類比於宗教精神上的知，一種心靈與上帝合一、生命為神性所
充滿的知，他稱之為「神入忘我的知」（ekstatisches Wissen）。但宗
教上的「知」是神秘之知，在可言說性之彼岸，是超越言說之上的；

---

[51] Misch, *Der Aufbau der Logik auf dem Boden der Philosophie des Lebens*, p. 200.

[52] 參考 James K. A. Smith, *Speech and Theology: Language and the Logic of Incarnation* (London & New York: Routledge, 2002), p. 80。

動物或嬰兒的「知」是原始的（primitive）知，在可言說性的此岸，是在言說之前的。後者的知不是意識之對象化某某，而是生活入裏於（in … hineinleben）與承受於（erleiden von）周遭的世界。如此動物或其他生物有其自己的世界圖像，並非要面對和人同樣的世界，但因具備較劣等的感官，而產生了較不清楚明白的圖像。[53]

　　米緒類比神秘之知與原始之知的動機，是否一方面承認具神性的 logos，另一方面認為原始之知來自深邃的生命，而它雖表現在動物與嬰孩身上，但卻是 logos 轉化為字詞與語句、概念等的必經過程？

　　米緒不只是將深邃的生命借取謝勒的觀點，也在針對從生命之源往字詞與語句的發展過程，參照了謝勒的看法。這裏指的是理論的態度發生時，一般現象學歸於對於某某的意識，而米緒毋寧維持在精神活動的層次，雖同樣以意向性表示，但包括價值感受與目標設定，越過了行動與行動內容而指向對象。[54] 或許也因為認同具神性的 logos，當一般現象學以意向性是意識往對象去超越（traszendieren），但這個超越已離開了深邃的生命性。米緒則指出另一種超越仍維持在生命當中，它可稱為「原始的超越」，如同史萊爾馬赫（Schleiermacher）指出的一種宗教經驗，藉之人的生命在仰賴超然的力量下向上提升，這可說是從原始之知直接再回到神秘之知的超越行為。[55]

---

[53] Misch, *Der Aufbau der Logik auf dem Boden der Philosophie des Lebens*, pp. 246–248; 在他處米緒對於未有自我指涉（Ichbezogen）的生活行動有兩種型態：一是在主客分裂之前，如動物的生活入裏於世界；另一是在主客分裂之上，屬宗教的體驗，見同前註，頁 315。

[54] 同前註，頁 315、324。

[55] 同前註，頁 325–326。

　　至於米緒在解釋狄爾泰對於精神科學提出「理解」（Verstehen）作為方法，以及闡明狄爾泰所謂「概念說出一個類型」（Der Begriff spricht einen Typus aus）時，也以宗教學為例，指出當時馬堡的神學家奧圖（Rudolf Otto）所主張的宗教經驗即是正確的精神科學方法。宗教經驗不是對於主體內在性中所沉思冥想的以一種內省（Introspektion）方式去掌握而已，而是透過內含於此經驗的意義（Sinn）向宗教對象去指涉，神聖者（das Heilige）即是一種宗教性範疇，透過它就可對於上帝做表述。「神聖」一詞不是以一種引伸的意義（例如與道德相關聯作為完整之善的意義）來瞭解。但要恢復如此被淡化的神學性，就需要重新拾取原始的宗教意義。這種範疇不可被定義，只能被討論（erörtertbar），讓聽者被引導至自己的情感（Gemüt）中樞去。討論必須讓聽者自我激發與自我意識到，讓他在精神生命中從反思對象返回行動；因為反思只不過是讓明白性附加在對象上而已。米緒更提出了一個激發（Evozieren）的概念，取代奧圖的討論（Erörtern），即是讓精神生命裏已有的意義內容（Sinngehalt），清楚明白地進入到我們的意識裏去。[56]

　　米緒反對完全抗拒精神生命的概念化，如過去的狂飆運動所為。他也反對概念的僵化，這常表現在對宗教經驗的文書化（Verbrifflichung）上面；即是他呼應了教育學家培斯塔羅齊（Pestalozzi）對宗教教育集體僵化（kollektive Verhärtung）的批評。僵化的原因不在於集體沒有原創力，而在於論述式的確認（diskursive

---

[56] 同前註，頁 540–545。

Feststellung）取代了激發式的言說（evozierende Aussage）方法。附帶地說，「激發式的言說」是對應於精神科學，「論述式的確認」是對應於自然科學；精神科學是對有自我性的對象表述出來，將具創造性的生命對象化、做表述；自然科學對沒有自我性的對象理論化，建立了疏離生命的嚴格科學。米緒固然承續狄爾泰而將精神科學與自然科學劃分開，他也尋找二者的共同處，此即在於它們皆可成為科學的對象。惟因為對象不同，以致對於它們表述化的過程與方法也相異。[57]

因為激發的方法，故能夠超越詩的與宗教的範圍，將之指引到科學的領域，故能從詩（Poesis）過渡到詩學（Poetik），從宗教（Religion）過渡到神學（Theologie），從哲學家過渡到哲學教授。但前提是後者皆能從前者具創造性的精神生命中產生出概念來。[58]

生命哲學是將具創造性的精神生命轉化成表述的科學，而這個生命性被米緒關聯到信仰基督教的生命之知，故生命哲學的確是從基督宗教信仰所轉化而成的一種科學性哲學。胡塞爾批評生命哲學的嚴格性與理論性不足，是因為胡塞爾從希臘哲學的背景[59]來予以

---

[57] 同前註，頁 551–556；Misch, Lebensphilosophie und Phänomenologie, p. 94。

[58] Misch, Der Aufbau der Logik auf dem Boden der Philosophie des Lebens, pp. 562–563.

[59] 對此胡塞爾始終以為隨着希臘哲學的誕生，歐洲人與生俱來以建立一個基於哲學理性的人類為目的，見 Husserl, Die Krisis der europäischen Wissenschaften und die transzendentale Phänomenologie, pp. 13–14；但嚴格來說應是從蘇格拉底至亞里斯多德的傳統，而非前蘇之物活論時期，主張物活論的前蘇哲學則為生命哲學之起源之一，如哥德所代表者。

評價。反之，胡塞爾現象學被生命哲學家批評生命性不足，也因從基督教背景來理解的生命性始終不隸屬於胡塞爾現象學，即使發生現象學所着眼的生命性也不從基督教來理解。胡塞爾與生命哲學根本不屬於同一個文化基調，他們之間的比較，可以從這較公允的立場來重新檢討。

五、胡塞爾現象學與米緒生命哲學間關係的再檢討

我們見到，胡塞爾以為「哲學為嚴格科學」的理念被弱化或扭曲的始作俑者是黑格爾為主的浪漫主義，認為其中少了理性的批判；而胡塞爾批評的是黑格爾之結合基督教與理性。我們也見到，胡塞爾認為一些精神型態如宗教、藝術、哲學，從整體系統性的角度來看具備客觀有效性，從個別的角度來看只具相對有效性；但他批評從後者的事實不能去奠基前者的理念，故前者並不具備真正客觀的有效性。其實胡塞爾的現象學亦從事實出發構成本質，但本質的來源不是事實，而是在以理論的態度對於事實反思之下，從所呈現出的先天性結構發展而來；理論的態度即是出自於希臘傳統的思維。

世界觀要求人格之教化與形塑，胡塞爾以為世界觀哲學在成就人文性與人格性，而常訴諸於技藝論。我們知道希臘羅馬時期以降，從斯多噶與伊比鳩魯之後，被稱為 *artes liberales* 的文法、修辭、辯證、算數、音樂、幾何、天文七個學門即當時流行的技藝論，旨在教化與形塑自由的人格，而塞內加（Seneca）以為哲學才是技藝論的本質，才足以讓人格自由。我們也知道，胡塞爾在討論自己的純粹邏輯學與倫理學時，曾與技藝論有些既區別又相關聯的模糊論述，因而他未嘗

不是像塞內加一樣，考慮在理論態度之下探究的哲學，是否與如何本身亦可成為一種技藝論。[60]

　　其次，針對人文性與人格性的概念，我們見到哥德將基督教的神性往人文性彰顯，而「人格」（Person）一詞和基督教的位格有所關聯。在《觀念二》裏不論胡塞爾對於一般的精神生命視為人格，或對於理想的精神世界視為由各個主體形成的社群聯盟，這些是將基督宗教裏藉聖靈維繫的教徒，轉化為從希臘哲學所重視的理論態度來重構。針對於此，哈爾特與桑姆已如前述確切地指出，對胡塞爾而言，這個社群聯盟是整個世界構成的終點，而對於米緒而言，從開始時個別的生命即和他者息息共存。對於胡塞爾與米緒在這方面的差異，我們可更深入來看。

　　在胡塞爾發生現象學階段，內在時間意識討論中出現的「原我」（das Ur-Ich）概念，被視為具有內在社群化（innere Vergemeinschaftung）的意義；[61] 被動綜合解析裏出現的「前我」（das Vor-Ich）概念，被視為自始即與他者處於一共在的狀態。[62]

---

[60] 參考 Christoph Horn, *Antike Lebenskunst* (München: Beck, 1998), pp. 53–54；汪文聖：〈胡塞爾早期倫理學與亞里斯多德倫理學的關係〉，《國立政治大學哲學學報》，第 18 期（2007 年 7 月），頁 1–28，其中頁 6–7，以及〈從希臘走向希伯來的人文義涵？——從胡塞爾晚期「愛」的概念來看〉，頁 5–7。

[61] Klaus Held, *Lebendige Gegenwart. Die Frage nach der Seinsweise des transzendentalen Ich bei E. Husserl, entwickelt am Leitfaden der Zeitproblematik* (The Haag: Nijhoff, 1966), pp. 156–160; Husserl, *Die Krisis der europäischen Wissenschaften und die transzendentale Phänomenologie*, p. 188.

[62] Edmund Husserl, *Zur Phänomenologie der Intersubjektivität. Texte aus dem Nachlaß. Dritter Teil: 1929–1935*, Husserliana XIV, ed. I. Kern (The Haag: Nijhoff, 1973), pp. 172–173, 604.

這樣的理解仍是基於古希臘哲學的背景，例如亞里斯多德的質形論。至於在米緒哲學中個別生命與他者的共在，很可能是基於基督教愛鄰人的戒律，當然「鄰人」（der Nächste）的意義是最切近自己的，而他者與自己一樣是最近的（the nearst），是自己的複製品。[63] 甚至因耶穌或上帝深駐吾心，[64] 而可能產生上帝是我最近之「鄰人」的詮釋。這些皆讓米緒所談的生命性可更深入來理解。

惟面對原為基督宗教裏的「愛鄰人」，胡塞爾曾做出以希臘哲學為立場的評價。胡塞爾在 1917 至 1918 年前後三次的演講：「費希特的人性理想」（Fichtes Menschheitsideal）中已提到，人邁往上帝合一的幾個階段中，宗教性更需發展到建立在哲學見解上的宗教性，故僅憑愛鄰人的理念行事尚不能自主。哲學提供了純粹倫理學，去領導包括宗教的文化型態。同樣的，1922 至 1924 年間胡塞爾在日本《改造》（The Kaizo）期刊發表的論文裏，也指出真正的倫理學不是依照愛鄰人的理念，去規約自己對於他人去行善的道德哲學，因為這種道德哲學尚缺乏自主性；真正的倫理學不只是個人的倫理學，也應包括社會（群）倫理學，因而所要求的是一種具人（文）性的文化（humane Kultur）；而當人能普遍地基於理性而做自我決定時，真正的人文性（echte Humanität）才開始成長。故胡塞爾說，基於具自主性或自我決定性的理性，作為

---

[63] 參考 Søren Kierkegaard, *Works of Love: Some Christian Reflections in the Form of Discourses*, trans. Howard and Edna Hong (New York, Hagerstone, San Francisco, London: Harper & Row Publishers, 1962), pp. 37–38。

[64] 一般引《聖經·以弗所書》第三章 17 節裏保羅的強調：「使基督因你們的信，住在你們心裏，叫你們的愛心有根有基。」

嚴格科學的哲學因促成了往人文理念進展，故其本身亦具實踐性，哲學是「真正人文性自我實現的技藝」（Technik der Selbstverwirklichung echter Humanität）。胡塞爾此番言論，實也回答了前面提出之哲學是否與如何成為技藝論的問題。

胡塞爾之從希臘立場來看基督宗教，亦反映在前已提及的立場：他在一次大戰後一度重視非理性的基督宗教，後來又重回希臘的理論立場，但將某些基督宗教的談論納入而加以綜合。這首先反映在他的費希特演講裏，以為基於哲學的宗教意識，我們就能從宗教性的階段進入到神知（Gott-Wissen）的階段，原本單純的信仰轉為一種觀視（Schauen）。後來在《改造》一文裏，胡塞爾也強調在原初的宗教直觀下，我們能將耶穌觀視為一位值得尊重且具純粹善的人，如此才能取得包括愛的能力。這種觀視即是源於希臘思想的theoria 或 contemplation，藉之原本事實性的真理（Tatsachenwahrheit）轉化為救贖性的真理（Heilswahrheit），原本具種族性與歷史性的基督教轉化為屬全人類具普遍性的宗教。[65]

在更晚的胡塞爾手稿中，「哲學的神學」是胡塞爾對於宗教的最後定論，被他認為是宗教發展的最高點。他並以為亞里斯多德開出了這種哲學的神學之典範。[66] 由此更顯示希臘哲學對於胡塞爾的重要。

胡塞爾將基督宗教納入希臘哲學並加以綜合；在千餘年前的

---

[65] 關於費希特演講及《改造》論文的論點及在胡塞爾著作的出處，可見汪文聖：〈從希臘走向希伯來的人文義涵？——從胡塞爾晚期「愛」的概念來看〉，頁 15–27。

[66] E III 10, 14a–14b, 1930.

奧古斯丁身上，也見到基督宗教與希臘哲學兩個面相。奧古斯丁常被視為新柏拉圖主義的基督徒或基督宗教的新柏拉圖主義者。一旦二者在他身上發生衝突，究竟是以基督宗教修正新柏拉圖主義，還是以新柏拉圖主義對基督宗教做詮釋，則是見仁見智。[67] 胡塞爾至少在兩處提到奧古斯丁，除了一般較熟悉的、胡塞爾在《時間意識講義》開宗明義引用奧古斯丁《懺悔錄》第十一卷第十四章：「如果你不問我，我知道；如果你要我去解釋，我卻不知（時間）」[68] 之外，他在《笛卡兒沉思》結尾時也提到奧古斯丁：「神的宣告『認識你自己』已獲得一個新的意義⋯⋯。我們必須首先使用『擱置』讓世界喪失，然後才能於普遍的自我意識中再獲取它。這即是奧古斯丁說的『不要從無中失掉你的路子，回到你自己去，在內在的人裏真理駐留着』。」[69]

哈豆（Pierre Hadot）在其著作《哲學作為一種生活方式》裏就奧古斯丁的「內在的人」與胡塞爾的「普遍自我意識」做一連接，認為奧古斯丁對於聖經內保羅強調「盼望門徒信仰與剛強，聖子與聖靈駐於人心」做了柏拉圖式的詮釋：聖子駐於人心，以致我們可思維與具理性；故我們可見「認識你自己」的「神諭」，從蘇格拉

---

[67] Frederick van Fleteren 持前者的立場，他也認為海德格持後者立場，見 Frederick van Fleteren, "Augustine: Confessiones X", in *Martin Heidegger's Interpretations of Saint Augustine Sein und Ewigkeit*, ed. Frederick van Fleteren (Lewiston/Queenston/Lampeter: The Edwin Mellen Press, 2005), pp. 3–25, 其中頁 3–8, 17–18。

[68] Edmund Husserl, *Zur Phänomenologie des Zeitbewußtseins (1893–1917)*, Husserliana X, ed. R. Boehm (Den Haag: Nijhoff, 1966), p. 3.

[69] Edmund Husserl, *Cartesianische Meditationen und Pariser Vorträge*, Husserliana I, ed. S. Strasser (The Haag: Nijhoff, 1950), p. 183.

底、保羅、奧古斯丁、笛卡兒到胡塞爾,基於不同的文化背景而有
不同的詮釋。[70] 不論哈豆對奧古斯丁新柏拉圖立場的理解是否確
切,至少他認為胡塞爾對於奧古斯丁的基督教思想做了希臘式的詮
釋,也表露了胡塞爾毋寧以希臘而非以基督教為其思想背景。

反觀米緒的生命哲學雖從基督教信仰層進而為一種哲學,但他
仍以基督教思想為背景,當然對於胡塞爾「哲學為嚴格科學」的立
場採取了批判的態度。然而從他對於以生命哲學作為邏輯基礎的角
度來看,米緒已將生命之知發展到邏輯之知,已從神秘之知轉化為
原始之知,然後以字詞與概念開始建立邏輯體系。或許他沒有再像
胡塞爾一樣,從希臘哲學的理論態度中汲取嚴格的現象學方法,故
仍以模糊的直觀方法來開展其邏輯的體系。惟胡塞爾與米緒的不同
方法並不為本文探究的重點。而若我們從胡塞爾成立了嚴格邏輯體
系的立場來看,實可將米緒的生命哲學視為邁往胡塞爾現象學的一
個過渡;藉之我們也可對於胡塞爾現象學有更深刻的瞭解。

六、結論

一般現象學界固然知道狄爾泰思想影響胡塞爾現象學,胡塞
爾也繼續發展狄爾泰對於自然科學與精神科學之方法與其構成的
思想,但較忽略了其弟子米緒。其實米緒的學生約瑟夫・科尼希
(Josef König, 1893–1974) 也值得現象學界探討。他們延續着狄

---

[70] Pierre Hadot, *Philosophy as a Way of Life: Spiritual Exercises from Socrates to Foucault*, trans. Michael Chase (Malden: Blackwell Publishing, 1995/2006), pp. 65–66.

爾泰生命哲學的傳統，見證了當時以現象學與詮釋學為代表的哲學新潮流。

生命哲學的淵源自然有其複雜面，但大體可分為有神論與無神論，有神論又可分為基督宗教或自然神論或泛神論。如果說西方哲學始終與神學背景密不可分，那麼我們有理由對於現象學也以這種觀點來思考，以及將現象學與生命哲學的直接衝撞，也置於宗教的背景來思考。米緒的生命哲學與胡塞爾的現象學就提供了我們去如此思考的材料。

筆者再次強調，本文一方面基於現象學接續生命哲學的歷史發展背景，論證「生命哲學可以作為從基督宗教背景過渡到以希臘哲學為背景之胡塞爾現象學的橋樑」，另一方面就胡塞爾對於生命哲學的立場，去深刻瞭解其現象學根本上是以希臘哲學為背景。論證的過程除了歷史或時間的事實顯示此跡象外，更有思想的邏輯性來強化此命題。當然，更進一步的問題是，當時其他的哲學家是否直接影響到胡塞爾，讓他遠離基督宗教背景的生命哲學，進入到希臘哲學為背景的現象學。這些哲學家當中，布倫塔諾（Franz Brentano, 1838–1917）應該扮演了一個重要角色，這也是目前學界欲對布倫塔諾進一步研究的動機之一。

歐洲的危機與重生——胡塞爾與柏托什卡

戴遠雄

比利時盧汶天主教大學（荷語）

摘要：本文闡述胡塞爾（Edmund Husserl）和柏托什卡（Jan Patočka）對歐洲作為哲學概念的研究，比較二者對歐洲文明的不同診斷，從而檢討其歷史哲學的貢獻和限制。本文指出，胡塞爾認為歐洲文明的危機在於偏狹的理性主義，而超越之道在於發揚更全面的理性主義。柏托什卡則批評胡塞爾帶有歐洲中心論，忽略了理性主義之外歐洲更悠久的遺產——關顧靈魂。「關顧靈魂」引向人類的道德覺醒，抗衡宰制，因而不會招致偏狹的理性主義，即使在 21 世紀仍然有助人們應對歐洲文明的危機。

關鍵詞：胡塞爾、柏托什卡、歐洲、危機、理性、關顧靈魂

在 20 世紀 30 年代，胡塞爾（Edmund Husserl）認為歐洲陷入了存在危機（Krise des europäischen Daseins）。[1] 八十多年後的今天，人們仍然認為歐洲面臨不絕的危機，例如是 2008 年美國「金融海嘯」

---

[1] Edmund Husserl, "The Vienna Lecture: Philosophy and the Crisis of European Humanity," in *The Crisis of European Sciences and Transcendental Phenomenology*, edited by David Carr (Evanston: Northwestern University Press, 1970), p. 299 (下文簡稱 *Crisis*); Edmund Husserl, *Die Krisis der europaïschen Wissenschaften und die Transzendentale Phänomenologie: eine Einleitung in die phänomenologische Philosophie*, Husserliana VI, edited by Walter Biemel (The Hague: Martinus Nijhoff, 1962), p. 347 (下文簡稱 HUA VI).

引發的全球經濟危機、2015 年的難民危機、2016 年英國公投脫離歐盟引發的政治危機等；巴理巴爾（Étienne Balibar）就認為上述危機象徵了歐洲的存在危機（crise existentielle）。[2] 所謂「存在危機」有別於任何一個歷史時刻，歐洲經歷轉變後會安然進入新的階段，而是指一個生死存亡的時刻，歐洲可能會消失。歐洲國家即使仍然存在，但作為政治和文化理念的歐洲，締造國際和平與多元文化的歐洲，恐怕隨時會被危機所摧毀。對歐洲危機的分析，可以追溯至第一次世界大戰時期。當時不少知識分子開始談論歐洲的衰落，著名的如史賓格勒（Oswald Spengler）在 1918 年出版《西方的沒落》(*Der Untergang des Abendlandes: Umrisse einer Morphologie der Weltgeschichte*)，指出每一種文明都有其興起和衰落的週期，歐洲在世界歷史中的主導地位，在一戰後將不復再。[3]

　　然而，有別於史賓格勒，胡塞爾雖然也認為歐洲陷於危機，但他並非要對歐洲的歷史命運作出悲觀的預測，也沒有樂觀地提出一套方案，恢復歐洲昔日世界霸主的地位。反之，他提出了一套哲學論說來分析歐洲危機的根源，主張歐洲文明的獨特性不在於宰制世界的能力，而在於其科學和哲學的理念，歐洲歷史就是一場不斷創新、遺忘和再次追尋其理念的運動，當前歐洲的危機源於拋棄其理念，歐洲國家純粹着眼於擴張經濟和軍事力量。如果歐洲要擺脫危機的話，繼承歐洲傳統的哲學家必須要重新把握

---

[2] Étienne Balibar, *Europe: Crise et fin?* (Paris: Le Bord de l'eau, 2016), p. 115.

[3] John Farrenkopf, *Prophet of Decline: Spengler on World History and Politics* (Baton Rouge: Louisiana State University Press, 2001), pp. 17–76.

哲學的理性意涵，抵抗現代科學片面的理性觀，不再把隨科學而來的政治、經濟和軍事「成就」等同歐洲文化的獨特性。事實上，隨着歐洲的科學技術傳播到世界上許多地方，歐洲的危機不僅限於歐洲國家的疆土，而是波及全世界。即使在曾被殖民的地區，同樣接受了現代歐洲片面的理性觀，影響之下，哲學和科學不再思考人類存在意義，因而無力檢討軍事、政治和經濟宰制所帶來的問題。有別於社會、政治和經濟危機的解決辦法，胡塞爾提出了獨特的哲學方案來「解決」科學的危機，他認為超越論現象學（transcendental phenomenology）可助哲學重新定向，藉着回溯歐洲哲學和科學誕生的歷史，重新發現理性的全面意涵，抵抗質疑哲學可否探求意義的懷疑論。他強調歐洲存在的危機同時是科學的危機，要扭轉歐洲的危機同時必須捍衛哲學和科學的尊嚴，重申它們的共同職志，在於思考人類存在的意義，超越政治、軍事和經濟活動等片面的理性運用。[4]

　　要實現這個目標，胡塞爾主張現象學必須反省歐洲誕生的歷史，從中獲取解決危機的資源。他的觀點看似是主張歐洲文明可以解決全世界的危機，其他文明沒有任何貢獻，因而很容易被化約成歐洲中心論的辯詞，同時無視歐洲殖民者的暴力，歐洲白人對黑人的壓迫等。[5] 雖然胡塞爾不是政治主張鮮明的哲學家，但我們不難

---

[4] *Crisis*, p. 13; HUA VI, p. 11.

[5] 如法農（Frantz Fanon）的研究者 Lewis R. Gordon 就這樣認為，詳見 Lewis R. Gordon, *Fanon and the Crisis of European Man* (London: Routledge, 1995), pp. 6–9。漢語學者依不同的論據，對胡塞爾歐洲中心論提出了批評，見劉國英：〈胡塞爾論佛教〉，《現象學與人文科學（3）：現象學與佛家哲學》（台北：漫遊者文化，2006），頁 9–26；

看到他在診斷歐洲危機的時候，並非主張只有歐洲文明才有所貢
獻，反而認為歐洲人必須和其他地區的人聯手，才能解決歐洲文明
招致的問題。換言之，在 20 世紀 30 年代，胡塞爾目睹民族主義高
漲，卻強調哲學是「普遍的批判態度」，[6] 人們經由普遍的反思，
可以跨越國界，聯合起來而形成新的社群。深受胡塞爾影響的哲學
家柏托什卡 (Jan Patočka)，可說是最深刻地檢討胡塞爾對歐洲危
機的診斷。對柏托什卡來說，雖然胡塞爾並無意圖維護歐洲中心
論，但是他對普遍理性的推崇，視歐洲為理性的發明者、捍衛者和
今天的最重要的代表，暗合了現實政治和文化裏的歐洲中心論，迎
合了歐美國家在政治、軍事和文化上繼續成為世界霸主的意圖，而
且無助於理解歐洲以外的文化。因此，柏托什卡努力地去除胡塞爾
現象學裏歐洲中心論的傾向，提出「後歐洲」(post-Europe) 的視
野，主張歐洲文明應擺脫戰後重返世界霸主的妄想，在美國和蘇聯
主導世界政治的時代，思索歐洲還有甚麼遺產可供人們應對歐洲以
至世界文明的危機。柏托什卡進而提出，歐洲的遺產在於「關顧靈
魂」(care of the soul; epimeleia tēs psyches) 的精神，古希臘哲學最

游淙祺：〈文化差異之省思：論胡塞爾與瓦登菲斯對我群世界與他群世界之關係的解讀〉，
《現象學與人文科學學報》，第 1 期（2004），頁 179–195；游淙祺：〈我群世界與他群世
界之間：瓦登菲爾斯論文化間際性〉，《哲學與文化》，革新號第 381 期（第 33 卷第 2 期）
（2006 年 2 月），頁 67–81；游淙祺：〈歐洲的理性理念：省思胡塞爾的文化論述〉，《中
山大學學報社會科學版》，第 51 卷第 3 期（2011 年 5 月），頁 97–108；游淙祺：〈胡塞
爾論生活世界、理性與歐洲〉，《東海哲學研究集刊》，第 18 期（2013 年 1 月），頁 3–36；
游淙祺：〈胡塞爾論普世性與文化革新〉，《哲學與文化》，第 41 卷第 11 期（2014 年 12
月），頁 39–56。

[6] Husserl, "The Vienna Lecture: Philosophy and the Crisis of European Humanity",
Crisis, p. 288; HUA VI, p. 335.

重要的啟示，在於追求道德覺醒，從哲學反思來培養文化革新的土壤。歐洲的遺產不必然來自科學理性，而可以承傳古希臘哲學家對「關顧靈魂」的重視，不但拒絕宰制世界，更謀求多元文明共存之道，由此不需要依靠血緣、歷史、語言和文化認同來建立歐洲人的身分。柏托什卡認為，雖然蘇格拉底沒有提出系統的理論，但他的行動充分表現了關顧靈魂的實踐：不接受任何未經反省的信念，視關顧靈魂為人生的最終歸宿，無懼死亡。胡塞爾和柏托什卡兩代現象學家均對歐洲危機和重生有深刻的分析，由此可以看到現象學的歷史反省的特色。

　　本文分為三部份。第一部份指出胡塞爾對歐洲存在危機的診斷、歐洲的理念、科學危機的成因和出路。胡塞爾的基本論旨，是把歐洲的存在危機視為科學危機，並主張重拾科學理念以令歐洲重生。第二部份指出柏托什卡對胡塞爾的批評，澄清其「後歐洲」的視野，進而說明歐洲在神話和哲學中如何誕生，古希臘「關顧靈魂」的概念具有道德覺醒和抗爭的意義，是為歐洲文明最重要的遺產；柏托什卡的基本論旨，是把歐洲文明視為世界上多元文明的一員，清除胡塞爾的歐洲中心論成分，並提出科學理念以外的歐洲文明遺產來應付當前的危機。第三部份的結論會扼要檢討胡塞爾和柏托什卡的理論，提出當中一些疑難，以助日後作深入研究。

一、胡塞爾對歐洲危機的反省

（一）胡塞爾論歐洲的存在危機

　　在 1935 年的維也納演講〈歐洲人文的危機與哲學〉中，胡塞

爾稱「歐洲國家生病了，而人們都說歐洲陷於危機」。[7] 胡塞爾所指的歐洲危機，有別於歷史學家一般談論的危機。在 20 世紀初，歷史學家經常談論的危機包括國際軍事危機，如 1905 年和 1911 年兩次的摩洛哥危機（Moroccan Crisis）、1920 年代藝術家所關注的文化危機、[8] 1929 年開始的經濟大蕭條，以至 1930 年代德國威瑪共和出現的民主危機等。[9] 胡塞爾認為歐洲當前的危機比上述的各種危機更為深層。一方面因為上述的危機最多只是改變了歐洲各國力量的均衡，以至歐洲在世界政治舞台上的角色，卻並沒有動搖歐洲最根本的生命力，也就是歐洲的理念（Idee）。另一方面，胡塞爾認為歐洲並不是在 20 世才陷入危機，歐洲的知識分子早已遺忘了歐洲的理念，第一次世界大戰促使胡塞爾反思現象學對診斷歐洲文明的危機可以有甚麼貢獻。[10] 在 19 世紀末至 20 世紀初，胡塞爾目睹不少知識分子和政治家高舉泛日耳曼民族主義（Pangermanismus），可謂跟歐洲的理念背道而馳，因為他主張歐洲不是任何地域和人口的概念，可以說沒有任何一條明確的地理邊界、膚色、國族、語言以至宗教文化可以界定歐洲。他認為歐洲是一種精神型態，因而「根本沒有人民的動物學」（keine Zoologie

---

[7] *Crisis*, p. 270; HUA VI, p. 315.

[8] Richard J. Evans, *The Coming of the Third Reich* (New York: Penguin, 2004), p. 122.

[9] 同前註，頁 247–265。

[10] 關於第一次世界大戰對胡塞爾思想的影響，參看 Nicolas de Warren, "Edmund Husserl: Philosophicus Teutonicus", *The Leuven Philosophy Newsletter*, vol. 22 (2014–2015), pp. 31–41; Nicolas de Warren, "Husserl's Cartesianism, Anew", *Discipline Filosofiche*, vol. 25, issue 2, pp. 231–248。

der Völker)。[11] 在瘋狂的種族主義時代,「人民」(Volk) 被視為帶有種族特徵和優劣的動物,胡塞爾此話顯然是批評這種主張。他認為人民不是動物,不可能先天注定為理性或不理性、崇高或卑賤,因此我們不能接受種族主義者那樣推崇雅利安人(Arier),貶低斯拉夫人(Slawen)、猶太人和黑人等。胡塞爾主張,人類實際的行為反映了其自由的精神表現,人類是「眾多的精神統一體」,跟「歐洲的跨國家統一體」一樣,我們沒有理據說目前某個種族已經達至或者將會達至某個完全成熟的狀態,而另一些種族則永遠不可能達至更高的精神自由,實際上人類可以不斷超越目前的狀態而達至更高的理想。因此,我們不能接受種族主義者主張某個種族的精神表現是人類當中最優秀的,其他種族必須加以模仿,或者其精神成就毫無價值,應被滅絕。

要超越種族主義,就要看到它的科學基礎錯誤地把人類視為純粹的動物而忽略人類精神追求的一面。作為精神的存在,所有人都是平等的。胡塞爾進一步深入檢討歐洲科學的理念,他認為歐洲的危機關乎歐洲人類生存狀況 (Menschentum) 的危機:人們誤以為歐洲的理念已經完全由現代科學的成就而實現,其實他們並沒有真正認識到歐洲的理念超越任何一門科學取得的實際成就,歐洲的理念就是對理性知識的追求。歐洲的理念在於人們不斷力求實現科學和哲學的原初目標,追求普遍真理,要求理性指

---

[11] *Crisis*, p. 275; HUA VI, p. 320. 有學者就指出胡塞爾這句話帶有反對史賓格勒、貝克(Oskar Becker)和納粹分子的意味,見 François de Gandt, *Husserl et Galilée: sur la crise des sciences européennes* (Paris: Vrin, 2004), p. 37。

導人類生存的各個方面，任何人類文明走上這條理性的道路都可以說是歐洲化，在這一個意義下分享了歐洲人的生存方式。因此，胡塞爾筆下的歐洲人和歐洲文明，跟種族血緣全無關係，而是理性的生存方式，以科學為最純粹的表現。第一次世界大戰和種族主義所導致的災難，並不能用文明的衰落來解釋，也就是說並非因文明內在的必然規律引致其衰亡，胡塞爾認為關鍵在於歐洲的理念不能真正在歷史上落實。因此，人們首先要意識到歐洲的危機並非自然而然出現的，而是由歐洲人類的行為所造成，人類必須要為此負責。第一次世界大戰大量運用現代科技的成果，如戰機、坦克、潛水艇和化學毒氣等，力求宰制敵人、攻佔領土，但是這些科技成果只是理性的片面表現。我們不應因為片面的理性造成災難就放棄理性，轉而謀求以宗教或迷信的力量拯救歐洲，反而必須深刻地反省歐洲的理念，也就是科學和哲學所彰顯的理性精神，從而擺脫片面的理性運用，才有望令歐洲重生。因此，要反思歐洲的存在危機，就必須說明歐洲科學危機的成因和出路。

（二）歐洲的理念

歐洲科學陷入危機，是指歐洲的科學家遺忘了歐洲的理念，誤以為現代科學已經體現了歐洲的理性精神。首先，我們要重新記取歐洲理念誕生的獨特意義，胡塞爾稱之為「原始創建」（Urstiftung），後來的學者不斷致力邁向這個目標，追求科學的進步來逼近古希臘的理念。其次，胡塞爾指出，第一次世界大戰的災難，深刻地反映了近三百年的現代科學偏離了歐洲的理性精神，戰爭無止境地毀滅人命和文化，脫離人類理性的規範，代表

片面的理性主義不再思考人類生存的意義，忘卻了古希臘的理性精神可以規範人類行動。

胡塞爾認為，歐洲的理念貫穿歐洲的歷史，最早可追溯至公元前 5 世紀在古希臘首次出現的科學和哲學理念。他強調「科學的根源在於希臘哲學」，[12] 哲學和科學之所以有共同根源，因為它們都代表了純粹理論的態度，暫時懸擱日常生活的實用旨趣，轉移尋找客觀和普遍的真理。這種原始創建的理念，最初並非研究特定的對象，也不是出於特定的研究旨趣而概念化的世界（如物理學視野下的世界），而是關乎世界本身，哲學家最早表現出對世界的驚訝（Staunen），探討何謂世界。[13] 這個意義下的世界是最普遍的界域（Horizont），超越任何知覺活動所牽涉的特定界域，是一切當下呈現或不在當下呈現的對象的背景。不論對象如何改變，世界始終伴隨着對象而不顯現為知覺的焦點，但世界卻組織起所有特定的界域和對象，各個界域因而連結起來而成同一個空間，各個對象亦可以在同一個空間內呈現為不同的面向，被不同的主體把握為具有同一性的對象，在主體的經驗當中，形成一致的時間和空間的連續體，不同的主體因而可以互相理解。由此看來，「世界界域」並非任何特定的物理空間，而是連繫起一切對象和界域的整體，這個整體不能被化約為任何對象或性質，而是「無限的開放界域」。[14] 古希臘的哲學家和科學家，提出了各式各樣的理論來分析這個無限的界域，例

---

[12] *Crisis*, p. 301; HUA VI, p. 279.

[13] *Crisis*, pp. 66, 143, 145; HUA VI, pp. 67, 146, 148.

[14] *Crisis*, pp. 35, 145; HUA VI, p. 34.

如赫拉克利特（Heraclitus）就視之為不斷流變的經驗整體，這個整體沒有界限，深不見底；[15] 普羅泰戈拉（Protagoras）則持懷疑論立場，認為無限的世界界域不能為人類所認識。[16] 胡塞爾認為，希臘人稱之為哲學的研究，「準確地翻譯出來，按其原初意思，就是普遍的科學，關於世界整體（Weltall）的科學，所有存在的整體性（Alleinheit）」[17]。科學的理念誕生後，人類從此開啟了新的生存方式，探求「在其自身的真理」[18]（Wahrheit an sich）。這就意味着人們開始了信仰絕對理性，相信個人和集體的生活可以逐步合乎理性的指導，活在神話世界當中的生存方式可以說一去不返。人類自此不僅活在某一個特定的歷史時空，同時活在歷史傳承下來的知識傳統裏，突破了當下的時空限制，同時面向活在不同時空的人，形成新的社群生活，胡塞爾認為人類自此進入了新的歷史階段，帶着新的歷史性（Historizität）。[19]

自從古希臘誕生了科學，開啟了歐洲的理性精神，後代的科學家和哲學家繼續以世界為主題，提出更精密的理論，例如 17 世紀初伽利略（Galileo Galilei）就主張幾何學才是關於世界的真

---

[15] *Crisis*, p. 170; HUA VI, p. 173; Edmund Husserl, *Die Krisis der europaischen Wissenschaften und die transzendentale Phänomenologie. Ergänzungsband. Texte aus dem Nachlass 1934–1937*, Husserliana XXIX, edited by Reinhold N. Smid (The Hague: Kluwer Academic Publishers, 1992) (簡稱 HUA XXIX), p. 140.

[16] *Crisis*, p. 76; HUA VI, p. 78; Edmund Husserl, *Erste Philosophie* (1923/4). *Erste Teil: Kritische Ideengeschichte*, Husserliana VII, edited by Rudolf Boehm (The Hague: Martinus Nijhoff, 1956) (簡稱 HUA VII), p. 58.

[17] *Crisis*, p. 276; HUA VI, p. 321.

[18] *Crisis*, p. 13; HUA VI, p. 13.

[19] HUA VI, p. 503.

確知識，直觀感知的世界並不是真確的世界。[20] 即使胡塞爾並不全盤接受伽利略的觀點，但也承認伽利略對古希臘的科學理念的再創建（Nachstiftung）和改變（Abwandlung）。也就是說，歐洲的科學理念不是逝去的歷史事件；相反，歐洲科學的歷史不斷嘗試逼近科學理念，力求更好地將這些理念實現。可以說，歐洲科學理念就是科學歷史發展的目的。因此，胡塞爾強調：「對希臘始源創建的科學精神加以再創建和改變，就是目的論的開端，這才是歐洲精神的真正誕生。」[21] 歐洲科學精神陷於危機，猶如科學歷史失去了原始創建的目的，不再力求逼近其理念。胡塞爾認為，科學危機並不等於歐洲文明已經死亡，只要歐洲人重拾歐洲科學的理念，就有望解決目前的危機。

（三）科學危機的成因

胡塞爾認為，歐洲科學危機的成因，可追溯至 19 世紀的客觀主義（Objektivismus）和心理主義（Psychologismus），以至 17 世紀初伽利略對自然的數學化（Mathematisierung der Natur）思維，[22] 導致歐洲人遺忘了希臘科學精神的始源創建。限於本文篇幅，我們無暇處理伽利略的思維如何形成科學危機，下文會集中探討客觀主義對科學

---

[20] *Crisis*, p. 31; HUA VI, p. 29.

[21] *Crisis*, p. 71; HUA VI, p. 72.

[22] 限於本文論旨，此處無法深入處理對自然的數學化此一重要課題。參看劉國英：〈直觀自然之遺忘：胡塞爾對現代科學的解構〉，《中央大學人文學報》，第 38 期（2009），頁 1–36；James Dodd, *Crisis and Reflection: An Essay on Husserl's Crisis of European Sciences* (Dordrecht and Boston: Kluwer Academic, 2004), pp. 79–109。

理念的收窄，如何導致現代歐洲科學忽略了人類存在的意義問題。

　　胡塞爾認為，現代科學已變成了純粹實證的學科，關注的是事實（Tatsachen）而非意義（Sinn）。[23] 人們忘記了科學本身的理念，科學家不應滿足於個別研究所取得的技術進步，而應追求普遍的反省，尋求普遍的真理，從而對人類所有的行為訂出規範。胡塞爾相當激烈地批評當前的科學，並不是因為科學沒有取得技術的進步，反而它們「受其成功所蒙蔽」，[24] 以為科學只需研究事實，無需考慮科學的理念。胡塞爾認為，歐洲現代科學未能真正體現科學應有的特質（Wissenschaftlichkeit），收窄了科學的理念，以致排除了人類存在的意義問題。因此，要體現科學的特質，科學就不應停留於對週遭世界的測量、計算和操控，同時需要反思人類精神活動的特質，把科學研究視為人類轉化自身的歷程，研究者逐漸轉化成理性的個人，謀求理解人類的一切物質和精神成就，從而以科學知識來規範人的行為，這樣才是對全人類負責。由此觀之，科學的理念並不限於研究事實，更需要思索科學研究如何令人類生存合乎理性。哲學家的工作恰好可以提醒科學家重新審察科學的理念，因此胡塞爾稱哲學家為「人類的公僕」，[25] 也就是說，哲學家不是要取代科學家在實驗室裏的角色，而是提醒科學家對全人類應有的責任，承擔起科學研究指導人類生存的道德使命。

　　我們今天習慣了科學家和哲學家各司其職，看到胡塞爾主張科學

---

[23] *Crisis*, p. 6; HUA VI, p. 3.

[24] *Crisis*, p. 6; HUA VI, p. 3. 胡塞爾此處用上英文的「成功」（prosperity）。

[25] *Crisis*, p. 17; HUA VI, p. 15.

家要反思科學的理念，也許會感到相當奇怪。胡塞爾並不是主張，狹義的科學家，如物理學家、生物學家或心理學家等，要像哲學家那樣反思科學的理念並提出一套科學哲學的理論。更確切地說，胡塞爾認為現代科學遺忘了古希臘科學理念的豐富意涵，科學家只局限於特定的世界裏，而忽略了對最根本的世界界域加以研究。例如當物理學家視特殊的世界（如物理世界）為普遍的世界界域，就會忽略了物理世界必須具有直觀經驗的基礎，而直觀經驗才是最普遍的世界界域。他因而主張現代哲學亦應重拾科學的特質，探討普遍的世界界域，由此展示現代科學的基礎，這樣才能把現代科學失卻的科學特質重新實現出來。自 19 世紀以來，科學家和哲學家視物質和精神為兩個截然不同的領域，研究物質屬於科學，研究精神屬於哲學和後來的人文科學，兩者互不相干。某些哲學家甚至提出相應的理論，來說明人的心靈屬於自然的一部份，可用科學方法來測量，此之為心理主義（Psychologismus）。事實上，胡塞爾從早期著作開始便一直極力批評心理主義，因為它無法證明自身的合理性。心理主義解釋不了科學知識的客觀性，因為客觀性是超越時間和空間的理念性（Idealität），不屬於自然領域裏時間和空間之物，而屬於「意義的空間」，[26] 只能在主體性的場域裏構成。換言之，客觀性必須相應於主體性而顯現，胡塞爾把兩者稱之為「先驗的相關連性」（Korrelationsapriori），[27] 只有

---

[26] 此處借用 Steven Galt Crowell「意義空間」（space of meaning）的說法。見 Steven Galt Crowell, *Husserl, Heidegger, and the Space of Meaning: Paths toward Transcendental Phenomenology* (Evanston: Northwestern University Press, 2001)。

[27] *Crisis*, p. 159; HUA VI, p. 162.

經由現象學還原對此加以分析，才能澄清科學知識的基礎。現代科學只着眼於探討自然領域裏的對象，建立對象的客觀知識，進而發展出各式各樣的應用科技，卻沒有進一步澄清對象的客觀性基礎，是「迷失的理性主義」[28] 或「片面的理性」。[29]

　　胡塞爾要求人們懸擱心理主義對精神和自然的劃分，把科學家着重的客觀性置於主體性的角度來理解，由此擺脫現代科學片面的理性觀。胡塞爾並不是説科學的客觀性不再重要，而是主張客觀性不是自然而然出現，而是必須有賴主體性才能成立。他認為超越論現象學有助澄清客觀性和主體性的必然連繫，世界中的對象不斷給予我們，主體的意識活動不斷尋求對象更圓滿的意義，構成對象的客觀性，主體性和客觀性之間的必然連繫才能令一切意義產生。主體性和客觀性二者共同運作，既説明了科學知識的客觀性領域，同時給予主體性根本的地位，不像心理主義那樣撤消了主體性，令人類存在意義問題在科學裏完全失去位置。當現代科學失去了主體性的位置，科學家如何能回答常人也會有的疑惑：人類應否為科學帶來的戰爭災難而負責？如果人類應該負責的話，應歸咎於科學本身就會引發災難，抑或人類利用科學達致政治目標，卻不加考慮其道德對錯才引致災難？後者反映了人類運用理性有所偏差的結果：只着重以科學的手段來達致目標，而不考慮人命傷亡的道德責任。因此，超越論現象學不像實證科學那樣收窄了科學的理念，反而充分體現了科學的特質，尋

---

[28] *Crisis*, p. 290; HUA VI, p. 337.

[29] *Crisis*, p. 291; HUA VI, p. 338.

求普遍的客觀知識，不僅包括對象的客觀性，同時包括主體性的知識，也就是了解人類認識、感受和意欲萬事萬物的意識活動，[30] 由此令人類更為理解自己的行為，並為之負責。胡塞爾《危機》喚起了現代科學忽略了的問題，把科學危機視為理性的危機，而人類必須按理性的科學要求來重新審視理性的運用，從而超越片面的科學理性。由此來看，科學危機是「倫理的危機」，[31] 人們必須反思為何科學的驕人成就未能阻止前所未有的巨大戰禍，科學必須認真思索人類的價值，而不應純粹關注自然或事實。

（四）科學危機的出路

要解決歐洲的科學危機，胡塞爾早於 1920 年代就提出文化革新（Erneuerung），由知識領域開始革新才能令歐洲重生。[32] 在〈維也納演講〉裏，胡塞爾呼籲今天的哲學家和科學家必須攜手，拒絕任何「對人類精神特質的敵意」，[33] 以免陷入「野蠻」。[34] 顯然

---

[30] 參看胡塞爾在《觀念》第一卷第 95 節劃分人類意識活動的三個層次，除了認識之外，尚有情感（Gemütsphäre）和意欲（Willensphäre）的領域，評價如某物很美或很醜，意欲如想獲得或想擺脫某物等。Edmund Husserl, *Ideen zu einer reinen Phänomenlogie und phänomenlogischen Philosophie. Erstes Buch: Allgemeine Einführung in die reine Phänomenologie*, Husserliana III, edited by Walter Biemel (The Hague: Martinus Nijhoff Publishers, 1950) (簡稱 HUA III), pp. 220–222.

[31] Carlos Lobo, "Phénoménologie de la réduction et réduction éthique universelle," in *Lectures de la Krisis de Husserl*, edited by C. Majolino F. de Gandt (Paris: Vrin, 2008), pp. 123–159.

[32] Edmund Husserl, *Aufsätze und Vorträge 1922–1937*, Husserliana XXVII, edited by T. Nenon and H. R. Sepp (The Hague: Kluwer Academic Publishers, 1988) (簡稱 HUA XXVII), pp. 3–94.

[33] *Crisis*, p. 299; HUA VI, p. 347.

胡塞爾再一次批評客觀主義者和種族主義者，他們敵視人類自由的精神特質，把人類視為世界裏的對象或帶有固定種族特徵的動物，根本無法正視歐洲文明偉大的精神成就，因而無從擺脫歐洲的危機。胡塞爾認為，只有重新發現古希臘科學理念的理性態度，拒斥任何非理性主義，糾正客觀主義的科學和心理主義的哲學兩者對理性的偏狹理解，歐洲人才能視當下的危機為人類追求理性知識過程中的一個階段，並理解到真正的目標並不在於當下文明的成果，而在於無限的未來，因此不斷擺脫尚未圓滿的自我理解而逐步逼近科學的理念。換言之，胡塞爾挽救歐洲存在危機的辦法，不在於社會政治制度層面，而在於學者努力重建理性，正如他所言，歐洲需要「理性的英雄主義」。[35]

然而，理性的英雄主義絕不是個人主義，而是哲學家和科學家引領全人類建立理性的社群，重建人們對理性的信心，勇敢地運用理性去超越由理性偏狹而帶來的危機。理性的社群成員，共同追求自我反省和批判，不視科技文明為理性的最高表現，而是無止境地追求更全面的自我理解。因此，胡塞爾認為，沒有任何個人或現存的社群可以代表理性最高的成就；[36] 我們甚至可以進一步說，西方或東方文明皆不是理性圓滿發展的終點，人們必須超越現存的文明，不斷追求「真正的人類文化」（echte Humanität）。[37] 要判斷何

---

[34] 同前註。

[35] 同前註。

[36] *Crisis*, p. 110; HUA VI, p. 112.

[37] HUA XXVII, p. 56.

者為真正的人類文化，關鍵在於人們能否把科學的態度用於理性的自我反省之上，科學技藝在此必須轉化為倫理技藝（ethische Technik），每一個人轉化自身的生命，接受理性的指導，進而形成新的社群。[38] 一方面，正如不少學者已經指出，[39] 我們應對胡塞爾的歐洲中心論保持警惕，特別是在〈維也納演講〉裏，胡塞爾認為印度和中國文明仍然停留在「神話和宗教」的世界觀裏，沒有發展出歐洲那樣的哲學傳統，[40] 這些論調顯然反映了他不了解東方哲學的發展。時至今天，東西哲學社群交流頻繁，我們沒有理由同意胡塞爾指東方沒有哲學而只有神話的見解。另一方面，胡塞爾主張由科學家的理性反省而形成的社群，跨越國界、語言和文化的疆界，滲透至社會生活的各個層面，人們均接受理性的指導；這有別於歐洲過去數百年藉貿易和軍事征服而開拓疆土，人們只是服從由上而下的統治。[41] 我們應該看到，這種由科學推動文化改造的信念，並非旨在歌頌歐洲文化的優越性，而是基於他尊崇科學理性，認為科學和哲學的反省才能澄清政治、社會和文化的各方面危機的深層原因，從而令歐洲人走出由狹隘的民族主義所造成的衝突。我們可以推想，倘若胡塞爾認識到印度和中國的哲學家同樣有批判「神話和

---

[38] HUA XXVII, p. 58.

[39] Kwok-ying Lau, *Phenomenology and Intercultural Understanding: Toward a New Cultural Flesh* (Dordrecht: Springer, 2016), chapter 4: "Husserl, Buddhism and the Crisis of European Sciences", pp. 53–66; 游淙祺：〈歐洲的理性理念：省思胡塞爾的文化論述〉，《中山大學學報社會科學版》，第 51 卷第 3 期（2011 年 5 月），頁 97–108。

[40] *Crisis*, pp. 16, 284; HUA VI, pp. 14, 330.

[41] *Crisis*, pp. 286, 289; HUA VI, pp. 333, 336.

宗教」的世界觀，[42] 同樣謀求對世界的科學理解並發展出哲學和科學，他應該會修正對印度和中國的偏見，而其整體理論也不會因而失效，因為理性反省並非屬於特定的歷史時空裏的人類，而是普遍有效的。正如他在〈維也納演講〉結尾說道，歐洲最大的危險在於怠倦（Müdigkeit），[43] 當人們不再信賴理性的英雄主義，不再追求普遍和客觀的科學反省，人類不僅受現代科技文明的局限，亦會困囿於文明和語言的邊界，令人類理性走上偏狹的道路。

二、柏托什卡對歐洲危機的反省

（一）柏托什卡對危機的診斷

在現象學運動裏，柏托什卡終其一生都在延續胡塞爾對歐洲科學危機的反省，而且清晰地看到胡塞爾「理性的英雄主義」的不足。一方面，帕托什卡認同胡塞爾對歐洲文明危機的診斷，認為歐洲文化的精神的確走向偏狹的理性觀，但是他不認同胡塞爾主張的「理性的英雄主義」，指出即使歐洲重新發揚古希臘的科學理性的觀念，也無助於應對歐洲戰後的歷史處境。柏托什卡認為，兩次世界大戰是歐洲無力抗拒科技統治的惡果，在戰後的時代，歐洲不應妄想恢復其理性精神而重返世界霸主的地位，反而應該正視多元文化的現實，科學理性

---

[42] 例如雅斯培在 1949 年發表《歷史之起源與目的》（Vom Ursprung und Ziel der Geschichte）提出「軸心時代」（Achsenzeit）的說法，認為中國和古希臘在公前前 800 至 200 年同樣提出理性反省的哲學，終結神話時代。見 Karl Jaspers, *The Origin and Goal of History*, trans. by Michael Bullock (New Haven: Yale University Press, 1953), p. 2。

[43] *Crisis*, p. 299; HUA VI, p. 348.

的文明應與非科學理性的文明共存，歐洲人不應把歐洲的科學文明視為世界上最優秀的文化、其他文明的楷模。柏托什卡認為這是「後歐洲」時代歐洲人應有的視野。另一方面，「後歐洲」（après Europe）時代並不意味着歐洲的歷史已經成為過去，跟當下科技宰制的危機無關。恰恰相反，柏托什卡認為，歐洲人應該跟一度主宰世界的歐洲歷史決裂，改為用另一種視野來解讀自身的歷史：歐洲的歷史遺產不在於主宰世界，而在於古希臘創立的哲學任務——關顧靈魂。柏托什卡主張，歐洲歷史就是不斷背離關顧靈魂的軌跡，忘掉了關顧自身、他人和城市的靈魂，轉而征服世界和接受專制的政體。在兩次大戰後的歐洲，人們只有重新回到關顧靈魂的軌道上，而非按胡塞爾所想重振古希臘的科學理念，才能解決歐洲文明的危機。從這個角度看，帕托什卡提出了另一種歐洲的哲學概念，這種概念受了胡塞爾影響但又有別於胡塞爾思想，回應了戰後歐洲的時局但又有別於一般政治或經濟聯盟的方案：歐洲與其他非科學理性的文明共存之道，不是落實歐洲的科學理念，而是關顧靈魂，拋棄對科學理性和隨之而來的政治軍事力量的崇拜。由此可見，柏托什卡可說比德里達（Jacques Derrida）更早就提示人們，歐洲文明不應視其為自身同一的文化，在歷史發展裏一直維持不變，而是不斷跟自身拉開距離，不時回應自己所不能「辨認、計算和定奪」[44] 的他者，藉着不斷重新調整自身的航道，來回應跟他者的差距。

---

[44] Jacques Derrida, *L'Autre cap: suivi de la démocratie ajournée* (Paris: Les Editions de Minuit, 1991), p. 20.

（二）對胡塞爾的批評

柏托什卡在 20 世紀 20 年代末在巴黎留學，結識了法國哲學家古爾維奇（George Gurvitch）和夸黑（Alexander Koyré），夸黑值胡塞爾 1929 年在巴黎演講期間，介紹了柏托什卡與胡塞爾認識。因此，柏托什卡後來到德國佛萊堡跟從胡塞爾學習，展開了跟胡塞爾的師徒之情。[45] 胡塞爾去世後，柏托什卡畢生的哲學工作仍在跟胡塞爾和其開啟的現象學傳統對話。早在 1937 年，柏托什卡已經發表了〈胡塞爾的《歐洲科學之危機與超越論現象學》書評 〉，當中談到「胡塞爾可能是歐洲偉大的哲學家裏最後一位堅持原則的理性主義者」，[46] 並認為其理性主義重視科學和哲學作為普遍的反思，理性不是一門科學知識而是一項任務，人類承擔起這項任務以抗拒人生本有不反思的傾向，胡塞爾的觀點因而可視之為對人類自由理論的貢獻。[47] 但在這篇簡短的文章裏，並未流露對胡塞爾的批評。直至二次世界大戰後，加上自 1948 年起，捷克由共產黨統治，柏托什卡受到鄂蘭（Hannah Arendt）在 1951 年出版的《極權主義的起源》和 1958 年出版的《人的條件》所啟發，持續思考胡

---

[45] Erazim Kohák, "Jan Patočka: A Philosophical Biography", in *Jan Patočka: Philosophy and Selected Writings* (Chicago: The University of Chicago Press, 1989), p. 9.

[46] Jan Patočka, "Edmund Husserl's *Die Krisis der europäischen Wissenschaften und die transcendentale Phänomenologie*" (1937), trans. by Erika Abrams and Martin Pokorny, in *The Phenomenological Critique of Mathematisation and the Question of Responsibility: Formalisation and the Life-world*, edited by Ľubica Učník, Ivan Chvatík, and Anita Williams (Cham: Springer, 2015), p. 27.

[47] 同前註，頁 28。

塞爾現象學如何回應兩次世界大戰後和冷戰的局勢。冷戰期間，美
國企圖聯合西歐，跟蘇俄與東歐的共產國家對峙，爭奪世界霸主的
位置，捷克和蘇維埃的專制統治亦令柏托什卡急切地想從西方哲學
中獲得對抗專制的資源。因此，晚期的柏托什卡開始指出胡塞爾現
象學的不足，他認為胡塞爾視歐洲的理念為普遍的理性反思，很容
易成為歐洲中心論的辯詞，暗合兩次世界大戰後，歐美國家意圖恢
復世界霸主地位的各種政治論述。因此，他嘗試在歐洲的理性主義
外尋找文明危機的根源：這個根源不在於科學危機，也不在於偏狹
的理性主義，而是歐洲的理性主義過分高估其普遍性，忽略其特殊
性一面，因而假設了所有文明都必須以歐洲的理性主義為楷模，非
歐洲文明為理性主義的例外，繼而忽視了歐洲文明向外擴張、挑起
戰爭和招致反抗的歷史。對柏托什卡來說，問題不在於歐洲普遍的
理性精神衰落和重振，而在於重新認識到歐洲文明在獨特的歷史條
件中產生，而其他文明亦有其歷史軌跡，並非歐洲文明的例外，因
此歐洲應跟多元的世界文明共存，拒絕宰制世界的誘惑，這樣才能
令歐洲的理性主義與多元的文明共存。

　　柏托什卡在 70 年代初〈反思歐洲〉的手稿中，一方面認為胡
塞爾的《歐洲文明的危機》對思考「一種後歐洲的人類文化」（une
humanité post-européenne）仍然十分重要，但另一方面則批評胡塞
爾藉理性主義來解決歐洲文明的危機，指出其思路有兩個缺失。[48]

　　第一，胡塞爾過分地推崇歐洲理念，把歐洲文明中的科學精

---

[48] Jan Patočka, "Réflexions sur l'Europe" (1970s), in *Liberté et Sacrifice : Ecrits politiques*, trans. by Erika Abrams (Grenoble : Jérôme Millon, 1990), p. 197.

神視為人類普遍的理性，柏托什卡認為這樣等如視歐洲文明較其他文明更普遍地有效，亦即更為優越。他對胡塞爾的歐洲科學危機的診斷提出疑問：「胡塞爾的計劃，對歐洲理性的基礎的深入探討，是否能夠把歐洲人文引向新的道路上，超越在兩次世界大戰之中已經飽受考驗的歐洲原則，而同時合法化經過淨化的歐洲精神在未來享有優越的地位？」[49] 柏托什卡認為，胡塞爾強調歐洲原則是理性精神，令歐洲重返其普遍的理性反思的軌道上，就能把歐洲的精神加以淨化，超越科技文明和向外侵略等理性的片面表現。柏托什卡對此質疑，胡塞爾這種看法是否等同主張歐洲文明比其他文明更為優越？我們應接受這種看法嗎？柏托什卡明確指出，「歐洲原則的優越價值，其必然性跟人文演化而取得其他途徑的偶然性，都是想當然地被假定，沒有任何確鑿的證據」。[50] 換言之，柏托什卡反對胡塞爾認定歐洲文明比其他文明更為優越，他認為連胡塞爾這樣深刻的哲學家也沒有看到這種歐洲中心論其實內在於現代歐洲的歷史進程之中。

柏托什卡認為，馬克思主張的共產主義革命，受其影響所及於 1917 年建立的蘇維埃政權，跟胡塞爾的歐洲中心論是一貫的，因為兩者都認定科學知識遮蓋了人類的實際經驗。[51] 不過，兩者的分別在於：馬克思認為 19 世紀的政治經濟學掩蓋了人類真實的勞動經驗，現代歐洲社會傾向為了剩餘價值（Mehrwert）而生產，

---

[49] 同前註，頁 181。

[50] 同前註，頁 197。

[51] 同前註，頁 201。

無可避免地忽略了勞動者異化勞動（entfremdete Arbeit）的痛苦經驗，犧牲了勞動者的自由；胡塞爾則認為現代科學遺忘了「生活世界」（Lebenswelt），把科技文明視為自足的意義世界，卻遺忘了科學知識誕生的土壤——直觀給予的世界。雖然兩種理論對現實歷史的影響有天壤之別，但是柏托什卡認為，在理論層面上兩者都沒有反思歐洲的優越地位是否恰當，因為馬克思和二戰後深受胡塞爾影響的思想家[52] 都沒有提出另一種歐洲的哲學概念。馬克思主義哲學家主張解殖的方案，只是反對歐洲的資本剝削全球，而同時肯定歐洲的科技和社會組織方式，[53] 柏托什卡認為：「拒絕歐洲進行的殖民剝削，緊密地結合着歐洲的思想，認可其優越地位，在此結合而成同一個計劃。」[54] 按柏托什卡的思路，要真正檢討歐洲中心論，就必須提出另一種歐洲的哲學概念，這種概念既有別於現代科技文明，亦有別於歐洲的起源——古希臘的理性精神，可以在理論上跟別的文明共存。

　　第二，柏托什卡認為，胡塞爾把歐洲的理念等同理性主義，無助於為人類多元文明之間的溝通提供理論基礎，甚至漠視非歐洲的

---

[52] 柏托什卡談到法國存在主義者深受胡塞爾影響，同時吸收馬克思主義，但沒有提及姓名，我估計沙特（Jean-Paul Sartre）應是其中之一。同前註，頁 202。

[53] 我們看到柏托什卡一直思考馬克思主義的不足，一方面希望處理馬克思主義所批評的現代社會人類異化的問題，另一方面試圖超越馬克思主義，處理他們沒有足夠關注的人類生存意義的問題。除了法國的存在主義馬克思主義者之外，柏托什卡也在回應當時中歐的馬克思主義者盧卡奇（Georg Lukács）和科西克（Karel Kosík）。參看 Francesco Tava, *The Risk of Freedom: Ethics, Phenomenology, and Politics in Jan Patočka* (Lanham: Rowman & Littlefield International, 2016), pp. 62–80。

[54] Patočka, "Réflexions sur l'Europe", p. 203.

文化世界。柏托什卡自早年起便一直研究胡塞爾的世界概念，在
1936 年出版的《自然世界作為哲學問題》他視胡塞爾「自然世界」
（natürliche Welt）的概念為其現象學的重要發現，是後來「生活世
界」的先驅。在晚年〈反思歐洲〉的手稿裏，他指出胡塞爾的世界
概念具有兩重意思，第一重意思是「可被經驗的一切存在者之整體
（somme），包含所有事物的宇宙（Universum）」，[55] 第二重意思是
「永不會充足的對整體性（totalité）的意識」，[56] 世界伴隨着對事
物的意識而表露，後來在《歐洲科學危機》裏胡塞爾稱之為「包括
一切的界域」。[57] 柏托什卡批評胡塞爾對「世界界域」的描述不足
夠，有把對世界的意識化約為「對事物組成的世界的不同意識模態」
之嫌，過分地主體化（subjectiver）了世界。柏托什卡吸收了海德
格的世界概念，因而批評胡塞爾未能清晰地指出世界顯隱相即的特
性，既伴隨對事物的意識而表露，同時又不能被化約為可完全意識
到之物。柏托什卡意欲深化胡塞爾對世界的描述，他寫道：「世界
首先是可能性的場域，不是作為被表象之物，而是經由給予它們意
義，事實上安排了我們當下的經驗，我們跟事物和人的溝通。」[58]
世界作為眾多可能性的連接（ajointement），是非物質性的
（non-chosique）和非實在的（irréel），可以說是人類意識的「絕對
外在者（extrême dehors），為一切外在性、每樣佔空間的事物和空

---

[55] 同前註，頁 193。
[56] 同前註。
[57] 同前註。
[58] 同前註，頁 194。

間本身提供框架」。[59] 由此可見，柏托什卡去除胡塞爾的世界概念
當中的主體性色彩， 在存在論層面強調世界先於人類意識活動，
不能任由主體所決定，也不向主體呈現，因而世界不能由任何一個
生活世界所完全表象，非主體化的世界才能真正成為文化多樣性的
非實體性基礎。

　　柏托什卡認為胡塞爾把世界過分地理性化，他則主張「世界
之奧祕」（mystère du monde） 不能被理性所把握。世界作為一切
意義的來源，不能被客觀化為普遍有效的結構。當胡塞爾寫道：「生
活世界在其相對的特色之中，具有普遍的結構」，[60] 這時他把「生
活世界」視為直觀經驗的世界，先於語言文化的詮釋，為一切文
明皆可以共通的經驗。柏托什卡認為這種思路仍然假定了歐洲現
代數學化的理性（ratio），把世界作為眾多不同可能性的表現，化
約為共同的結構。[61] 他指出， 不同的文明把對世界的領會
（compréhension） 表達成不同的「生活世界」；但事實上，我們
看到的只是人類歷史裏多樣化的「生活世界」，而看不到世界本
身，「對世界的領會」也不曾顯現為共同可把握的直觀經驗；因此，
人類按照直觀而來的看法 （doxa）， 表達成更為主觀的看法
（hyper-doxa），從而展開不同的意義世界，於是「世界之謎」在
多樣化的「生活世界」之中，變得隱而不顯。[62] 對歐洲人來說，

---

[59] 同前註，頁 194–195。
[60] *Crisis*, p. 139; HUA VI, p. 142.
[61] Patočka, "Réflexions sur l'Europe", p. 196.
[62] 同前註。

原始社會的人們表現的生活世界充滿神祕色彩，正如列維・布留爾（Lucien Lévy-Bruhl）所界定的神祕（mystique）經驗為「對感官之中不可見但真實的力量、效應和行動的信仰」，[63] 但科學理性出現後，歐洲人具有理性邏輯的「生活世界」則擺脫了上述的信仰，而原始社會的這種「信仰」亦不同於後來歐洲宗教的神秘主義（mysticisme）。柏托什卡認為，如果歐洲人要求把神祕的世界翻譯成共通經驗的世界，無異於把不顯現的「世界之謎」視為客觀之物，最終只會丟失了神祕世界本身的意義。[64] 因此，他主張「從歷史的觀點看，只有複數的生活世界」。[65]

柏托什卡認為，要正視多元文明之間的溝通，必須拋棄以歐洲文明為人類歷史普遍目的之信念。胡塞爾為了解決人類文明的危機，提出了普遍有效的辦法，就是重新發揚古希臘的理性精神。然而，柏托什卡質疑，當世界的多樣化表現被受忽視，就「沒有任何『文化』和『人類』之間的實質對話是可能的，因為『交談』永不會從共通之處出發，而每次都總是從獨特之處與殊別之處開始走向

---

[63] L. Lévy-Bruhl, *Les fonctions mentales dans les sociétés inférieures* (Paris: Alcan, 1910), p. 30; 轉引自 Frédéric Keck, "Causalité mentale et perception de l'invisible: Le concept de participation chez Lucien Lévy-Bruhl", *Revue philosophique de la France et de l'étranger*, vol. 195, no. 3 (2005), p. 315.

[64] 事實上，胡塞爾也是列維・布留爾的讀者，並跟他有書信往來。在 1935 年 3 月 11 日致列維・布留爾的信中，胡塞爾非常讚賞列維・布留爾的研究，並指出對原始社會的人來說，「世界對他們切實地存在」。參看 "Edmund Husserl's Letter to Lucien Lévy-Bruhl, 11 March 1935", trans. by Dermot Moran and Lukas Steinacher, in *The New Yearbook for Phenomenology and Phenomenological Philosophy*, vol. 8 (Seattle: Noesis Press, 2008), pp. 1–6.

[65] Patočka, "Réflexions sur l'Europe", p. 196.

普遍」。[66] 因此，他認為必須提出另一種人類（homme）的概念，這概念有別於假定歐洲人文（humanité）為普遍人類文化發展的最終目的，而是尊重「被遺忘的傳統的原創性、『內在價值』和獨立地位」。[67] 他繼而引述李維史陀（Claude Lévi-Strauss）的觀點，反對把歐洲文明不斷進步的形態，視為一切其他文明的楷模。[68] 李維史陀曾把各種文化的歷史劃分為累積（cumulative）和靜止（stationary）兩種模式。累積型文化不斷尋求進步，通過各種方式，如移民、借用、貿易和戰爭等途徑，吸收其他文化並累積起過去的文化成果，歐洲文明就是典型的例子。[69] 反之，靜止型文化顯得不求進步，甚少與其他文化交流，更少向外征服和擴張，因而變動甚為緩慢，彷彿停滯不前，如澳洲的原住民。李維史陀強調，嚴格來說，文化總是處於不斷轉變之中，累積型文化和停滯型文化只是程度之別。他進而反對以單一型態的世界文明（world civilization）作為人類歷史的普遍目的；相反，累積型和靜止型的文化若能共存，將更有利於促進人類文化的多樣化，而多樣化正是造就文化進步的契機。柏托什卡認為，要讓不同型態的文化共存，歐洲文明必須準備好跟其他文明辯論，認識其他文明的獨立地位。由此可見，柏托什卡非常明確地反對歐洲中心主義，如同德里達後來所主張：

---

[66] 同前註，頁 212。

[67] 同前註。

[68] 在〈反思歐洲〉的手稿中，柏托什卡並無註明參看李維史陀哪個文本。由於他談到文化成就的累積（cumul），因此估計他可能參看了李維史陀著名的《種族與歷史》：Claude Lévi-Strauss, *Race and History* (Paris: UNESCO, 1952)。

[69] Lévi-Strauss, *Race and History*, p. 41.

「這份責任同樣要求開放歐洲……把歐洲向她所不是、從來未曾成
為過和將永遠都不會是的事物而開放。」[70]

（三）後歐洲的視野

柏托什卡反對胡塞爾哲學中殘留的歐洲中心論，並非只從哲學理
論的角度來考慮，而是同時出於對歐洲歷史時局的關注，他提出以「後
歐洲」的視野來重新審視歐洲歷史的意義，警惕歐洲宰制其他文化的
傾向。在 1970 年的文章〈當代生命的精神基礎〉[71] 和 1970 年代的手
稿〈歐洲及其後──後歐洲時代與其精神問題〉[72] 裏，柏托什卡較為
詳細地討論當時頗有影響力的歷史學家巴拉克洛夫 （Geoffrey
Barraclough）提出的後歐洲的時代；但有別於巴拉克洛夫，柏托什卡
進而提出其獨特的「後歐洲」[73] 的視野來回應後歐洲的時代的挑戰。
後歐洲的視野並不是說歐洲的歷史再無意義，也不是説歐洲文明再也
不能為其他文明作出貢獻，而是指用另一種視野來檢討歐洲的歷史遺
產，擺脫歐洲主宰世界的精神傾向和其歷史效應。

柏托什卡對「後歐洲」的討論，參考了巴拉克洛夫的《當代
史導論》。[74] 巴拉克洛夫深刻地意識到後殖民的時代已經來臨，

---

[70] Derrida, *L'Autre cap: suivi de la démocratie ajournée*, p. 75.

[71] Jan Patočka, "Les fondements spirituels de la vie contemporaine" (1969), in
Liberté et Sacrifice: Ecrits politiques, trans. by Erika Abrams (Grenoble: Jérôme Millon,
1990), pp. 215–241.

[72] Jan Patočka, "L'Europe et après", in *L'Europe après l'Europe* (La grasse:
Editions Verdier, 2007), pp. 37–136.

[73] Patočka, "L'Europe et après", p. 57.

[74] 柏托什卡參看的是德文譯本 *Tendenzen der Geschichte im 20. Jahrhundert*,

「歐洲不再作為政治和精神的力量，扮演決定性的角色」，[75] 因而斷定人們已經進入後歐洲的時代。巴拉克洛夫認為戰後的「當代」跟工業革命以來的「現代」已經全然不同，歐洲內部的勢力均衡而形成的世界秩序，已由新的政治力量美國和蘇聯所取代；歐洲主導世界秩序的地位，亦已由美蘇和其他非歐洲國家所代替。巴拉克洛夫不無悲觀地寫道：「歐洲的時代已經結束，由 1498 綿延至 1947 年的時代已經終結，隨之而來歐洲舊有價值的主導地位同樣終結。」[76] 1498 年，葡萄牙探險家達伽馬（Vasco da Gama）繞過非洲，航行至印度，象徵歐洲人四百多年海外殖民的開端。1947 年，美國總統杜魯門提出對抗共產主義陣營的杜魯門主義（Truman doctrine），開啟了冷戰時代。對巴拉克洛夫來說，自 1498 年海外殖民、維持了四百多年的歷史階段就是歐洲主宰世界的時代，但冷戰時代一開始，就意味着歐洲失去世界霸主的地位，由美國和蘇聯取而代之。巴拉克洛夫認為，美國崛起成世界霸主甚至可追溯至 1898 年，這一年有兩件重要事件標誌着美國晉身帝國主義的行列。第一件事是美西戰爭：美國成功奪取西班牙治下的古巴和鄰近的殖民地，令西班牙完全退出南美洲，同時美國獲得菲律賓的控制權。第二件事是奪取了原本獨立的夏威夷共和國。[77]

übersetzt von Herbert Thiele-Fredersdorf (München: Beck, 1967)。參看 Patočka, "L'Europe et après", p. 45。此書初版為 Geoffrey Barraclough, *An Introduction to Contemporary History* (London: Watts, 1964)。

[75] Patočka, "L'Europe et après", p. 46.

[76] Barraclough, *An Introduction to Contemporary History* (Harmondsworth: Penguin, 1967), p. 268.

[77] 同前註，頁 63。

由此來看，當美國逐漸獲得南美洲和亞洲更大的控制權，世界就走進「後歐洲的時代」（post-European age）。

　　雖然柏托什卡的「後歐洲」概念來自巴拉克洛夫，但是我們應看到兩者的差異。柏托什卡提出三項反對巴拉克洛夫的看法的理由。[78] 第一，巴拉克洛夫假定歐洲文化是唯一一種人類文化，其他文化早晚會歐洲化的；柏托什卡則認為，事實上並沒有統一的人類文化（humanité unitaire），而只有多樣化的人類文化（la multiplicité des humanités），[79] 有待人類的活動來促進溝通和形成社群，統一的人類文化是一個值得研究的「問題」而非不證自明的事實。[80] 第二，巴拉克洛夫認為有所謂「普遍的歷史」：可以運用歐洲的歷史分期來理解其他文化的歷史；柏托什卡則認為，巴拉克洛夫沒有考慮到歐洲歷史代表普遍歷史這種看法只是歐洲主導世界後的觀念，我們其實可以把人類文化劃分為前歐洲的時代、歐洲主導的時代（包括古代、中古和現代）以及後歐洲的時代。換言之，世界歷史不能完全以歐洲歷史進程來衡量。在後歐洲的時代，我們甚至應該認真檢視人類文化各自的歷史演變，不應純粹視之為歐洲文化的衍生物。第三，巴拉克洛夫依據事件來作歷史分期，而沒有考慮歐洲歷史對當

---

[78] Patočka, "L'Europe et après", p. 61.

[79] 同前註，頁 75。

[80] 同前註，頁 59–60。柏托什卡所謂「問題」，是指「人類如此多樣的文化有何共同性」這個問題；換言之，何謂人類文化（humanité）本身是哲學家應研究的問題而不應像歷史學家那樣視為理所當然。就這個問題，柏托什卡提出前歷史（pré-historique）和具有歷史的（historique）人類文化，來說明歐洲哲學家對自身歷史的獨特反思，由此而形成不同的人類社群，這一項分析需另文詳述。參看 Jan Patočka, *Essais hérétiques sur la philosophie de l'histoire*, trans. by Erika Abrams (Lagrasse: Éditions Verdier, 1999), p. 46。

前這個時代的意義：如果後歐洲的時代意味着歐洲已經失去主導世界歷史的地位，那麼今天再談論歐洲的歷史遺產是否完全失去意義？巴拉克洛夫似乎並不能回答這個問題。

　　柏托什卡認為，即使我們進入了巴拉克洛夫所謂的後歐洲的時代，並不意味着歐洲已經成為過去，從今以後歐洲的歷史遺產可以被凍結，對當前的人類毫無意義。事實上，歐洲文明的歷史對世界造成的影響並不會一瞬間消失，在歐洲的他者身上可以隨時看到歐洲化的痕跡、科學文明的成就與殖民戰爭的傷痕。柏托什卡主張後歐洲的視野，意味着當人們不再延續歐洲文明裏宰制世界的動機，才會更清楚地看到歐洲文明長久被忽視的歷史遺產，那不是現代科學文明，而是追求自由的行動——人們為了追求自由而建立公共世界，並甘願冒着生命危險來守護這個自由的社群，歐洲的歷史由此開啟。[81] 柏托什卡後歐洲的視野有別於巴拉克洛夫所言被動的後歐洲時代，柏托什卡主張今天人們應該轉換一種視角來看待歐洲歷史。「歷史」一詞因而在柏托什卡筆下有非常獨特的涵義，既不是歷史紀錄，也不是當中的某些政治和經濟事件，而是構成歷史事件並促使人們記錄下來的集體行動，為了自由而開創歷史的行動。歷史行動的特質，出自反思歷史現況而作出的集體道德取態（discernement moral），關乎「人類靈魂的升進與衰落」，既包括人類尋找美好的物質生活所作的努力，也包括「冒着生命的危險來對

---

[81] 本文不能在此詳述柏托什卡對歷史、自由和政治三者的連繫，及其受鄂蘭的影響。參看 Patočka, " Le schéma de l'histoire" (1976), in *L'Europe après l'Europe*, pp. 16–17; *Essais hérétiques sur la philosophie de l'histoire*, pp. 48–76, 77.

抗苦難的勇敢抗爭，對抗社會整體的墮性的嘗試」等，[82] 由此體
現了人類的自由。柏托什卡寫道：「歷史是人類塑造自己的行動，
是人類作為社會存在（être social）造就自身的結果，是人類把落其
身上的生命目的加以改變的結果。」[83] 因此，歷史行動反映了人
類不是純粹的生物機能，而是歷史的存在（être historique）。對柏
托什卡來說，一方面，固然先有歷史而後有人，因為人類被拋擲進
特定的歷史時空。但從另一方面看，人類除了可以順應歷史處境給
予的事物而過活之外，尚可以改造各種事物，以至壓抑生存的需要
來追求更高的價值，例如為了他人、社會或下一代的自由而犧牲一
己的生命。這種行動體現出人的歷史性（historicité）：人不僅活在
當下，而且可以連繫過去，更可以為了整個社群的未來而活。[84]

　　柏托什卡認為，兩次世界大戰早已令歐洲文明喪失其靈魂。兩
次世界大戰的根源在於國家向外擴張，爭奪權力，目的是鞏固自己
的主權，卻號稱可以保障所有人民的自由，免受別國威脅。在〈當
代生命的精神基礎〉裏，柏托什卡寫道：「正是這種（國家）觀念導
致帝國主義和全球衝突，馬薩里克（Tomáš Masaryk）頗有道理，他
把第一次世界大戰視為現代主體主義（subjectivisme）的後果。」[85] 主
體主義在此不僅是現象學或知識論層面的事，而是這種思維方式影
響了人類的行為，造成政治、社會和道德層面的災難。主體主義表

---

[82] Patočka, "L'Europe et après", p. 65.

[83] Jan Patočka, "Les problèmes de l'ère posteuropéenne", in *L'Europe après l'Europe*, p. 253.

[84] Patočka, *Essais hérétiques sur la philosophie de l'histoire*, pp. 74–75.

[85] Patočka, "Les fondements spirituels de la vie contemporaine", p. 225.

示主體享有絕對地位，賦予一切現實的意義，而主體是「自身封閉」的，「現實不能引領主體走出自身，而總是深藏於主體的裏面」。[86] 這種主體主義伴隨着現代科技文明，意圖宰制一切事物，事物成了純粹的工具，世界也成了純粹的力量和效率。當人與世界的關係只是講求效用，人類還會否談及任何精神追求（spirituel）？柏托什卡認為，當代人不必然意識到這個問題，因為精神（esprit）通常被化約為「客觀性、技術性和物質性」，[87] 如同每當談及人類歷史應追求的精神價值、政治行動的理念、教育應有的理念等，就馬上被理解為人類的科技進步、政治行動的成效和教育的功能等。柏托什卡並不是要提出人類應共同信守某一項精神價值，更重要的是首先重新提出這個問題，令人們明白到世界的意義並非主體可以完全決定，從而拒絕把精神追求化約為效用，並在世界中重新安立靈魂的位置。在〈約瑟夫‧恰佩克——跛腳的朝聖者〉中，柏托什卡認為恰佩克（Josef Čapek）筆下「跛腳的朝聖者」的形象——不知從哪裏來又不知往哪裏去，努力一瘸一拐地前行，追尋生命的意義——跟蘇格拉底的形象極為相似。柏托什卡如此形容：「人有靈魂並不等於人有手腳，只有當人願意為靈魂而戰鬥，在犧牲面前毫不後退，他才是有靈魂的。但即使在戰鬥和犧牲當中，人也不會純粹給一切事物賦予意義，不受挑戰而成為事物的主人。」[88] 柏托什

---

[86] 同前註。

[87] 同前註，頁 216。

[88] Jan Patočka, "Josef Čapek, Pelerin boiteux", in *L'Écrivain, son objet* (Paris: P.O.L Editeur, 1990), pp. 178–179.

卡認為，恰佩克為靈魂而戰，表示靈魂不是被給予之物，如同蘇格拉底呼籲希臘人關顧靈魂，當時並不被視為理所當然的事。在戰後經濟高速發展的時代，人們容易以為經濟富足和社會穩定可以解決一切人生問題，因而「面臨更大的危險丟失靈魂」。[89] 柏托什卡強調，有靈魂的人會為精神追求而奮鬥，面對失敗而屢敗屢戰，「不會封閉自己，而其格言是開放」，[90] 拒絕由主體主義界定一切事物的意義，迎接事物的意義當中的「奧祕」。

　　由此來看，雖然柏托什卡接受了巴拉克洛夫的「後歐洲」概念，但他不是要解釋戰後歐洲衰落的理由，更不是要為此提出一套恢復歐洲主導世界政治的策略，而是要回應「後歐洲」的歷史處境，以「後歐洲」的視野來檢討歐洲文明的遺產，擺脫胡塞爾現象學和現代歷史哲學裏的歐洲中心論，從而提煉出歐洲文明的核心精神——關顧靈魂（souci de l'âme）——由此令歐洲經歷兩次世界大戰後有望重生。因此，柏托什卡對歐洲文明危機而作出的哲學反思不屬於歷史學或政治科學，而是「新的和批判的歷史哲學」。[91]

（四）神話與哲學中的歐洲

　　柏托什卡提出了另一種歐洲的哲學概念——關顧靈魂，是為其歷史哲學的重要貢獻。胡塞爾認為歐洲的誕生在於其科學理念，人類開始視世界為主題作出科學探究，建立普遍反省的理性精神，終

---

[89] Patočka, "Les fondements spirituels de la vie contemporaine", p. 240.

[90] 同前註，頁 241。

[91] Patočka, "Les problèmes de l'ère posteuropéenne", p. 253.

結神話的世界觀。柏托什卡則認為歐洲的誕生不僅源自科學理念，更牽涉科學理念出現前的神話，神話揭示了人類生命的悲劇處境，而某些神話甚至一直跟科學誕生後的歐洲文明共存；可以說，神話與科學文明兩者並非純然處於兩個階段，哲學家無須全盤排斥神話。哲學家如同一般人，置身於神話揭示的人類生存處境之中，不同的是哲學家強調對身處的社群負責，並且對抗生活內在不反思的傾向。因此，柏托什卡認為歐洲並不完全等同科學文明，而是同時富有神話和哲學的意義，從中誕生了關顧靈魂的實踐，這些都是經常被忽略的歐洲文明遺產。[92] 柏托什卡認為，從後歐洲的角度來看，歷經現代科技文明和兩次世界大戰，「關顧靈魂」這項珍貴的遺產已不再被人們所繼承，歐洲「宰制世界」的歷史已經令「歐洲消亡」。[93] 因此，重提關顧靈魂就是期望人們看到，歐洲文明不必然導致世界大戰，而是可以促進文明之間的和平。

　　胡塞爾提倡重拾古希臘的理性精神，柏托什卡轉而關注比古希臘哲學更早出現的神話，尤其當中尚未被科學理性把握的「世界之奧祕」。神話跟後來的哲學同樣揭示了人類的生存處境。在1973 年的講課《柏拉圖與歐洲》裏，柏托什卡就主張神話並非不理性的話語，亦非純粹心靈的安慰，而是「無情地展現我們被揭露的存在（*odhalenost*, être-à-découvert）」。[94] 柏托什卡認為猶太人

---

[92] Jan Patočka, *Platon et l'Europe: Séminaire privé du semestre d'été 1973*, trans. by Erika Abrams (La grasse: Editions Verdier, 1983), p. 96.

[93] 同前註，頁 99。

[94] 同前註，頁 57。同時參看 Patočka, *Essais hérétiques sur la philosophie de l'histoire*, pp. 19–47。

《舊約聖經》、美索不達米亞的《吉爾伽美什史詩》（*Epic of Gilgamesh*）和古希臘伊底帕斯（Oedipus）的神話，三者均表現出人類生存於熟悉與陌生、[95] 在家與不在家、[96] 白晝與黑夜[97]的二重性之中。從一方面看，神話中的人物，意識到自己屬於這個世界，世界給予他們安穩；但從另一方面看，他們又不滿於安穩，想尋求真正的知識或永生的祕密，於是招致厄運，安穩的生活遭到粉碎。《舊約聖經》中的亞當和夏娃在伊甸園裏本來就不受飢餓和死亡的威脅，但是卻受不住誘惑，吃了智慧之樹的果子而被上帝懲罰。《吉爾伽美什史詩》中的吉爾伽美什本來是一國之君，可是卻想追求友誼和更大的榮譽，於是結交恩奇都（Enkidu），但是恩奇都之死卻令他想得到永生，結果失望而回。伊底帕斯以為放逐自己就可以避開神諭所言「弒父娶母」的災難，又以自己的才智拯救了底比斯城，結果他當上底比斯城的國王，在不知前任國王和王后本為他親生父母的情況下，殺掉國王，娶了王后，犯下滔天罪行。柏托什卡寫道：「伊底帕斯以為知道何者為善，但事實上他以為的善事卻是善的相反。他以為站在穩固的支柱上，但隨時都可以顯得毫不穩固。」[98] 從這三個神話可見，人類本來可以活得很安穩，但卻又不甘心，想尋找世界當下沒有給予他們的東西，最終落得失敗，由此呈現人類在世界之中「盲目和流浪」的

---

[95] Patočka, *Platon et l'Europe*, p. 64.
[96] 同前註。
[97] 同前註，頁 59。
[98] 同前註，頁 58。

存在境況：人類完全不能主宰自己的命運，「誤入歧途（bloudění, dévoiement）就是人類基本的特點」。[99]

　　人類並沒有停留在神話時代。歐洲文明表明了另一種生存的可能性，就是公元前 5 世紀誕生的哲學和科學態度。在神話世界裏，人類彷彿被逼參與其中，世界並不顯現為人的可能性。[100] 當人類從神話走向哲學的階段，表示人類的目光不再凝視過去，而是落在當下，並勇於行使其自由，努力擺脫神話世界給人類既定的規限。柏托什卡認為，從神話到哲學的歷史發展，不應被單純視為由非理性到理性的進步，非理性彷彿完全被排斥於理性思維之外；事實上，哲學家也是處於跟神話揭示的人類生存的二重性當中，並以行動來對抗彷彿既定的命運，蘇格拉底就是經典例子。柏托什卡繼承胡塞爾的看法，指出哲學家面對世界的顯現本身而驚訝，進而探問世界之顯現本身是甚麼，為甚麼人類總是只看到世界的某個面相而看不到世界的全幅顯現。[101] 然而，柏托什卡指出，德謨克利特（Democritus）首先看到，世界整體是永恆不變的，並不屬於世界中之事物，他因而視世界為虛空的無限（apeiron），原子（atomon）在當中運動，形成事物不同的形態。要獲得關於無限的知識，人們必須抽離對身體的關注，轉而關顧靈魂，只有靈魂才可接觸永恆。柏托什卡也清楚意識到從文本上來看，「關顧靈魂」（epimeleia tēs psyches）一語首次出現在柏拉

---

[99] 同前註，頁 67。
[100] 同前註，頁 63–64。
[101] 同前註，頁 69。

圖的《申辯篇》，[102] 但是他認為首倡「關顧靈魂」概念的卻是德謨克利特，因為他筆下的「靈魂」首次具有「自我發現」[103] 的意思：靈魂不再是任何客觀的存在，而是人意識到自己就是靈魂（l'âme que je suis）；柏拉圖明顯繼承了這個洞見。因此，德謨克利特提出的原子論既是科學理論，也是道德理論。關顧靈魂就要拒絕身體對靈魂的干擾，因為身體知覺只會引向模糊的知識，照料靈魂才能獲得真正的知識，由此可以享有幸福的人生，[104] 正如他的〈殘篇〉所言：「幸福不在牛或金之中，靈魂才是一個善或惡的神靈的住所。」[105] 柏托什卡認為，雖然德謨克利特視哲學為科學，但他仍然意識到神話揭示了人類生存的二重性。他引述德謨克利特〈殘篇〉謂「人總是跟真實分離」，[106] 指出哲學家清楚知道人類不能完全把握世界整體的顯現，因為我們只是顯現當中的一部份，而每一個瞬間裏顯現都在轉變。在神話當中，人類生存的二重性令人類完全被動，但哲學態度則令人活在疑問當中（problematicité），[107] 繼而主動地把世界視為值得疑問的現象，抗拒生活把值得疑問之處覆蓋或以成效和方便來取代值得疑問之

---

[102] Plato, *Apology*, 29e. 本文參看了英譯本 *Plato: Complete Works*, edited by John M. Cooper (Indianapolis: Hackett Pub., 1997)。下文凡引用柏拉圖著作，均只標出邊碼。

[103] Patočka, *Platon et l'Europe*, p. 78.

[104] G. S. Kirk and J. E. Raven (ed.), *The Presocratic Philosophers: A Critical History with a Selection of Texts* (Cambridge: Cambridge University Press, 1977), p. 422.

[105] 殘篇第 171 條，參看 G. S. Kirk, J. E. Raven (ed.), *The Presocratic Philosophers*, p.424.

[106] 同前註，頁 76。〈殘篇〉第 B6，參看 Jonathan Barnes, *The Presocratic Philosophers* (London: Routledge, 1982), p. 445。

[107] Patočka, *Platon et l'Europe*, pp. 54, 83.

處。柏托什卡寫道:「當人類走入真理的世界時,根本上就已經『誤入歧途』,而人們並不知曉。」[108] 哲學家不是要否定一切真理,而是維持求真和疑問的態度,活在不斷求真與自知無知的矛盾當中。最鮮明地表達這種生存態度的,就是柏拉圖筆下的蘇格拉底,柏托什卡視之為歐洲文明中關顧靈魂的經典代表。

(五) 關顧靈魂與哲學的反抗

柏托什卡並非嚴格按照古希臘哲學裏的「靈魂」概念來闡述蘇格拉底和柏拉圖,而是藉詮釋他們來其重塑歐洲的哲學概念。[109] 在柏托什卡對古希臘哲學家的詮釋裏,從德謨克利特到柏拉圖的發展,代表了關顧靈魂的方式的轉變,德謨克利特偏向個人修養,遠離家庭社會,而蘇格拉底和柏拉圖的關顧靈魂則具有深刻的政治意涵,他們通過哲學反省來改革雅典衰落的民主政治,因而有助我們在後歐洲的時代反省歐洲的危機。

柏托什卡認為蘇格拉底的關顧靈魂不僅鮮明地反映了哲學家的生存方式,更代表了道德抗爭。在 1946 年的《蘇格拉底》[110] 講課中,

---

[108] 同前註,頁 76。

[109] 狄梭(Monique Dixsaut)曾這樣解釋柏拉圖的靈魂概念:「人的靈魂實際上並不限於為人帶來生命,靈魂體驗到眾多情緒和感覺,也會回憶、想像、推理和為行動合乎道德與否而計算。這個靈魂,或者其『真實性質』應被證明為不會毀壞。」柏托什卡更強調靈魂的道德抉擇的面向,其跟柏拉圖的異同有待另文探討。參看 Monique Dixsaut, *Platon et la question de l'âme, Études platoniciennes II* (Paris: Vrin, 2013), pp. 278–279。

[110] Jan Patočka, *Socrate: Cours du semester d'été 1946 suivi de Remarques sur le problème de Socrate*, trans. by Erika Abrams (Fribourg: Academic Press Fribourg, 2017). 與 1973 年的《柏拉圖與歐洲》的講課比較,除了各自的主題有別之外,柏托什卡在《蘇格拉底》這個講課裏並未把古希臘哲學連繫歐洲的概念來加以探討,而是集中詮釋

柏托什卡詳盡地解讀蘇格拉底關顧靈魂的意味。蘇格拉底與雅典人對話，詰問人生最基本的問題，探討何謂虔敬（《游敍弗倫篇》）、善（《申辯篇》）、公正（《克里托篇》）、死亡和靈魂（《斐多篇》）等。蘇格拉底藉着對話與反詰，令人們意識到從沒有真正認識這些習以為常的觀念，由此領悟到「無知之知」（le savoir du non-savoir），並開始嚴肅地思考。這種哲學辯論引向的思考就是關顧靈魂，追求「靈魂自身的內在教育」、「內在的對話」，不為任何外在的成就（如財富和權力）而過活，亦不受身體欲望的干擾。因為當人們追求享樂時，靈魂就會受快樂或痛苦牽引，消散於感覺之中。但當人們專注於思考，靈魂就能凝聚為「純一」和「不受動搖」。因此，關顧靈魂既有關注（souci）之意，亦有照顧照料（soin）之意，哲學就是持續不斷地讓靈魂臻於純一。更重要的是，關顧靈魂不是純粹個人的修行，而必定是「與他人共同省察」，[111] 因為蘇格拉底深信在辯論中才能令雙方看到自己無知的一面。對當時人們道德思考上的懶惰，對當時辯論應否捍衛民主制抑或改為接受專制，蘇格拉底沒有在理論上提供唯一正確的答案，而是引起人們的疑問。柏托什卡寫道，蘇格拉底「對終極的善的作出疑問，導致（人們在）靈魂裏全面的轉向」，[112] 由此發現靈魂才是人生真正的歸宿。柏托什卡認為，蘇格拉底對今天的意義在於主張關顧靈魂是政治改革的前提，不論主張民主或專制，都必須首先考察何謂

柏拉圖、色諾芬、亞里斯托芬和許多文獻中關於蘇格拉底的論述。但是，他已把關顧靈魂視為古希臘哲學的核心課題，並強調其道德和政治意涵。

[111] 同前註，頁 206。

[112] 同前註，頁 186。

善和公正等問題，因為這些疑問有助人們免受未經反省的信念所影響，亦免受權力和財富的誘惑。

蘇格拉底並不是隨意地跟任何人辯論，而是挑選貴族子弟或握有政治權力的人，例如阿西比亞德（Alcibiade）。[113] 蘇格拉底的考慮是，如果能早日改變這些人對道德問題的冷漠，令他們早日意識到以為理所當然的政治和社會秩序其實需要深刻的反省，那麼當他們有天掌握權力時，就能更有效地抗拒權力帶來的誘惑。在〈阿西比亞德第一篇〉裏，蘇格拉底對阿西比亞德說，年青的時候最適合關顧自己的靈魂，到五十歲時就會更難開始哲學思考。[114] 因為當人們變得越來越富有和掌握權力，其他人就越容易戀上你的財富和權力，於是你的靈魂就越容易敗壞。[115] 在這個對話錄中，蘇格拉底和阿西比亞德探討何謂真正關顧「自己」（soi-même），兩人最後發現「自己」不是身體而是靈魂，[116] 每個人擁有一個身體，但這個身體會不斷變化，靈魂才是真正的自己，關顧靈魂才可以令自己更為節制（sôphrosunè），[117] 過更好的人生。柏托什卡認為，哲學作為疑問，首先不是書本上的知識，而是「道德覺醒」（l'éveil moral），「是一場無止境的鬥爭，覺醒者在其抗爭中為其個人而戰鬥，只要靈魂尚存一息，這場鬥爭正如其他道德抗爭那樣，永不會完全勝利」。[118]

---

[113] 同前註，頁 180。

[114] 同前註，頁 204。柏托什卡引述的是 Plato, "Alcibiades", 127c–d。

[115] Plato, *Alcibiades*, 132a.

[116] 同前註，130c。

[117] Patočka, *Socrate*, p. 207; Plato, *Alcibiades*, 134c.

[118] Patočka, *Socrate*, p. 187.

　　蘇格拉底讓人們瞥見（*nahlédnutí*, entrevision）世界值得疑問之處，彷彿看到永恆的真理有別於日常意見，但又彷彿不能牢牢掌握真理在手，這種生存方式對雅典人來說成了「挑釁」，[119] 他們自以為知道何謂善惡和公義，但蘇格拉底令他們意識到自以為可靠的信念實為可疑（problématique），從而體現了神話世界中人類生存的二重性，不想接受既定的想法，意圖追尋真正的意義，但又不知道真正的意義為何。在雅典戰敗和民主制崩壞的時代，蘇格拉底之死象徵了雅典人並不想接受關顧靈魂帶來的疑問狀態，而是想得到安穩的生活。柏托什卡認為，蘇格拉底對歐洲文明最獨特的貢獻在於，他不主張用任何政治、軍事或經濟手段來重建雅典，而主張只有關顧靈魂才能從根本上重建雅典，對抗這個衰落的世界。只有當一個國家不再逼害關顧靈魂的哲學家，讓所有人能夠平等共存，才是真正自由的國度，柏拉圖的《理想國》正好繼承了蘇格拉底的思路。蘇格拉底不妥協的行動，當然沒有令他的學生和其他雅典人變成他那樣，也沒有令歐洲文明從此崇尚關顧靈魂，停止宰制世界，但是從此「非哲學式的生命自覺有責任要以某種方式來應對哲學式的生命」。[120] 至於蘇格拉底之所以選擇服從判決接受死刑，不願意逃離雅典而繼續其哲學生命，不是因為他重視服從國家多於服從哲學，而是因為他在哲學中看到國家的原則，不向安穩的生活而屈服，也不向生存（身體）而妥協，正如柏托什卡所說：「自由不是走進完全離開這個世界的絕

---

[119] Patočka, *Platon et l'Europe*, p. 97.
[120] 同前註，頁 98。

對國度，而是朝向這個世界的責任。」[121]

　　柏托什卡受了鄂蘭的啟發，認為古希臘的雅典體現了自由原則（principe de la liberté）。[122] 一方面，雅典城邦的獨特之處在於，每個公民在政治領域裏是平等的，只有當人們不再只活在家庭之中而同時活在政治領域裏，才真正成為自由的人。正如鄂蘭所言：「自由，就是既不用屈服於生理需要，亦不用屈服於他人的命令，也不去命令他人。自由意味着不去統治，也不被統治。」[123] 另一方面，希臘人意識到要維持自由狀態的話，就必須聯合起來抵抗破壞外敵入侵，要維護個人的自由必須同時捍衛他人的自由。古希臘的城邦既非帝國亦非聯邦，各自維持相對獨立和平等的地位。公元前 5 世紀初的希臘和波斯戰爭，反映了希臘自由的空間和波斯帝國兩種政治原則的衝突，對希臘人來說，等如喚起了為保衛自由而戰的精神。雖然最終希臘聯盟成功阻止波斯帝國入侵，但是當柏拉圖目睹公元前 5 世紀末的伯羅奔尼撒戰爭中雅典大敗，其後進入三十人僭主的統治，民主制崩壞，整個古希臘社會衰敗，他不得不思考怎樣的政治原則才能真正體現自由。他最終拒絕參與政治，專注於學問。柏托什卡認為，柏拉圖迴避政治並不是要把政治和哲學對立起來，選擇哲學而放棄政治，反而他的行動一直帶有政治意味，他堅持自己

---

[121] Jan Patočka, "Criton", trans. by Philippe Merlier and Youri Boisselet, revised by Jiří Pechar, *Les Temps Modernes*, vol. 53, no. 599 (1998), pp. 66–87.

[122] Patočka, *Platon et l'Europe*, p. 91. 柏托什卡只提到但無徵引鄂蘭，估計他參看了鄂蘭《人的條件》，特別是第五節；見 Hannah Arendt, *The Human Condition* (Chicago: University of Chicago Press, 1998 [1958]), pp. 28–37。然而，我們看到柏托什卡和鄂蘭對蘇格拉底和柏拉圖的詮釋甚為不同，有待另文探討。

[123] Arendt, *The Human Condition*, p. 32.

的行動與靈魂的追求一致，表現出思想家的反抗行動，拒絕跟政權合作，以免釀成更大的禍害。[124] 正如他在第七封信（Seventh Letter）裏說：「承受錯誤的行為和不公正的事，比做出錯誤的行為和不公正的事，可說是較小的惡。」[125]

柏托什卡進而借用「關顧靈魂」的概念，連繫現象學研究的不同面向，由此來界定歐洲的獨特性。他認為在柏拉圖哲學包含了關顧靈魂的三個研究方向。[126] 第一，關顧靈魂延續了希臘哲學探求永恆不變的真理，對世界整體作出疑問，並探討世界的顯現本身為何；這屬於存在論和宇宙論的（onto-cosmologique）工作。第二，關顧靈魂就是要探討社群生活的基礎：基於甚麼原則可以讓哲學和非哲學的生活方式在同一個社會裏共存、真理和意見（doxa）之間的衝突可以如何調和、社會團結的基礎為何；這屬於政治和道德哲學的問題。第三，關顧靈魂轉化了神話為哲學的態度，探討死亡和靈魂不朽的問題：如何面對死亡的來臨、如何拒絕科技文明帶來壽命延長的誘惑、犧牲對生存有何意義；這屬於人的存在論以至宗教哲學的問題。柏托什卡在這三個研究方向上，分別提出非主體論的現象學（phénoménologie asubjective）、[127] 異端的歷史哲學[128] 和存活運動（movement de

---

[124] Patočka, *Platon et l'Europe*, p.93.

[125] Plato, *The Seventh Letter*, 335a.

[126] Patočka, *Platon et l'Europe*, p. 107.

[127] Jan Patočka, "Le subjectivisme de la phénoménologie husserlienne et l'exigence d'une phénoménologie asubjective", in *Qu'est-ce que la phénoménologie?*, trans. by Erika Abrams (Grenoble: Jérôme Millon, 2002), pp. 217–248.

[128] Patočka, *Essais hérétiques sur la philosophie de l'histoire*.

l'existence）[129] 的理論來回答上述問題。柏托什卡的理論不僅檢討了（胡塞爾和古希臘）哲學作為普遍反思的目標，更主張關顧靈魂的實踐為歐洲文明真正的遺產。他寫道：「一般認為歐洲文化建基於兩大支柱──猶太基督教傳統和古典傳統。我的看法是，正如我嘗試在此界定，歐洲只是建基於一根主柱，因為歐洲就是瞥見（世界整體）的生存方式，以看見一切所是為根基的生命。」[130] 這不是因為柏托什卡視哲學高於一切其他學科、高於歐洲文明的其他成就，而是因為哲學家開啟了獨特的生存方式，不再理所當然地接受神話給予人類的世界，轉而要求人們面對社會最深層的衝突──冒險求真與求生活安穩之間的衝突，而蘇格拉底之死就是這場衝突的舞台。如果社會無法讓這兩種對立的生存方式並存，就說不上是自由的空間，人類也就說不上是真正的平等。這種自由和平等比歐洲文明裏的科學、各種宗教和語言文化更為根本。因為倘若欠缺平等共存的精神，歐洲各國的民族主義引發的戰爭將無法緩和，基督教和伊斯蘭教的衝突將無法終止，歐洲對其殖民地的壓逼也可能不會消失。因此，克理邦（Marc Crépon）說得有道理：歐洲文明的「遺產」，是對一切繼承下來的文化和身分認同的捨棄（dés-approrpiation），重新疑問傳統的合理性，從而要求人們與文明的差異共存。[131] 對柏托什卡來說，歐洲要從危機裏重生，

---

[129] Jan Patočka, "Supplément à la deuxième édition tchèque (1970)—Le monde naturel dans la méditation de son auteur trente-trois ans après", in *Le monde naturel comme problème philosophique*, trans. by Erika Abrams (Paris: Vrin, 2016), pp. 169–247.

[130] Patočka, *Platon et l'Europe*, p. 100.

[131] Marc Crépon, "Postface: Histoire, éthique et politique: la question de l'Europe", in *L'Europe après l'Europe*, p. 280. 同時參看 Marc Crépon, "Penser l'Europe avec

不需要全人類採納歐洲的理性主義,而只需要理性主義與他者和平共存。

三、結論

本文力求說明胡塞爾和柏托什卡論歐洲危機的意涵和根源,並解釋他們對歐洲重生的看法。胡塞爾視理性主義為超越現代科技文明的途徑,柏托什卡則致力去除胡塞爾的歐洲中心論,保留其對歐洲哲學精神的重視,並深入挖掘歐洲文明經常被遺忘的遺產,重新詮釋「關顧靈魂」這個古老概念。從柏托什卡的觀點來看,關顧靈魂不再是希臘哲學內部的特殊概念,而是具有道德覺醒和抗爭的意涵。蘇格拉底和柏拉圖表面上不是政治哲學家,但是他們的哲學可視之為提出疑問的行動,要求人們反省人類生存最基本的問題,從而醞釀深層的社會和政治改革。胡塞爾和柏托什卡都認為歐洲的重生不是靠政治、經濟或軍事的權力,而是文化革新,而哲學家對文化革新有很重要的角色。胡塞爾認為哲學家的社群共同追求理性規範人生,是一切社群關係的典範。柏托什卡着重哲學家和非哲學家之間的衝突,因而主張所有人可以共存的社會才是真正自由的社會。

從本文的分析可見,胡塞爾和柏托什卡兩人都從現象學角度開闢了獨特的歷史哲學,其觀點有別於啟蒙時代的歷史哲學和後

Patočka: reflexions sur l'altérité", *Esprit* (December 2004), pp. 28–44; Marc Crépon, "Le souci de l'âme, héritage de l'Europe", in *Existe-t-il une Europe philosophique?*, edited by Nicolas Weill (Rennes: Presses universitaires de Rennes, 2005), pp. 87–100.

來的歷史主義（historicism）。啟蒙時代的歷史哲學多帶有歷史進
步的觀念，對科學成就和人類未來非常樂觀。歷史主義則着重歷
史中的政治社會模式和思想在特定的環境下產生，只具有特殊的
意義，而不必然具有普遍的意義。啟蒙時代的歷史哲學對未來有
特定判斷，歷史主義則視過去為固定不變的，跟思考人類前路無
必然關係。胡塞爾和柏托什卡的歷史反省，則在這兩種思潮以外
別闢蹊徑，主張反思歐洲歷史的誕生有助今後歐洲的重生。他們
既不斷言歐洲的未來必定衰落或重生，也不斷言歐洲歷史只具有
殊別的意義，跟人類的未來無關。現象學的歷史反省，一方面勘
察當下處境的問題，另一方面力圖開發過去的哲學資源來澄清今
天的問題，現象學因而促進了詮釋學的發展，並非偶然。至於現
象學是否有足夠資源來回應今天人們越來越關注的問題，如歐洲
中心論、種族主義[132]、國際和平[133] 等等，並豐富哲學概念上的歐
洲，[134] 則有待更深入的研究。[135]

　　最後， 對胡塞爾和柏托什卡的理論，我們扼要地提出一些疑
問。胡塞爾在《歐洲科學危機》裏，一方面回溯歐洲科學理念的

---

[132] Robert Bernasconi, "Facing up to the Eurocentrism and Racism of Academic Philosophy in the West: A Response to Davis, Direk and Mills", *Comparative and Continental Philosophy*, vol. 9, no. 2 (2017), pp. 151–161.

[133] Mary Kaldor, *New & Old Wars: Organized Violence in a Global Era* (Stanford: Stanford University Press, 2012).

[134] Etienne Tassin, 'Europe: A Political Community?,' in *Dimensions of Radical Democracy: Pluralism, Citizenship, Community*, ed. by Chantal Mouffe (London: Verso, 1992), p.169-192.

[135] 本文未能顧及下列近年的研究：Rémi Brague, *Europe, la voie romaine* (Paris: Gallimard, 1999); Marc Crépon, *Altérités de l'Europe* (Paris: Editions Galilée, 2006).

誕生，來處理當下歐洲的危機，另一方面堅持超越論現象學可以
澄清現代科學未能顧及的主體性概念。歷史意義的誕生在於偶然
的歷史處境，主體性作為意義生成機制具有先驗的普遍性，兩者
如何在其理論中共存？德里達就曾指出這個疑難，[136] 並使人們思
考超越論現象學的語言和框架能否真正處理歷史問題。柏托什卡
似乎仍然遵照胡塞爾的超越論現象學的思路，探討在神話和哲學
中歐洲誕生的特點。是否因此他難以像沙特、法農或傅柯那樣在
哲學論說裏描寫活生生的歷史，例如是 1789 年法國大革命、亞爾
及利亞人被殖民的心態、罰獄裏囚犯被規訓的情況？值得深入研
究的是，現象學的歷史反思可以擴展至甚麼限度？

　　柏托什卡多次表明，歐洲文明只是多元文明的一員，並沒有
所謂普遍的歷史。然而，他亦曾提到亞洲內陸、埃及和中國只有
歷史記載而沒有歷史，[137] 因而視之為前歷史的生存方式。這種說
法屬於事實描述還是價值判斷？當他說中國沒有歷史，是指沒有
出現過像古希臘民主制那樣的制度（描述性），抑或中國文明缺乏
對自由的追求（規範性）？

　　比起歐美，亞洲是否缺乏創建自由空間的集體行動和相關理
論？那麼為何一個哲學家可以不依賴任何中國歷史的研究而得出
這種結論？這是否同樣落入他批評胡塞爾的歐洲中心論？如果按
照柏托什卡所言，文明的溝通「每次都總是從獨特之處與殊別之

---

[136] Jacques Derrida, "'Génèse et structure' et la phénoménologie", in *L'écriture et la différence* (Paris: Seuil, 1967), pp. 229–251.

[137] Patočka, *Essais hérétiques sur la philosophie de l'histoire*, p. 50.

處開始走向普遍」，為何他的哲學理論可以首先按歐洲文明的標準
來斷定別的文明缺乏甚麼，而不是首先從觀察殊別的文明出發，
來尋找普遍的意義？在柏托什卡的文本裏，這些似乎是懸而未決
的問題。難怪不少學者質疑，柏托什卡的歷史理論仍然帶有歐洲
中心論的色彩。[138]

---

[138] Karel Novotný, *La génèse d'une hérésie: monde, corps et histoire dans la pensée de Jan Patočka* (Paris: Vrin, 2012), p. 151; Marion Bernard, "Patočka's Figures of Political Community", in *Thinking After Europe: Jan Patočka and Politics* (London: Rowman & Littlefield, 2016), pp. 259–276.

從邏輯問題到歷史問題：
海德格 1934 年《邏輯》講稿裏的一個轉捩點*

張鼎國

台灣國立政治大學哲學系

摘要：本文以海德格 1934 年的一冊大學講稿《邏輯作為對語言本質之探問》為核心文獻，看待海德格如何把一個嚴謹學術性主題的「邏輯」問題，經由語言本質等等一連串的追問，轉變成了「歷史」問題，然後又再從「歷史」中所要求的必要的決斷，回過頭來重新安置「邏輯」於思想當中。此外，本文希望澄清：1934 年的海德格是先知先覺，預見西方哲學思想正帶來巨大災難，甚至於已經意識到日後多方檢討、撻伐的「德意志特殊之路」？抑或他根本未從 1933 年的政治熱衷清醒冷靜過來？尤其 1934 年課程講稿裏，還絲毫未見他對科技思考的批判，對權力意志無限濫用、對邦國命運走勢的戒慎恐懼，反而急於把人之存在自身——「存有在此」(Dasein) 擺放到「民族」、「國家」位置，倡言高談一必要的「歷史性決斷」。

關鍵詞：海德格、胡塞爾、現象學、logos、語言、邏輯、歷史、判斷、決斷

---

* 編者註：張鼎國教授於 2009 年 12 月 18–19 日香港中文大學鄭承隆基金亞洲現象學中心召開之「從邏輯到歷史——胡塞爾誕生一百五十週年學術會議」上發表本文初稿，惟翌年張教授身故，未及親自作最後修訂。此版本經本刊編者稍事修訂及加註。

一、前言：胡塞爾忘了「歷史」？

一篇論文，或一段談話，都不妨先以一個故事為開端。有一段關於海德格、更關係到早期現象學發展的故事，是如此傳說的：時間為 1921 年冬或 1922 年初，地點在德國西南一角，弗萊堡大學城車站月台，年輕的助理教師海德格正陪伴着知名的現象學大師胡塞爾等車，送他啟程赴倫敦講學。火車到站前，兩人並肩踱步，胡塞爾熱切地向海德格預告倫敦演講內容以及最近的研究寫作，因而滔滔不絕，提到許多的課題和要點，然而，當海德格問道：「那歷史呢？」胡塞爾竟然不置可否，僅僅表示說他忘了。[1]

胡塞爾真的會遺忘「歷史」（Geschichte）？還是長久以來，海德格因為他自己對「時間性」與「歷史性」思考的極度重視，同時一般而言，又被人們認為那是他應用現象學而超出胡塞爾的地方，而竟心生驕慢，引出這樣的評論？因為事實上，至少像 1969 年 Paul Janssen（1934–）以《歷史與生活世界》（*Geschichte und Lebenswelt*）[2] 為題探討後期胡塞爾思想，再加上利科（Paul Ricoeur，一譯呂格爾，1913–2005）、David Carr（1940–）、Elisabeth Ströker（1928–2000）等各國學者研究，如今沒有人會懷疑胡塞爾不談歷史。[3] 甚且要進一步指

---

[1] 海德格是如此問的：“Ja, Herr Geheimrat, aber wo bleibt die Geschichte?” 轉載自 Hans-Georg Gadamer, "Erinnerungen an Heideggers Anfänge", *Dilthey-Jahrbuch* 4 (1986/87), p. 19。有趣的是，高達美（H.-G. Gadamer）轉述此故事時，自己對這一質問也很不以為然。

[2] 編者註：Paul Janssen, *Geschichte und Lebenswelt: ein Beitrag zur Diskussion von Husserls Spätwerk* (Den Haag: Martinus Nijhoff, 1970).

[3] 編者註：可參考 Paul Ricoeur, "Husserl et le sens de l'histoire", *Revue de*

出：他後來是以《觀念》到《危機》的「構成現象學」發展，以遠比海德格更嚴謹而自我收斂的態度，針對歐洲的學術和人文精神危機，提供自己對生存意義、對歷史判斷的深刻哲學見解。

　　本文以海德格 1934 年的一冊大學講稿《邏輯作為對語言本質之探問》[4] 為核心文獻，看待海德格如何把一個嚴謹學術性主題的「邏輯」問題，經由語言本質等等一連串的追問，硬是轉變成了「歷史」問題，然後又再從「歷史」中所要求的必要的決斷，回過頭來重新安置「邏輯」於思想當中（圖 1）。講授全稿，導言後劃分為兩個部分，他的討論在每個問題上轉了一圈又一圈，結果看來卻未必很成功，或許正和歷來對海德格思想評價始終是見仁見智有關。

Métaphysique et de Morale, vol. 54, no. 3/4 (1949), pp. 280–316，現收入 *A l'ećole de la phênomênologie* (Paris: J. Vrin, 1986), pp. 21–57; David Carr, *Phenomenology and the Problem of History: A Study of Husserl's Transcendental Philosophy* (Evanston: Northwestern University Press, 1974); Elisabeth Ströker, *The Husserlian Foundations of Science* (Dordrecht and Boston: Kluwer Academic Publisher, 1997), ch. VIII: "History and Life-world as Foundation of the Sense of the Sciences in Husserl's Late Work", ch. IX: "The Question of History and 'History' in Husserl's Intentional Analysis", and ch. XI: "Time and History in Husserl's Phenomenology: The Question of Their Connection".

　　[4] Martin Heidegger, *Logik als die Frage nach dem Wesen der Sprache* (SS 1934), GA 38 (Frankfurt am Main: Vittorio Klostermann, 1998)。以下引用根據全集版第 38 冊，標示為 GA 38 附頁數，行文中則簡稱 1934《邏輯》講稿。惟須注意，海德格不僅一部講稿以「邏輯」為題，1925 至 1938 年間就有四度以「邏輯」與「邏各思」（logos）為授課主題，除了 1934《邏輯》講稿外，還有：*Logik: Die Frage nach der Wahrheit* (WS 1925/26)（《邏輯：對於真之探問》), GA 21 (Frankfurt am Main: Vittorio Klostermann, 1995; *Metaphysische Anfangsgründe der Logik im Ausgang von Leibniz* (SS 1928)（《從 Leibniz 發展來的邏輯之形上學始基》), GA 26 (Frankfurt am Main: Vittorio Klostermann, 2007); *Grundfragen der Philosophie. Ausgewählte «Probleme» der «Logik»* (WS 1937/38)（《哲學基本探問：邏輯中選出的一些課題》), GA 45 (Frankfurt am Main: Vittorio Klostermann, 1984).

圖 1

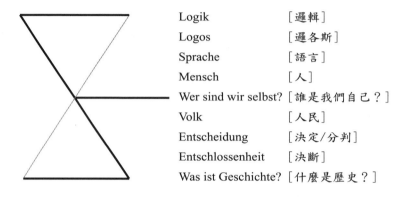

Logik	［邏輯］
Logos	［邏各斯］
Sprache	［語言］
Mensch	［人］
Wer sind wir selbst?	［誰是我們自己？］
Volk	［人民］
Entscheidung	［決定／分判］
Entschlossenheit	［決斷］
Was ist Geschichte?	［什麼是歷史？］

原圖見：GA 38: 97 (SS 1934)

　　其次，由於講稿題目裏有「作為」（als）這個字眼（als 也可
譯作「當成」或「視如」），我們已可先行指出：這個「作為」（als），
應指一種「詮釋以開啟的作為」（hermeneutisches als），是開放、
傳達性質的「詮釋作」甚麼，拓展性質的「理解為」甚麼的意思，
而不限定於「明示而確定之作為」（apophantisches als）；後者即泛
指自希臘以來，西方邏輯一向所特別看重的「宣示肯定語句」或
說是「明述語句」（logos apophantikos）。而且，我們現在還可以
得知，如果這樣的思考結論，或至少是他當年的思考企圖，必須
經由一些舉措及具體施為以達成，那麼相應的該是拉丁文「執行
演練的行動」（actus exercitus），而非一意固定的「指意確定行動」
（actus signatus）。本文也將會指出：海德格自己的思考一路衝撞
開這片詮釋學再起的沃土，但他本人當年的抉擇與作為，卻算不
上很好的榜樣，還很可能只算個負面的教訓而已。但那也證實了
他所探討的問題不虛，而又嚴重切要。

　　因此本文另一目的想澄清：1934 年的海德格是先知先覺，預
見西方哲學思想正帶來巨大災難，甚至於已經意識到日後多方檢
討、撻伐的「德意志特殊之路」（Deutscher Sonderweg）？或者説，
他根本未從 1933 年的政治熱衷清醒冷靜過來。尤其 1934 年課程
講稿裏，還絲毫未見他對科技思考的批判，對權力意志無限濫用、
對邦國命運走勢的戒慎恐懼，反而急於把人之存在自身──「存
有在此」（Dasein）擺放到「民族」、「國家」位置，倡言高談一必
要的「歷史性決斷」。

二、海德格與《邏輯研究》

　　轉回探討主題，我們先進行對事理發展本身的考察（die *Sache*
selbst），暫勿對個人品議評斷：其實海德格當年接觸胡塞爾，有
一段助理情誼之前，已早透過出版於 1900 及 1901 年的兩冊《邏
輯研究》而認識現象學。胡塞爾本人 1916 年轉弗萊堡任正教授
時，海德格也完成他 1913 年博士論文《心理主義中的判斷學説》
（*Die Lehre vom Urteil im Psychologismus*），與 1916 年取得授課資
格的《Duns Scotus 範疇論與意義論》（*Die Kategorienlehre Duns*
Scotus）兩部學術專著，兩次研究主題都直接、間接指向「判斷」
（Urteile / judgments），不脱傳統邏輯學範圍。但海德格 1919 年
起擔任胡塞爾助理，雖然投注心力研讀《邏輯研究》，私下卻企圖
開拓自己的哲學道路，明白走上存有學而非知識理論的方向。那
段期間內，及緊接其後，他仍持續受到許多不同研究對象所影響，
其中亞里士多德、詩人賀德林（Friedrich Hölderlin, 1770–1843）
與狄爾泰（Wilhelm Dilthey, 1833–1911）三者，無疑對他哲學內

容側重及思辨表達上刻劃最深，甚至超乎胡塞爾之上。

先是亞里士多德，確定希臘以來最艱鉅的「存有」（Sein /
Seiendes）思考主軸、其探問方式，提供不少希臘思維的樸素工具，
包括概念上的、邏輯推斷的，以及語言表達的。海德格不單推舉亞
里士多德為最具現象學意義的哲學家，他自己重新開啟存有學研究
時，更等於從許多側面翻新了「第一哲學」。[5] 同時，狄爾泰對生
活世界中歷史意識及生命詮釋的原創理論，又促使他致力探究人類
存在「有限性」與「歷史性」的向度，以「時間」為考察「存有」
的視域，撰寫《存有與時間》（*Sein und Zeit*）。最後 30 年代起，更
逐漸轉向他一生最愛的賀德林詩篇，於諸多挫折也見證政治災難
後，對照着希臘與德意志民族命運，尋求一個避風港。

至於邏輯問題，海德格早在 1912 年一篇報導性的書評中，[6]
就評述過胡塞爾《邏輯研究》，肯定其對抗心理學主義的基本態
度，也提到 1910/11 年〈哲學作為嚴格科學〉（"Philosophie als
strenge Wissenschaft"）那篇文章，現象學欲建構嚴密知識學
（Wissenschaftslehre）的立場。再據後來〈我走向現象學之路〉
（"Mein Weg in die Phänomenologie"）回顧，他撰寫博士論文時，一
再從大學圖書館借出、續借《邏輯研究》置放案首，不時參閱。不

---

[5] 第一哲學（*prima philosophia*）不再是天主教永恆哲學（*philosophia perennis*）意
義下的「第一」，而成為探究本源意義的「第一」，無怪乎他早先常提到要建立
Urwissenschaft 的現象學野心。

[6] 重要早期文獻〈新近對邏輯的研究〉（Neuere Forschungen über Logik），現刊 Martin
Heidegger, *Frühe Schriften*, GA 1 (Frankfurt am Main: Vittorio Klostermann, 1978), pp.
17–43。

過據他表示，那其實對論文寫作並無多大助益，因為是「不同路徑」。反而是 1913 年胡塞爾《觀念 I》出版，讓他又回頭鑽研《邏輯研究》，且格外關注第 2 卷正論最後的第 5 和第 6 兩大主題，感到興趣盎然。1920 年代初期，他還安排在大學正式課程外，私下帶一批學生研習、討論該書，使用多年前原初的而非修訂過的版本。[7]

　　海德格的博士論文一貫批評心理主義，卻未引用同樣批評心理主義的《邏輯研究》。論文裏，我們一方面固然看到他對「判斷」（Urteile）產生的各種心理學解說嚴加駁斥，但另一方面，也注意到他對「否定判斷」、「無主詞語句」以及強調發生意義的「虛主詞句」或「同語重覆句」特別重視，讓問題直指深藏於「判斷」源頭的「存有」與「真」等更隱匿的題材。而資格審查專書中，也不難發現「範疇學說」與存有課題的根本困難有關：因為存有者之存有本身，根本無法置入任何範疇。至於「意義論」與意義學說，自始就和語言表達、命題成立等探討密切相關，同樣涉及亞里士多德以來存有者之存有的多重意義那個主題。

　　其實海德格很早開始思考邏輯，他一貫採取反心理學取向，但反對先驗哲學建構。1912 年的摘要書評裏對胡塞爾、弗雷格（G. Frege, 1848–1925）、懷德海（A. N. Whitehead, 1861–1947）的新說都已評介到，並倡言要從哲學上突破邏輯這個「未知領域」（terra

---

[7] 海德格追憶受現象學或《邏輯研究》影響，一般而言會根據三項資料：1963 年私人出版品裏〈我到向現象學之路〉，推崇出版商 Hermann Niemeyer 反而比稱許胡塞爾顯著；另外，是他寫給 Richardson 的信，以及與日本學者的談話。值得注意的是，他 1937/38 年回顧〈我的至今之路〉（Mein bisheriger Weg），交代學術著作內容和出版發表時，對胡塞爾現象學僅一語帶過，對《邏輯研究》隻字未提。

incognita）。但他的邏輯見解，真正受影響的來源，是他也擔任過
其助理的李克爾（Heirich Rickert, 1863–1963），其有關概念形成
（Begriffsbildung）的 新 興 認 知 理 論，以 及 替 邏 輯 證 實 效 力
（logische Geltung）開發專屬的領域；還有喪生戰場的 Emil Lask
（1875–1915），其開創性的範疇學說和判斷理論相關著作。1915
年剛取得博士學位時，海德格曾自告奮勇在李克爾課堂上發表一
篇講詞：〈問題與判斷〉（Frage und Urteil），[8] 大膽主張是「問題」
而非「命題」，是「提問」而非「判斷」，更值得新一代邏輯學者
深入探求、最原初性的邏輯動作。如此脫離各別的、現成的判斷
命題，去探究存有本源的態度，想不到後來竟發展成是「歷史決
斷」──不再是「邏輯判斷」──而一躍居於主宰地位（圖 2）。

圖 2

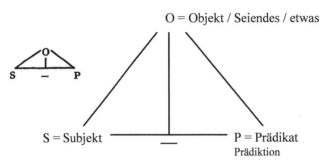

O = Objekt / Seiendes / etwas

S = Subjekt   P = Prädikat
                      Prädiktion

Urteil / Aussage / etwas als etwas

原圖見：GA 26: 1 (WS 1928)

---

[8] Martin Heidegger und Heinrich Rickert, *Briefe 1912–1933* (Frankfurt am Main: Kolstermann, 2002), pp. 80–90.

相對地，胡塞爾《邏輯研究》的問題意識，專就知識成立之究竟意義而言，是發生之奠基的現象學旨趣，準備發展一套認知取向的現象學研究之哲學邏輯，為一切知識學乃至科學活動最初基礎。他整部著作所處理的，在海德格心目中，不外「意義」（Bedeutung）與「表達」（Ausdruck）兩大面向，特別是第五研究〈意向性體驗及其內容的問題〉（"Über intentionale Erlebnisse und ihre 'Inhalte'"），以及第六研究着重的「意向活動性」（Intentionalität），和相應的「意義充實」（Bedeutungserfüllung），其討論意義與範疇，討論內、外知覺，感性直觀與悟性直觀之區分，對海德格自己的現象學演練階段，約1919 至 1928 年間，刻劃出相當程度的影響痕跡。但是對「純粹語法」、對「純粹知識」之先天法則等哲學問題詳加剖析，卻顯然無法引生共鳴。

因此，深切配合「存有意義」的執着追索，當他回顧《邏輯研究》早期版本裏「意義表達」與「意義充實」兩大關鍵，對他應該是實際工作上最具吸引力的注意焦點。雖然另一方面來看，正如 Thomas Sheehan 指出的，他同期間對亞里士多德《論詮釋》導論，亦即對其析論 *hermeneia* 與 *apophansis* 同異部分的研究，真正開始對他的存有思考、對他的 logos 創新見解，發揮另一實質性決定作用的指引（表 1）。簡言之，海德格當初從知識、判斷問題上，很快就轉進到意義發生、思考成立，及語言表達的更深層現象，開闢出詮釋學「接枝」現象學之路，因而海德格的思考成就，自始即不能不從「詮釋現象學」角度觀之。

表 1

hermeneia-1	[*semainein*]:	自身表述或任何形式的溝通
hermeneia-2	[*legein*]:	自身表述或言說議論的溝通
hermeneia-3	[*apophainesthai*]:	自行表述或正式陳述的溝通

原表見：Thomas Sheehan, "*Hermeneia* and *Apophansis*: The Early Heidegger on Aristotle," in Franco Volpi et al., *Heidegger et idée de la phenomenologie* (Dordrecht: Kluwer, 1988), p. 71.

　　如今我們看來，海德格真正受胡塞爾吸引之處，表面當然可說是細密的現象學之描述藝術（Deskriptionskunst），但更重要的是，他認為借此能深入到任何問題內裏，以直探本源的方式，追究出更多層次、多面向的意義發生。這從 1919 至 1920 年首度嘗試《現象學基本課題》（*Grundprobleme der Phänomenologie, 1919/20*）略顯成果，到 1927 年發表《存有與時間》及次年系統重述《現象學基本課題》題材時，結果即十分可觀，發揮得淋漓盡致，絕不限於描述。所以不同於胡塞爾，海德格這一方面發展的現象學，若欠缺詮釋學的轉化及加入，就無法繼續推展。日後他自稱這一整段時期都屬於一種「現象學觀看（Sehen）」的演練，目的是為詮釋工作之演練與執行（Vollzug），[9] 而《邏輯研究》僅提供幫助，實質上進行的仍為原已開展的存有思考。

───────────────

[9] 1937/38 年〈我的至今之路〉，講述他當年曾實地操作、深入練習胡塞爾現象學方法（die wirkliche Einarbeitung in das Verfahren der Husserls "Phänomenologie"），卻並不同意其哲學立場（ohne jede Zustimmung）。因為他自己主要思索的方向為狄爾泰的「歷史」與「生命」問題，只是想借助現象學開道而已。參見 "Mein bisheriger Weg", in *Besinnung*, GA 66 (Frankfurt am Main: Vittorio Klostermann, 1997), pp. 411–417。

此外 1928 年課堂上，他悼念謝勒（Max Scheler, 1878–1928）過世的一段談話，又提到兩人不約而同，看出並能夠應用《邏輯研究》的現象學開端，但強調結果是二人各自成就的哲學思考。[10] 眾所周知，謝勒走上哲學人類學的路，海德格則發展「事實性的生命詮釋學」。換言之，胡塞爾給予他們決定性的推動，然而對真正哲學問題的內容和研究卻未受左右。至少海德格本人，從未跟着胡塞爾走先驗現象學的意向性動作分析、知識奠基與構成之路；況且說到邏輯，胡塞爾後來的邏輯問題思考，如 1929 年《形式與先驗邏輯》（*Formale und transzendentale Logik*），1939 年始出版的《經驗與判斷》（*Erfahrung und Urteil*），都是他無暇再注意的發展。

三、從「判斷」研究到 logos 根本問題浮現

至目前而言，學界已有無數研究積極投入、發掘胡塞爾晚期「構成現象學」的歷史問題考察，加深當初一前一後、一師一徒兩位現象學者間的巨大差異。簡言之，胡塞爾對海德格之失望，不僅限於《存有與時間》裏所謂人類學立場的哲學主張，而海德格不再對胡塞爾感到興趣，亦不單純因為他本人轉而接近納粹這麼表面的態度問題。另一方面，也有無數回返海德格初始思想的研究，蔚為一門顯學。後一發展，一則因配合龐大《全集》著述陸續出版，提供豐富的早期到晚年各階段材料，研究者因而可仔細根據文本而印證一些先前已有的看法及門生傳述。除此之外，

---

[10] "In memoriam Max Scheler", GA 26: 62.

更因為對所謂「原初海德格」（Ur-Heidegger）掌握詳實，從而也同樣對海德格現象學基本特色能有深入洞察。[11]

　　許多學者如 John Sallis、James Luchte、Thomas Sheehan 折返本源處，追究最早的海德格思想。如 Sallis 一向主張海德格的邏輯研究，根本是邏輯學的解構。再如最近 Luchte 曾說：海德格最早時所從事的哲學研究，尤其涉及邏輯的部分，其實僅為一場長期「拆除邏輯表述句霸權宰制」（"dismantling of hegemony of logical expression"）[12] 的暖身工作。這也可以說明 1934 年講課開始時，他自己何以會主動向學生宣告說：動搖邏輯的任務早在 10 年前即已展開，不是 1934 年；他也非任意自負，好像突然要為建立另一套邏輯而發動這個任務（GA 38: 11）。

　　如前所述，當初海德格於存有意義問題的追究下，原已超出邏輯命題、超出陳述（Aussage）與各別主張的明確判斷與概念規定，自始不想停留在「判斷」問題上。反是「真即為顯現即為無蔽」（Wahrheit als *aletheia* als Unverborgenheit）的深邃思考，是「存有之真」（Wahr-Sein）的根本問題，牽引着他走向非常不同的現象學嘗試。他即使曾研習《邏輯研究》，也無意走一條現成的現象學知識啟明之路，更不願封閉在意識各動作的內部分析當中。早在 1919/20 年，他已得出「真不在命題之中，是命題在真當中」（GA 21: 135）[13] 這樣影響深遠、獨具意義的話語。

---

[11] 可參考張鼎國：〈海德格的「現象學之路」再探〉，宣讀於「第三屆世界現象學組織聯盟學術會議」，2008 年 12 月，香港。材料不限於《存在與時間》。

[12] James Luchte, *Heidegger's Early Philosophy* (London and New York: Continuum, 2008), pp. 68–69.

[13] 其後如《存有與時間》不時重複其說。

　　由此觀之，他的確志不在決定我們於判斷中「擁有」（besitzen）
知識，而欲探索我們可經由提問、發問而趨近存有開顯的根源處，
也就是通常最為不顯、或最可能顯而復隱的遮蔽之處。問題，特別
是本質性問題及問向本源（Ursprung）的問題，對他而言，總是真
正具有迫切性的任務。這些都可歸因於他早期邏輯研究，探討判斷
背後的「存有」與「真」、意義的「表達」與「充實」，形成自身最
重要、且極為特殊的長久見解。到《存有與時間》中，同樣的主張
和操作持續增強，不僅第 7 節講現象學前概念之際，強調「現象學
描述」於方法意義下即是「詮釋」（Auslegung），即為 logos 原本與
語言活動，進而討論理解、思考與語言說話規則之間的關聯，更主
張肯定語言表述另有一富生產力的存在之詮釋功能（das
existenzial-*hermeneutische* Als）居於優位，是不同於而且遠勝過一般
logos apophantis 所倚靠的 das *apophantische* Als。[14] 甚至如何回返本
源、開端，重新創始、建立意義表達，終成為他晚期思想中知其不
可為而為之的抉擇。

　　《存有與時間》正式發表於胡塞爾主編的《哲學與現象學研究
年鑑》。這部著作受到重視，不在於提出新解答，而在於重新發問，
開發的論題出乎意料，思想也愈問愈深而中途擱置。第 44 節真與非
真（Wahrheit und Unwahrheit）、本質與非本質（Wesen und
Unwesen），第 77 節歷史與命運，幾個貌似自相矛盾的說法，都成
了日後衝擊很大的伏筆。海德格此書，交出了與胡塞爾迥異的現象

---

[14]　見 Martin Heidegger, *Sein und Zeit*, GA 2 (Frankfurt am Main: Vittorio
Klostermann, 1977), p. 159，所有的 Aussage 是來自 Auslegung 的理解詮釋活動。

學成績單。於是 1929 年胡塞爾 70 大壽的公開講詞裏，他表面仍舊
推崇，讀之卻像一篇告別引導、關係開始冷淡的文獻；1937/38 年回
顧自己學術著作與發表之路，竟無一詞感謝現象學之助。[15]

不從邏輯判斷、邏輯命題的既定角度看待問題，確是埋藏於海
德格早年摸索的一顆種子，其後不斷茁壯成型，發揮強大力量。從
當初對「判斷」、「範疇」、「意義」理論的研究，直到《存有與時間》
裏，他從未懈怠對邏輯命題之真取代存有之真的本末倒置之扭轉，
那有如一場重啟存有學之路的戰爭般，卻也逐漸逼顯出邏輯學之為
何存在，以及對 logos 究竟意含的思考，表現於對言論說話現象、對
語言本源之極度重視，促成他對詮釋學方面的可能貢獻。

語言本質、logos 原義，早於 1934 年前很久就是比邏輯更形
核心，以致我們可以看出他如何掙脫 *apophansis* 的限制，以層層
深入挖掘 *hermeneia* 的探討，直指邏輯背後的語言本源。1919/20
年講課即將完全結束時，他似乎還意猶未盡，曾啟用一特殊字詞
Diahermeneutik，當時係指哲學上的概念而言的，認為哲學不應停
留於判斷表達的規定形式之辯證裏，有必要深入多重發生顯現、
穿透多層理解表達、並且只能經由言語活動過程予以把握的詮釋
學思考。因此，他最後嘗試着說出：「哲學的辯證毋寧就是
Diahermeneutik」[16] 的評述。

---

[15] Renato Cristin, *Edmund Husserl. Martin Heidegger: Phänomenologie (1927)*
(Berlin: Duncker & Humblot, 1999) 一書收錄有雙方當時書信、文獻等資料的收集和最佳
的分析。

[16] "Die Begriffe der Philosophie. Ihre Dialektik ist Diahermeneutik". In
Grundprobleme der Phänomenologie (1919/20), GA 58 (Frankfurt am Main: Vittorio

　　由於這個所謂 Diahermeneutik 是海德格唯一僅有的一次使用，因此未受充分注意。學者 Makkreel 曾從狄爾泰的詮釋學觀點，認為是指歷史世界的整建與重建（Aufbau / Abbau），[17] 但是針對這時期的特殊探索，筆者主張它是用來表述生命「意義表達」與「意義追尋」間的無盡實踐活動，須實際走過（遍歷！）才算數。如此重重經歷、層層穿透而去掌握歷史，理解並籌劃自我生命，那才是海德格自己獨特的現象學即存有論的出發點，超出僅只在意識動作分析與概念表達層級之間的純粹理解或純粹知識。換言之，如他此處所言，唯有透過理解與直觀間的翻轉（Umkippungen），不停留於概念與概念間、如空洞圖式般的排列堆砌，才能把握到更高實在性的存有意蘊。

　　因為 1919/20 年是第一次講《現象學基本課題》（*Grundprobleme der Phänomenologie*, GA 58），接着 1920 年即有《顯現與表達的現象學》（*Phänomenologie der Anschauung und Des Ausdrucks*, GA 59），1923 年講《存有學·事實性之詮釋學》（*Ontologie: Hermeneutik der Faktizität*, GA 63），因個人學術研究的認同轉向亞里士多德（*Phänomenologische Interpretationen zu Aristoteles, Einführung in die Phänomenologische Forschung*, GA 61; *Phänomenologische Interpretationen Ausgewählter Abhandlungen des Aristoteles zur Ontologie und Logik*, GA 62），到 Marburg 後 1923/24 年更一面展開專以亞里士多德為現象學研究入門

Klostermann, 1993), p. 263.

[17] R. A. Makkreel, "Heideggers ursprüngliche Auslegung der Faktizität des Lebens: Diahermeneutik als Aufbau und Abbau der geschichtlichen Welt." 1989 年發表，現刊：D. Papenfuss and O. Pöggeler, eds., *Zur philosophischen Aktualität HeideggersII* (Frankfurt a.M.: Klostermann, 1990), pp. 179–188。

的訓練（*Einführung in die Phänomenologische Forschung*, GA 17），另方面許多批評胡塞爾現象學的議論，也隱忍不住而陸續流露。

　　整體而言，海德格經 1924/25 直到 1928/29 年，仍然能以現象學為新哲學嘗試的可能支撐，完成不少建樹。後來則因為人與著作漸出名，而不太在意胡塞爾及現象學。但 1934 年的《邏輯》講稿，是在他剛停止政治作為之際，又走回邏輯問題，明顯地繼續動搖邏輯傳統規模，以回返語言說出、語言揭露為其無限根源，再透過哲學上「甚麼是人？」、「誰是人？」的發問，得出「我們」、「人民」為答覆，開啟一專屬於歷史決斷的論述，他年輕時說「歷史邏輯」（*Geschichtlogik*），卻不知不覺陷入一場惟有事後始見分曉的時代漩渦。

　　海德格邏輯思考受《邏輯研究》影響有限，歷史與時間思考更不會引據胡塞爾成果。同樣來自高達美（H.-G. Gadamer, 1900–2002）的報導，戰後很久，海德格到訪海德堡，高達美正好在和他的學生們討論胡塞爾《時間》著作。老師的老師應邀到課堂上和學生見面，當場發問說：胡塞爾對內在時間意識的分析和他本人的《存有與時間》究竟有甚麼關係？他一一駁回了幾個答覆，再自行宣稱：「毫無關係。」[18] 後人讀這故事，會發現這真是一個非常海德格式的回答，若和上述 1938 年他回顧戰前為止發展自己的特有哲思道路，刻意減輕胡塞爾現象學重要性相比，完全不令人意外。但這個回答，不管喜不喜歡、贊不贊成，確實和戰前以來的態度是一致的，卻也無情切斷了原本極具意義的詮釋學之「接枝」於現象學上，切斷了與現象學的有機連繫。

---

[18] H.-G. Gadamer, *Heideggers Wege* (Tubingen: Mohr, 1983), p. 106.

我們不禁要問：那會是現象學的損失？還是海德格自己的損失？若如此考察 1934 年這篇講稿，發生在胡塞爾與海德格、現象學與詮釋學、邏輯問題與歷史問題之間，現在看起來，那究竟是命運的捉弄，還是思想的必然向前？

四、1934 年《邏輯》講稿的關鍵轉捩點：「誰是我們自己？」

歷經這許多邏輯研究、現象學與詮釋學協同運作，思考新方法與哲學新內容的嘗試，我們不禁要問：海德格是否恰恰走向一條不再講求邏輯的路，甚至也根本不需要邏輯規則束縛，只是放任思想得到其必須經受的時代歷練而已？結果，雖然要持續進行認真理解及多方詮釋，卻止不住有人假借時代考驗之名，代行群體決斷之實；甚至一面發動意識形態之爭，冒險激進，一面卻逕行視作由存有差遣而來的召喚，強行攪動整個 polis 當中共同的歷史存有。

因此，如果說 logos 是個大問題，哲學問題，立即涉及整個語言活動；那麼「誰是我們？」這個問題更大，立刻涉及歷史、政治，甚至國族及至少是族群的理論兼實踐考量，同時還有情感認同與行事判斷的因素。我們到今天仍懷疑：是否海德格當初認為非此不足以造成強力扭轉？事實上 1934 年講稿第 97 頁，接近第一部分結束處的圖表清楚以「誰是我們？」居中，且答案緊跟而至：是「人民」（Volk）（圖 1）。不論「誰是我們自己？」或「我們自己是誰？」，這確實正是全篇講稿的扭轉關鍵，出現於一個由講者自己提供的圖形正中央，硬生生把邏輯課題，翻弄成「甚麼是歷史？」；若再從論述結構看，還須兩度通過，讓第一部分由上而下壓縮，第二部分由下往上回饋思考。（圖 3）

圖 3

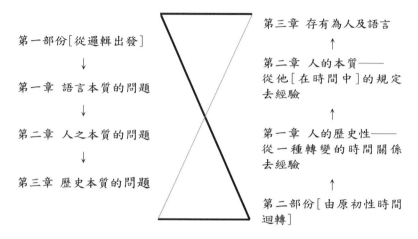

第一部份［從邏輯出發］

↓

第一章 語言本質的問題

↓

第二章 人之本質的問題

↓

第三章 歷史本質的問題

第三章 存有為人及語言

↑

第二章 人的本質——
從他［在時間中］的規定
去經驗

↑

第一章 人的歷史性——
從一種轉變的時間關係
去經驗

↑

第二部份［由原初性時間
迴轉］

「轉捩」指用力扭轉物件，表現為大力揪扯以拆解或變形。這個動作英語著述也有用 twisting 形容。海德格確實常提及詮釋的暴力或強制，甚至於認為那不可避免，否則無法成就理解。他研究胡塞爾現象學的邏輯，大膽開發新議題，卻無心跟着意向性構成的細部研究，以及內在時間意識分析那些細節。他於《存有與時間》僅完成三分之一的情況下，一度轉向康德詮釋，反對新康德學派對康德原本可倚重先驗構想力的輕忽，從而滯留於「人是甚麼？」（was），無法深入「誰是一個人？」（wer）、「怎樣是人？」及「如何成一個人？」（wie）等切身問題。這一追問固然更具體又訴諸實踐，不若早年現象學經營以 wie 和 was 為主，而繼續觸及 wer 問題，但是卻因局勢演變而略顯刺耳。

海德格主張由 "Wer ist der Mensch?" 取代 "Was" 問題的創新講法，最早見諸 1929 年的康德詮釋裏，更因為與新康德知名學

者卡西勒（Ernst Cassirer, 1874–1945）的一場達沃斯（Davos）論戰，傳頌一時，讓人見識到他思索銳利的一面。但 1934 年是大學內講課，面對德國年輕學子，等於督促大家自行說出：「我們自己是誰？」這個答案，其中難免滲入歷史認同與國族肯定的訴求。這和稍早的康德哲學詮釋不同，哲學思考上，也很難被一套普世主義的論述脈絡所接受。

　　的確，在 1934 年講稿裏（§13），他就主張聽者須借助決定（Entscheidung）產生力量，才能回答自己究竟是誰的問題，得到「我們就是人民！」這般肯定的答案，並且該如此表達：「我們在此！我們準備好了！讓它發生吧！」[19] 次年 1935 年在《形上學導論》（*Einführung in die Metaphysik*）他還同樣如此追問，語氣已略見和緩，但整個 30 年代間類似言論不時迴響。[20] 甚至直到後來，局勢已呈悲觀，海德格是否仍自認為以傳遞訊息者的身份出現？古希臘精神世界與德意志民族之間的信使神？無論如何，他當時那些「我們」與「人民」等說法，確曾造成他在呼籲德意志民族掌握自身歷史命運的印象。（法里亞斯 [Victor Farias]、哈伯馬斯 [Jürgen Habermas]、沃林 [Richard Wolin]，等等。）[21]

　　當然，海德格可以當作一思考的要求，而非促成答案。所以講

---

[19] "Wir sind da! Wir sind bereit! Es geschehe!" (GA 38: 57)

[20] 例如 Martin Heidegger, *Einführung in die Metaphysik* (SS 1935), GA 40 (Frankfurt am Main: Vittorio Klostermann, 1983), p. 152。

[21] 編者按：關於法里亞斯、哈伯馬斯和沃林三人這方面對海德格的討論，可參考劉國英：〈海德格是納粹主義哲學家嗎？〉，《現象學與當代哲學》，創刊號（2007），註 13、47、50。

稿最後明白指出：「我們自己是誰？」必須為一件時間當中決定的事情，時間中的「時熟」和「時化」本身（Zeitigung）。這樣，他很可以用實踐的歷史進展之參與，去回答時間中之存有的問題。「如果這樣對時間提問不窮耗於一項概念的空洞規定，那麼所有的，所有在時間之本源性本質上所奠定者——歷史、人民、人、語言——也就全都包含進時間之發生。」[22] 於是歷經強力扭轉，現在終於可開始強調具體時空中如何適應歷史變化的籌劃，並直接稱此為回覆「時間力量」之舉。

即使哲學上所嚴正講求的「責任」（Verantwortung）概念，他認為實踐上也不過如此，端視人在歷史承擔下會給出怎樣的答案而定，會如何去面對歷史要求。他用這時期慣常的語彙說：「答覆是一種出乎知識的也出乎意志的回應。」[23] 他不斷要求人們採取認知與意志相結合的姿態，似乎完全可以運用他個人《存有與時間》建起的聲名與學說，展開教導人心、促成真正決斷的工作，且深信惟有經決斷後才會有實際的歷史，才能重新經驗到人的存有與語言的豐富意義。

另一方面，顯然又不同於《存有與時間》力言人須尋求其「本真性」、「屬己性」（Eigentlichkeit），《邏輯》講稿第 12 節舉了兩個學生生活的例子，說明所謂人要知道他是自己，是要知道他不只是個人，同時也是在團體中的個人。所以「我」（Ich）是要透過一個大寫的「自我」或「自己」（Selbst）來規定的，而不是反過來由「我」

---

[22] "Wir sind die Zeitigung der Zeit selbst." (GA 38: 120)

[23] "Antworten ist wissentliches und willentliches Entgegnen." (GA 38: 121)

去規定大寫的「自我」或「自己」為何物，惟其如何才能大聲說出帶驚嘆號的、果斷的「我們！」(Wir!)，並看重「我們時間」(Wir-Zeit) 為優於自由主義式的「我時間」(Ich-Zeit)（GA 38: 51）。如此，海德格一方面強烈表達他對個人式自由主義的不取，另方面更把邏輯上的判斷問題，移作在共同時間中作出決斷的問題。所謂「自由主義」(Liberalismus)，也就是日後批評的美國意識形態。

五、從「判斷」躍進到「決斷」

綜合前述，海德格鑽研邏輯，自始就有扭轉邏輯的企圖，他也從不諱言要對邏輯進行一番動搖 (Erschütterung)、一場強力解構 (destruction oder Abbau)。在 1934 年《邏輯》講稿裏，我們又再讀到傳統邏輯淪為一堆公式的貶抑說法 (Formelkram)（GA 38: 9, 13 ff.），Kram 正是指零碎無用的雜物。融合許多線索，在這裏一開始，邏輯就該是 Logos 之學，是探討語言本質而非思想法則之學。反對海德格的學者常批評，他規避邏輯法則，尤其是同一律和矛盾律約束，以致許多著作裏都發現以字詞概念的歧異使用去發揮「雙義」、「多義」效果，好用循環圈轉的方式談論事理。他從早期著作就不為判斷所拘，註定要超出命題陳述 (Aussage)，現在更直接跳向決斷，談論如何由自覺的人民透過自身決斷造就歷史，也在實際歷史中成就自身。

仔細回顧 1915 年〈問題與判斷〉的嘗試之作，他已主張每一度作成判斷裏都包含認識者的決定 (Entscheidung)。「因為決定的動作必然地屬於判斷下達 (Urteilsfällung)，它們就存在於判斷下

達中。」[24] 如此一路經過《存有與時間》等著述講課而至 1934年，於放下大學校長職位後重拾《邏輯》課題，海德格又借助一步步持續發問，探向深邃的本質（亦即本源）[25] 問題，並宣稱每一「本質問題」都是因問而向前、向前而再問的「前問題」（Vorfrage）。他用非常典型的海德格方式說明「前問題」：「一、它向前而問。/ 二、它〔要〕問出最基本構成來。/ 三、它走在〔事情發生的〕前面。」[26] 今天看起來，其實正包含着三個不可分的意義面向，踏上無盡探問、詮釋、經由前理解以推進理解之詮釋學思考路程。「決斷」來自「決定」，「決定」來自有所「區分」。例如《存有與時間》裏，我們看到他為了決定存有之多重意義、為了揭示存有之真，詳細剖析過「發現」（Entdecken）、「揭開」（Erschließen）、「開啟」（Aufschließen）、「決心」（Entschließen）、「開敞」（Erschlossenheit）、「決斷」（Entschlossenheit）等等一系列存在抉擇的動作或相應狀態，環環相扣，目的是為闡明存有之真即「開顯」即「揭曉」的開放性質。如今海德格再度發揮這種實踐說理的能耐，但內容換成歷史課題。

講稿中為能進入歷史，講明一般的「決定」（Entscheiden）不足，須包含着堅決或果斷（Entschiedenheit），能夠在時間中確切決斷，

---

[24] Heidegger und Rickert, *Briefe 1912–1933*, p. 85.

[25] 「本源這個字在這裏是由真之本質來思考慮的。」據他所強調，本質與非本質不由 immer so sein 或 das Immersoseiende 思考，而由終究會如此發生的「本源」（Ursprung）之處思考。

[26] "1. Sie fragt nach vorne. / 2. Sie fragt das Grundgefüge hervor. / 3. Sie geht vorher." (GA 38: 20)

採取搶先或率先行動而導向未來轉變。海德格改用另組動詞
Abschließen – Verschließen – Aufschließen – Entschließen 來論述「決
斷」。他以癮君子決心戒煙為例說明一般的「決定」仍遠不及於「決
斷」。「在決斷中人更加地*置身於未來的發生裏。決斷本身就是一事
件之發生*，它，*先着一步*（*vorgreifend*）到那發生之中，持續不斷地
一同（mit）規定着其發生。」（GA 38: 77）[27]「決斷」必定是意志與
認知上的果決、強烈決心，參與進入到未來之發生中的效果。

　　由此再進一步，海德格刻意從「歷史」的雙面性切入——我們
要任由「歷史」飛逝，或能有所決斷以把握「歷史」？他似乎有個
策略：刻意先問出更多問題，再加發揮。所以整部講稿裏，他巧妙
利用「真理」若顯若隱，「我們」或「人民」若聚若散，「歷史」若
存若亡的未定困境，表達出理解歷史的意思不外是說，理解我們自
己本身，知道自身即為歷史性的存有在世。所以他會諷刺說：如果
還有人不相信人是否為歷史性存有，那就幾近病態。

　　人民在時間當中的決定與決斷，有所決斷即表示大家能夠知
道、意識到時代處境並且出自意志而對之回應，這樣的貫徹決心是
海德格在這篇講稿中對於「甚麼是歷史？」問題一番宣示的核心。
他最主要的論點，都在於主張知識與意志的合一與共作下，人是因
為決斷而擁有歷史，向歷史負責的，並能據此回應到本真的語言，
成就人間事業。早年，邏輯還算是爭取哲學研究新方法之學，但是
到 1934 年，就已轉變為如何接應歷史必要性的時代性新思考。

---

27 斜體字皆出自原文強調語氣。

那麼，甚麼是歷史？海德格這裏當然不乏對「時間」與「歷史」的豐富解說，許多亦可接續到《存有與時間》那些似完成、未完成的工作。但新添的重點，在講稿裏最引人注目的，無疑卻是「造歷史」（Geschichte machen）（GA 38: 85）──是他執意喚起大家（眾人）自覺與自決，同時並不諱言指點的共同目標。

這時候的他，是否儼然在扮演一思考精英的角色，進行政治啟迪或方向指引？不過詮釋此講稿的重點是：這些新而激進的想法說法，其實都可以上承《存有與時間》有關「啟明」（Erschlossenheit）、「決心」（Entschlossenheit）與「決斷」（Entschluß）的存在意義下的思考，當作進一步的發揮來理解。不論前面的個人與本真存在，或是現在說的「我們」或「人民」，充分知識與堅固意志的雙重條件配合下，只要下定決心以付諸行動與實踐，就是一個自我突破的開端，從此不再封閉於因循渾沌或人云亦云，能配合歷史的進展而跟上歷史變更的要求。「受人強迫」和「日復一日」兩種情況（das Zwangsläufige und das Alltägliche），實即「不由自主」和「不欲自主」的寫照，正是他所謂的「非歷史」的兩大特性。不同的是，《邏輯》講稿裏的「自我」是「誰是我們自己？」的「自我」，是大寫的「自我」──那也是難免引發後來爭議、甚且令人詬病的「我族」或「我群」。

六、邏輯與歷史 / 語言與命運

海德格 1919/20 年《現象學基本課題》說得好：「現象學理解和生命本身都會看不見其生動性，如果我們把歷史課題排擠到現象學視域之外。」（GA 58: 238）他甚早就註定要深究歷史與生命，因此 1934 年，他更感到要在歷史的當下有所作為，至少這時候他

還看不出危險，未見警覺，只是對照他早年以來一意鬆動邏輯的作風，確實與胡塞爾表現大不相同。《存有與時間》裏，海德格對時間與歷史問題非常關切，對時間性與歷史性有許多精彩但未全部完成的論述，尤其第 77 節後，歷史反而成為真正問題所在，已隱約和時間中的決斷有關。那時個人的，甚至一整個世代群體，如何與歷史命運相銜接、相互配合的問題都陸續出現，成為該書中「時間」經驗解說所無法承擔的側面。

到了《邏輯》講稿，同樣仍是配合着「時間」概念去講歷史。但第一部分關鍵在透過決斷才能得出「我們是人民」的答案，真正踏進歷史；第二部分則產生逆轉，於歷史多變及時間壓力下，不依賴空洞的概念名相與邏輯推論，重新經驗時間、經驗人在時間中的決定，包括國家與人民，並經驗人與語言的根本存有關係。講稿裏所講的不再是純粹「時間」概念，而是真實時間或時代「力量」，並大量冒出「歷史使命」(Sendung)、「差遣」(Schickung)、承受其「安排」(Fügung)、形成投身報效 (Einfügung) 等語彙。海德格在這裏進行大量的論述，講說歷史發展所差遣而至的 Schickungen 如何發生，又該如何適切應對而能參與到其安排當中，有如在號召德國人民一起面對現實，從「自己」做出決定來。[28]

---

[28] 他 1934 年後接續的一些較屬於私人札記性質、而非講學授課的稿件，繼續這些不尋常用語及非概念的表達，但轉由一「存有歷史」的角度探討。例見：*Beiträge zur Philosophie*, GA 65 (Frankfurt am Main: Vittorio Klostermann, 1989); *Besinnung*, GA 66; *Die Geschichte des Seyns*, GA 69 (Frankfurt am Main: Vittorio Klostermann, 1998); *Über den Anfang*, GA 70 (Frankfurt am Main: Vittorio Klostermann, 2005); *Das Ereignis*, GA 71 (Frankfurt am Main: Vittorio Klostermann, 2009)。

　　海德格《存有與時間》裏對「時間性」與「歷史性」的解析未能完結，原想透過康德哲學詮釋繼續，但《邏輯》講稿面對的則是「時間力量」，是 Macht der Zeit。等於是原本該繼續追究「時間中的存有」，結果卻認為可通過關心現實歷史問題，就能得到「時間之謎」的解答，因此他此處重視的實為一時間活動與時間化（Zeitigung），好像要人掌握一恰當時機的要求，跳出來回應歷史。

　　甚麼是歷史？海德格再度發揮他對字詞、對概念之雙意性甚至多意性的特殊析論能力。首先是「歷史」與「歷史學」、「歷史研究」之間，其後，甚至於同樣拼寫的「歷史」與「歷史」也被說成不是指同一件事。[29] 因為他要強調我們對待時間之不斷消逝，有三種不同的態度，分別是一：若當成過去 Gegangenheit 則讓一切封閉於以往；或二：最多成為歷史科學 Geschichtswissenschaft 的對象而尚且有效；以及三：當作為曾經 Gewesenheit 或已有 Vorhabe，能夠再透過決斷而成為向未來開放的現實憑據，也就是在歷史中造就歷史的依據。

　　勉強接受他同樣拼寫的「歷史」與「歷史」不是指同一件事之後，我們很快又發現另一讓人疑惑的「歷史與非歷史」說法：所有的歷史發生都牽引着一「非歷史」(Ungeschichte) 在其中 (GA 38: 99)。這和另一較為人熟悉的說法：「真的本質是非－真」[30] 可謂有異曲同工之妙，但困難也同樣不小。這樣的論說，用意在提醒「存有」與

---

[29] "»Geschichte« und »Geschichte« ist offenbar nicht dasselbe." (GA 38: 81) 這句話當然不會是絕對為真的恆真句，但海德格意思是說：一旦 Sein 可由 Werden 來看待，即須面對歷史多變中的論理。

[30] "Das Wesen der Wahrheit ist Un-wahrheit." (GA 65)

「變化」間的關係，提醒存有的理解與決斷依舊是時時置諸變化與更替之間，非一蹴可及。但是如稍後講出：「任何時代都有它的惡行（Unwesen），它的非歷史（Ungeschichte）。這必定如此。沒有光是沒有陰影的。但如果有人只看陰影而驚懼於陰影，那他就還未理解到光。高聳之處必有險峻深谷。歷史不是不受干擾的散步到未來。」（GA 38: 116）[31] 當然就成為非常具有爭議的存在決斷說，是十分危險的，尤其因為出自那個非常的時代而引起極大爭議。或許還果真應驗日後哈伯馬斯（Habermas）等學者們的相關批判？

此外，講稿裏他仍重複若干 1933 年 5 月大學校長就職演說的重點，例如提醒學生對工作、研究、學習的態度。但較引人注意的，他也提到時事，而且並沒有出現後來嚴屬反對科技的批判言論。相反的，他肯定國家必要的建設，認為大家打開收音機，十分鐘內便能知曉天下大事是件好事（GA 38: 110）。他更形容螺旋槳空轉一整天無所事事，但是：「當飛機把領袖從慕尼黑送到威尼斯和墨索里尼會見時，那麼歷史發生了。」（GA 38: 83, 86）後面這件事還被兩度提起，讓學生們注意到歷史是如何發生且影響未來。看來，他對德義結盟顯然給予相當正面的評價，還天真地預言那架飛機會被送進博物館展示、紀念。

這些言論今天讀來，會讓人訝異偉大思想家當時只是千萬忠誠國民之一，一面聽廣播政令宣傳，一面對新科技及時局新發展感到振奮。至少那時候，他未表現動搖或憂慮之心：他講的是現代國家 Staat，

---

[31] Sein 與 Werden 的關係，Werden 必然承受 Wechsel，可參閱 GA 38: 111。

而不是古典城邦 polis；他宣揚的是當下現實裏的決斷與行動，而不是詩意、無害的懷古追思；他自知他是在傳道、授課，不是作文吟詩。

除了探討歷史引起的疑慮外，最令人起惑的為學期結束之際，他再次轉到政治和國家的話題。除了大加肯定「國家是人民的歷史性存有」外，又強調現實歷史中「人、人民、時間、歷史、存有、國家——這些都不是當作定義練習的對象而被抽取出來的概念」（GA 38: 165 f.），[32] 更應該為一種存有態度、本質的關係，任何時間皆是一歷史性的自行決定，即承繼於過去已經是的、並開啟未來待完成的一項決定。如此，整篇講課裏那一意着力的轉捩點，原本是為避免主體及主體性的哲學舊概念而然，最終卻轉而強調「勞動」（Arbeit）與「照顧」（Sorge）等實踐含義，一頭攬進「人民－國家－政治」的複雜範圍。況且，他又明言這一切都將接受國家社會主義的鎔爐淬鍊，更讓人分不清那算是哲學慧見，還是熱情擁戴時局。

有鑑於這些困難，筆者認為一個可能的推測，是他認為政治提供一較寬廣的開放性、公眾的領域，更適當於討論歷史和語言的問題，也呼應出實踐的效果。海德格個人，對當時發展還沒有甚麼可擔心的。他要到 1935 年《形上學導論》，才藉由詮釋希臘詩人 Sophocles 悲劇作品《安堤岡妮》（*Antigone*），透顯一些對邦國歷史的憂患意識，因而不再那麼宣講決斷，而真正着重於尋覓 logos 內含的力量。我們固然需要語言來講話，但同時我們的說話，會更被語言活動本身所需。

---

[32] 但根據編輯資料，這學期原訂課程的講題是「國家與科學」（Der Staat und die Wissenschaft），並非「邏輯」。

　　語言同樣可以讓人透過決定以進入歷史，又讓那些與歷史後續進展直接相關者，表現於語言而出，獲得保存與彰顯。存有意義的開展與其存留、維繫，全都是在語言活動當中進行的。理解與詮釋的活動，於其中是其所是，並且於當前的自我整全理解中，同樣也可以隨時投入，把握到傳統與未來的接續可能，使「傳統」（Überlieferung）與「未來」（Zukunft）兩方面匯集為當前的歷史進行式。

　　「歷史（Geschichte）不是近代以人為主體的歷史研究（Historie），讓理性動物（animal rationale）發展成歷史動物（animal historicum）。」（GA 66: 181）其實人不可能完全掌握他的過去，但歷史學研究卻有如此傾向，而且是出自於對人類理性能力的高度肯定使然。但，那卻並不是海德格所講的歷史性。高達美曾指出：海德格早就發現隱蔽（Verbergung）和「包藏」（Bergung），都是跟隨「揭蔽」（Entbergung）而一起經驗到的。[33] 早於《存有與時間》前，他就有「真」與「非真」並舉的嘗試，相互襯托而對映，至此我們更看到「歷史」與「非歷史」並存的提法，也許就特別值得三思。事實歷史的走向或許出乎哲學家意料之外，但語言問題的特殊經驗領域，即多年來強調 logos 不是命題語句而是 legein，不只說話、講述，還包括有採集、閱歷的意思，卻在此又得到進一步加強。

　　另外，或許也是與此相關的，到《邏輯》後半部講稿裏，我們會看到「經驗」（Erfahrung）突然變成關鍵的用語，顯然不同於《存有與時間》未完成的存有經驗和時間經驗。正如決斷須是對未來

---

[33] Hans-Georg Gadamer, *Neuere Philosophie I: Hegel, Husserl, Heidegger*, GW 3 (Tübingen: Mohr Siebeck, 1987), p. 388.

的，經驗也是到向未來的經驗，須為歷史中的經驗，與時代力量抗衡而有所決定的發生。歷史中的發問，因而表現為一種知識和意志的承擔，也呼應着《存有與時間》裏所強調的「照料」（Sorge）。

所以，這一切最多只回到語言本質問題，卻無法再回到邏輯，回到思想法則或可資遵循的方式，因為邏輯已徹底被動搖。結束前的第 30 節，標題說出：「邏輯為人的歷史性存有尚未概念把握到的〔歷史〕使命」，內容上，則打算轉向討論我們「如何於語言事件中接管照料這個世界」的問題（GA 38: 169ff.）。不過整篇講稿，最後有些令人意外地很快就結束掉。

然而緊接着《邏輯》講稿，1935 年《形上學導論》講課，海德格推斷希臘人對 logos 也有前後兩種不同思考把握方式：

ἄνθρωπος = ζῷον λόγον ἔχον: der Mensch, das Lebewesen, das die Vernunft als Ausstattung hat. (GA 40: 184)

[The human being is the living thing equipped with reason.]

[人，此生物，此擁有理性為配備的生物。]

φύσις = λόγος ἄνθρωπον ἔχον: das Sein, das überwältigende Erscheinen, ernötigt die Sammlung, die das Menschsein (acc.) innehat und gründet. (GA 40: 184)

[Being, the overwhelming appearing, necessitates the gathering that pervades and grounds Being-human.]

[存有，凌駕一切的顯現，令採集成為必要，要人來擔任工作並進行創立。]

ζῷον βέλτιστον: Das bestgeratener Tier. (GA 40: 184)

[The animal, that has turned out best.]

[最大無畏的動物〔見多識廣故〕。]

Logos 原意為「採集」意思的動詞 legein，logos 不宜先譯成「理性」，那是他一直都主張的。但此處借助悲劇合唱曲，他認為希臘人對 logos 與 physis 關係上，更早該先有 φύσις = λόγος ἄνθρωπον ἔχον 的見解（GA 40: 183 ff.）。但這不是指「自然界」的意思，而是視為一源源成長冒出的過程和所有的可見存有範圍；由於都是多重、多義且多面向、多變化的，故特別需要有人加以探討論述，讓它們進入語言而使用語言嘗試揭示之，發揮訊息蒐集與表達傳遞等功能。惟其如此，稍後才會再出現流傳至今的 ἄνθρωπος = ζῷον λόγον ἔχον 說法，當然重點已不是邏輯命題，而是語言交談間的理性活動本身，更是發問和理解的基本生命力表現。John Sallis 曾用 divine knowing 來形容那種原始而內涵可極為豐富的認知能力，那是理性理念借助語言去執行的特殊 gathering，[34] 結果則為全人類所可傳遞而得共享。如此看重語言聚集、擷選事物的功效，確實更能提供另一種對於世界之管轄（Walten der Welt）如何接手的實踐思考。那其實也就是後來的詮釋學者如高達美等所樂為之事；即使海德格自己，他於《論藝術作品起源》「大地」對「世界」的表達巧思，和他對科技的檢討，所具說服力也勝過《邏輯》講稿很多。

---

[34] John Sallis, *The Gathering of Reason* (Athens, OH: Ohio University Press, 1980).

於是看來，海德格上接狄爾泰生命哲學的詮釋學，大無畏地進入歷史領域、探討歷史問題，未料到邏輯散落回歷史後的危險。況且衡諸人類歷史發展，那又是不知道比歐洲學術危機大多少、嚴重多少的災難與激盪。若說詮釋學思考，那只是試圖改變人類命運的「應時之作」嗎？或僅一時一地的真理執着？如何讓不受方法制約的思考活力，能夠於最艱困的時節，依舊保有瞻前顧後的哲學慧見，顯然並不簡單。但海德格 1934 年的回應失之倉促，而所見未明，徒然留下判斷錯誤的一例。幸好他既不提起現象學之名，自然也無意再掛詮釋學名號。

七、結語：先驗哲學的幻滅與邏輯回歸歷史？

本文由一個故事開始，或許可以再用一段傳說結束。海德格年輕時授課，常圍繞着一句話打轉："Das Leben ist diesig!" 此話乍聽很不容易懂，讓學生摸不着頭緒。高達美曾不止一次引述其言，強調 diesig 不是說「這個」（Dies）或「此世的」（dieseits），而是多霧多變：雲煙四起、看不真確的，即 dunstig 或 nebelig 的意思。[35] 此言原本出自於宗教生活之現象學研究，用以凸顯世事難料，生命迷航的一面；但放進實際人生，也是世人之有限超越、形上探索的妥切寫照，就連思想家的努力，都不免如凡人般捲入時代漩渦。

若轉回學術嚴謹、思考認真的一面，即便詮釋開展、語言困頓

---

[35] 英文應該可譯成 "The life is hazy and misty!"，見 GW。

之餘，仍須警醒三思而非貿然行事，尤忌配合時局而催促決斷。因此高達美的後續發展，深感詮釋學自我理解中，Bewußtmachen 始終要比 Bewußtsein 更形重要，意指一種由詮釋者自行反映出的警覺，時時保持清醒。[36] 個人固然要參與群體才算是真正個人，然則 "Wach zu sein! " 這樣的要求，並非只有進行邏輯推理所需。海德格既然 1923 年起已強調「此有自身出自其事實生命的自我詮釋」，就不應忘記「此有為其自身而警醒惕厲」[37] 的存有提示。否則後人追究，想問：到底是胡塞爾忘了歷史，還是海德格忘了邏輯？

---

[36] Jean Grondin: "Hermeneutic vigilance!" 見 Jean Grondin, *The Philosophy of Gadamer*, trans. by Kathryn Plant (Abingdon and New York: Routledge, 2014), p. 149。

[37] "Wachsein des Daseins für sich selbst." 見 *Ontologie: Hermeneutik der Faktizität*, GA 63 (Frankfurt am Main: Vittorio Klostermann, 1982), p. 45。

【現象學與人文科學 No.5】
海德格：詮釋現象學及其蛻變
——《存在與時間》專輯

　　初版於1927年的《存在與時間》是一本在德國內外哲學界以至整個人文學術界產生了重大影響的劃時代著作，也是海德格的成名作。

　　在二十世紀五〇、六〇年代，海德格被視為存在主義哲學在德國的一個重要代表，而《存在與時間》則被理解為一部深刻剖析人之存在的存在主義哲學巨著。

　　然而，這一理解方式並不為海德格本人認同。對人之存在的剖析，雖然確是《存在與時間》已發表部份的一個主題，但它僅僅擔當着預備性分析的角色；直至海德格1976年逝世，《存在與時間》仍處於未完成狀態。換句話說，從基礎存在論計劃入手支撐着整部《存在與時間》寫作計劃的「存在問題」（Seinsfrage）研究，顯然遇上了困難，以致該書的寫作中斷了，甚至最終放棄了。

　　為甚麼它一直處於未完成的狀態？是作者問錯了問題？抑或是問題問對了，但試圖回答問題的方法錯了？

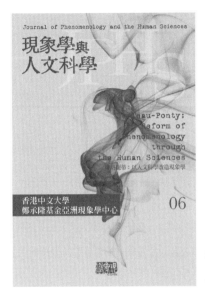

Journal of Phenomenology and the Human Sciences

現象學與
人文科學

au-Ponty:
Reform of
Phenomenology
through
the Human Sciences
梅洛龐蒂：以人文科學改造現象學

香港中文大學
鄭承隆基金亞洲現象學中心

06

【現象學與人文科學 No.6】
梅洛龐蒂：
以人文科學改造現象學專輯

　　兩次世界大戰帶來的殘酷歷史現實，把二十世紀的法國人文科學界推向一個新的反省方向，就是摒棄傳統哲學理性論框架下的舊人文主義，重新審視歷史現實中人的處境。在這背景下，梅洛龐蒂以建立「現象學人學」為他的首要哲學工作，主張以肉身主體及其所處的世界作為現象學描述的中心課題，繼而反省當前人類的處境及當代歷史。

　　不過，他並沒有視哲學為高人一等的學問；相反，他深知哲學反省乃奠基於「非哲學」經驗之上，不單大量參考文學與藝術創作，也廣納各類現代人文科學開發的新知識，包括心理學、語言學、歷史學、社會學、人類學和精神分析的研究成果，使現象學描述的對象更多元，從而令我們對現代人的處境有更豐富和深刻的了解。以兼收並蓄的態度，促進哲學與其他眾多人文科學之間的溝通，可謂梅洛龐蒂現象學哲學的一大特色。

　　踏入二十一世紀後，隨著現象學發展成一個全球性的跨文化和跨學科學術運動，梅洛龐蒂的現象學哲學成為歐洲和北美的顯學；而在拉丁美洲以及東亞的日本和韓國，梅洛龐蒂研究也蔚然成風。倘若我們承認「跨文化理解」是二十一世紀哲學的主要任務之一，則梅洛龐蒂的現象學孕育了邁向未來的哲學思考方向。從這一意義來看，本專輯可說是兩岸三地學者共同為未來的哲學思考而努力的見證。